PUHUA BOOKS

我们一起解决问题

6S推行手册系列

工厂管理6S推行手册

郑时勇 ◎ 编著

人民邮电出版社

北　京

图书在版编目（CIP）数据

工厂管理6S推行手册 / 郑时勇编著. -- 北京 : 人民邮电出版社, 2023.4
（6S推行手册系列）
ISBN 978-7-115-60271-8

Ⅰ. ①工… Ⅱ. ①郑… Ⅲ. ①工业企业管理－生产管理－手册 Ⅳ. ①F406.2-62

中国版本图书馆CIP数据核字(2022)第194842号

内 容 提 要

企业推行 6S 的目的主要是改善现场管理质量，提升企业形象，提高工作效率和最终收益。《工厂管理 6S 推行手册》从工厂实际出发，用大量高清晰的实景图片演示并讲解了 6S 的基础知识、6S 体系的推进、6S 的推行方法、6S 体系的维持、6S 的具体实施过程和方法、识别管理和生产现场 6S 的具体应用等内容。同时，书中还提供了大量的表格和管理制度范本，读者可以结合自身实际情况参照使用。

本书适合工厂各级管理人员及相关的培训、咨询人员阅读、使用。

◆ 编　　著　郑时勇
责任编辑　陈　宏
责任印制　彭志环
◆ 人民邮电出版社出版发行　　北京市丰台区成寿寺路 11 号
邮编　100164　　电子邮件　315@ptpress.com.cn
网址　https://www.ptpress.com.cn
北京捷迅佳彩印刷有限公司印刷
◆ 开本：787×1092　1/16
印张：17.5　　2023 年 4 月第 1 版
字数：300 千字　　2023 年 4 月北京第 1 次印刷

定　价：89.80 元

读者服务热线：(010) 81055656　印装质量热线：(010) 81055316
反盗版热线：(010) 81055315
广告经营许可证：京东市监广登字 20170147 号

前言
Preface

6S 是企业基础管理的重要手段，已在各行各业得到广泛应用，特别是在制造业、物业服务业、酒店服务业、餐饮服务业等行业，6S 的作用日益凸显。

6S 是在 5S 的基础上发展而来的，5S 是整理（Seiri）、整顿（Seiton）、清扫（Seiso）、清洁（Seiketsu）、素养（Shitsuke）这 5 个单词的首字母缩写词。因为这 5 个单词的日语罗马拼音的首字母都是 S，所以简称为 5S。再加上安全（Safety）的首字母也是 S，所以人们将其简称为 6S。

6S 内容广泛，侧重点各不相同，整理、整顿、清扫、清洁是 6S 的基础环节，其最终目标是提升员工素养并使其形成安全意识。不过，管理水平的提升是一个不断积累的过程，只有夯实根基，企业才能发展壮大。通过推行 6S，员工能够形成自我约束、自我管理、自我激励、自我学习的习惯，企业的现场管理和安全水平也能获得一定的提升。

企业引入 6S，不仅可以提高生产和服务效率、降低成本，还可以创造整洁的环境、培养员工良好的工作习惯、塑造团队精神，这些对于提升企业生产和服务品质及客户满意度具有重要的意义。

另外，企业通过推行 6S，对内可以消除各种浪费，使生产过程简单化、生产作业标准化、现场管理可视化、管理活动高效化，对外则可以树立良好的企业形象，给企业带来长远的经济效益。

由于 6S 是基础性的工作，因此开展起来比较容易，并且能在短时间内取得一定的效果。正因为这个原因，6S 在取得一定效果后，也容易流于表面，难以不断优化。所以，必须把 6S 当作日常工作的一部分，持之以恒地做下去。

为了帮助企业做好 6S，我们组织相关专家编写了这套 6S 推行手册系列图书，并且重点介绍了制造业、酒店服务业、餐饮服务业、物业服务业等几大行业。

其中，《工厂管理 6S 推行手册》一书分为三个部分。第一部分是基础篇，内容包括 6S 概述、6S 体系的推进、6S 的推行方法、6S 体系的维持——定期内审；第二部分是实施篇，内容包括 1S——整理的实施、2S——整顿的实施、3S——清扫的实施、4S——清洁的实施、5S——安全的实施、6S——素养的实施；第三部分是应用篇，内容包括识别管理应用示例、生产现场 6S 应用示例、仓库 6S 应用示例、办公区域 6S 应用示例。

本书图文并茂，用浅显的语言和生动的图片，将管理方法、操作技巧形象地加以介绍，读者不仅读起来轻松，而且可以快速掌握各种方法和技巧。同时，本书还配有视频课程，对工厂管理 6S 推行的相关内容做了更为形象、直观的解读，可以帮助工厂各级管理人员和一线员工快速掌握 6S 推行的有效方法。

由于编者水平有限，书中难免存在疏漏与不妥之处，敬请读者批评指正。

目录

Contents

第一部分 基础篇

第三部分　应用篇

第一部分

基础篇

第 1 章　6S 概述

1.1　6S 的定义和起源

6S 是 5S 的延伸。5S 是指整理（Seiri）、整顿（Seiton）、清扫（Seiso）、清洁（Seiketsu）、素养（Shitsuke）。后来，人们又加上安全（Safety），便将其合称为 6S。6S 的定义如表 1-1 所示。

表 1-1　6S 的定义

中文	日语罗马拼音	英文	一般解释	要点
整理	Seiri	Organization	清除	分开处理、进行组合
整顿	Seiton	Neatness	整理	定量定位、进行处理
清扫	Seiso	Cleaning	清理	清理扫除、干净卫生
清洁	Seiketsu	Standardisation	标准化	擦洗擦拭、标准规范
素养	Shitsuke	Discipline and Training	修养	提升素质、自强自律
安全	—	Safety	保持安全	安全预防、珍惜生命

5S 活动最早在日本开始实施，很多日本企业将 5S 活动作为管理工作的基础。通过推行 5S，企业的产品品质得以迅速提升。5S 在塑造企业形象、降低成本、准时交货、安全生产、作业标准化、工作场所、现场改善等方面发挥了巨大作用，因此，5S 逐渐被各国的管理界所认可。

根据发展需要，有的企业在原来 5S（整理、整顿、清扫、清洁、素养）的基础上又增加了安全这个要素，形成了 6S。

1.2　6S 的内容

1.2.1　整理

整理就是把需要与不需要的人、事、物分开，再将不需要的人、事、物加以处理，这是改善生产现场的第一步，其要点如下。

（1）对生产现场摆放的各种物品进行分类，区分什么是生产现场需要的物品，什么是生产现场不需要的物品。

（2）坚决清理生产现场不需要的物品，如用剩的材料、多余的半成品、切下的料头、切屑、垃圾、废品、多余的工具、报废的设备、员工的个人生活用品等。

（3）对生产现场各个工位或设备的前后左右、通道左右、厂房上下、工具箱内外及生产现场的各个死角进行彻底搜寻和清理，实现生产现场无不用之物。

1.2.2 整顿

整顿是在完成前一步整理后，对生产现场需要的物品进行科学合理的布置和摆放，以便生产者能用最快的速度取得所需之物，在最有效的规章、制度和最简捷的流程下完成作业。

1.2.3 清扫

在生产过程中，生产现场会产生灰尘、油污、切屑、垃圾等，从而变脏。脏的生产现场会使设备精度降低、故障频发，影响产品质量，甚至引发安全事故。脏的生产现场还会影响员工的工作情绪，使员工产生倦怠的心理。因此，工厂必须通过清扫活动清除脏物，创建整洁、令人舒畅的工作环境。

1.2.4 清洁

工厂完成整理、整顿、清扫后要认真维护，使生产现场保持最佳状态。清洁是对前三项活动的坚持与深入，从而消除事故的潜在根源。良好的工作环境可以使员工愉快地工作。

1.2.5 素养

素养是指努力提高人员的素质，使之养成严格遵守规章、制度的习惯和作风，这是 6S 活动的核心。没有人员素养的提高，各项活动就不能顺利开展，开展了也坚持不下去。因此，开展 6S 活动要始终着眼于提高人员素养。

1.2.6 安全

安全是指清除隐患，排除险情，预防安全事故的发生，保障员工的人身安全，保证生产连续、安全、正常地进行，减少安全事故带来的经济损失。

1.3 6S 的适用范围

6S 适用于各类企事业单位的办公室、车间、仓库、宿舍和其他公共场所及记录、纸质文件、电子文档、网络等的管理。

1.4 6S 各元素之间的关系

6S 各元素彼此关联。其中，整理、整顿和清扫是日常 6S 活动的具体内容；清洁是对整理、整顿和清扫工作的规范化和制度化；素养要求员工培养自律精神，形成坚持推行 6S 活动的良好习惯；安全强调员工在推行 5S 活动的基础上实现安全作业。图 1-1 展示了 6S 各元素之间的关系。

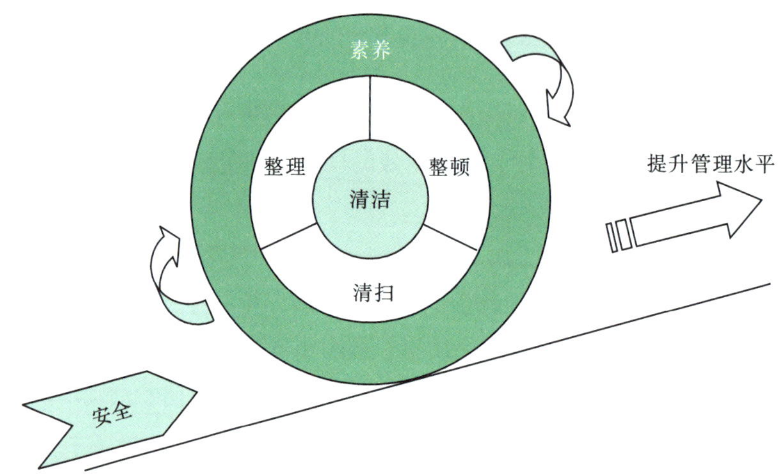

图 1-1 6S 各元素之间的关系

1.5 推行 6S 的好处

推行 6S 能给企业带来很多好处（见图 1-2），提升企业的竞争力。

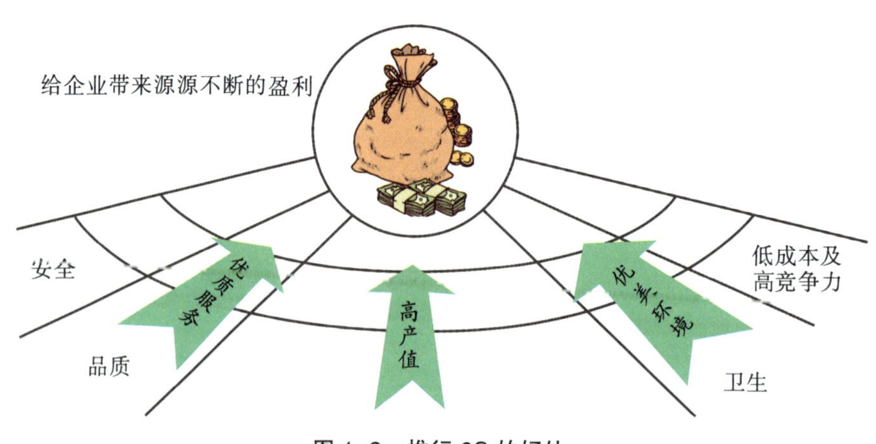

图 1-2 推行 6S 的好处

1.5.1 改善和提升企业形象

整齐、清洁、安全的工作环境可以帮助企业吸引客户，让客户更有信心；同时，外界的口碑传播可以帮助企业开拓市场，使之成为其他企业的学习对象。

1.5.2　提高工作效率

良好的工作环境和工作气氛、有修养的工作伙伴、摆放有序的物品可以让员工集中精神工作，流畅的生产节奏可以显著提高工作效率。

1.5.3　改善零件在库周转率

整洁的工作环境、有效的保管和布局、严格的最低库存管理可以让员工在必要时能立即取用所需物品。工序间物流通畅可以减少甚至消除寻找、滞留的时间，改善零件在库周转率。

1.5.4　减少直至消除故障，保障品质

优良的产品品质源于良好的工作环境。通过每日的清扫和点检不断净化工作环境，避免污物损坏机器和产品，避免杂乱的环境导致产品被误装或漏装小零配件，就能维持设备高效运转，提高产品的品质。

1.5.5　保障生产安全

物有其位，工作场所宽敞明亮，通道畅通，地上不随意摆放不该放置的物品，地面清洁无水，工位周围没有摆放任何杂乱、超高、危险的物件，员工遵守操作规程、定期保养设备……如果工作场所井然有序，意外就会减少，安全就有保障。

1.5.6　降低生产成本

开展 6S 活动可以减少人员、设备、场所、时间等方面的浪费，从而降低生产成本。

1.5.7　改善员工精神面貌，增强组织活力

工厂积极开展 6S 活动，员工就会变得有修养、有尊严、有成就感，不仅会对自己的工作尽心尽力，还会形成改善意识（可以提出合理化建议、开展改善活动）。这样就可以增强组织的活力，培养出纪律严明、执行力强的高效团队。

1.5.8　缩短作业周期，确保交货期

可视化管理可以使异常现象明显化，可以减少人员、设备、场所、库存、时间等方面的浪费，提高作业效率，缩短作业周期，从而确保交货期。开展 6S 活动以后的生产现场如图 1–3 所示。

图 1-3　整洁有序的生产现场

表 1-2 所示为某工厂开展 6S 活动前后各个角落的细节对比。

表 1-2　某工厂开展 6S 活动前后各个角落的细节对比

生产现场	开展 6S 活动之前	开展 6S 活动之后
安保系统		

（续表）

生产现场	开展 6S 活动之前	开展 6S 活动之后
安保系统		
工程系统	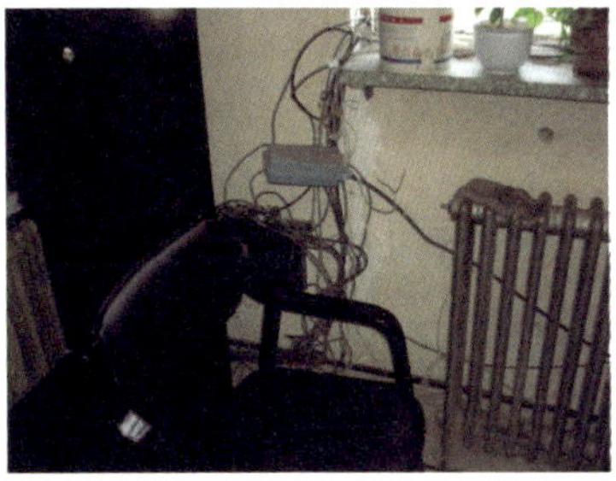	

		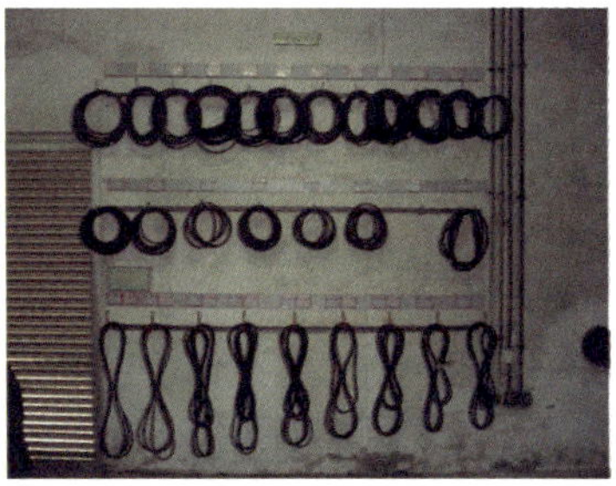

（续表）

生产现场	开展 6S 活动之前	开展 6S 活动之后
工程系统		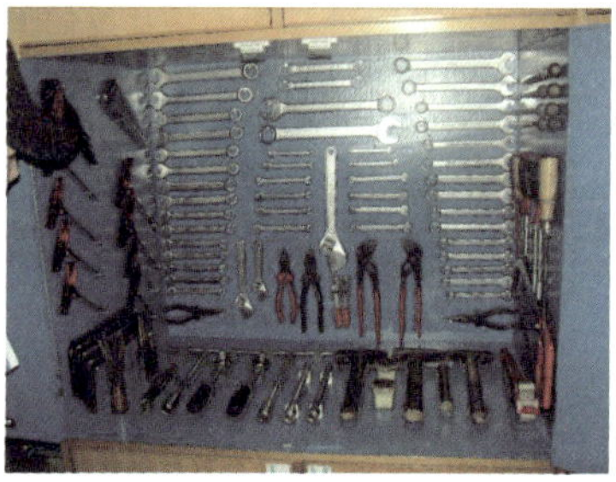
	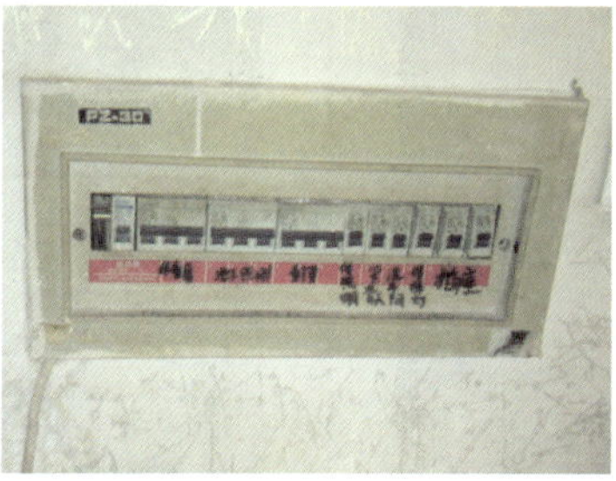	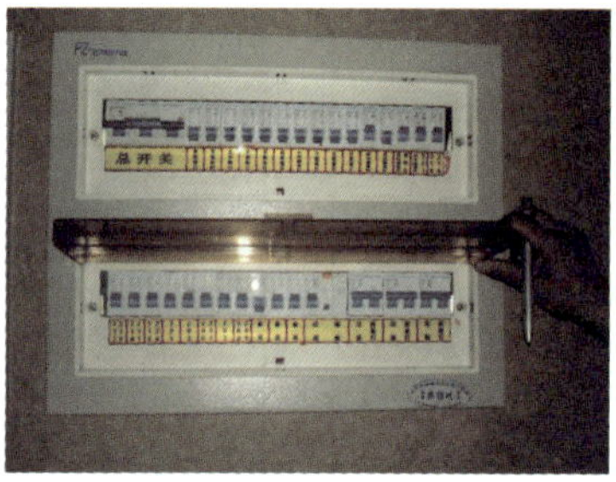
后勤保障系统		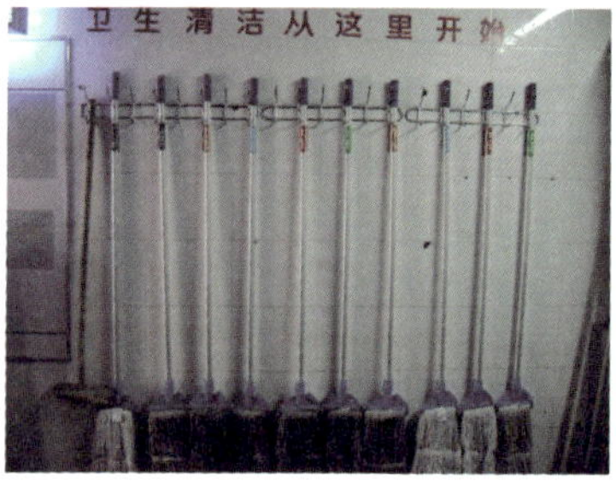

（续表）

<table>
<tr><th>生产现场</th><th>开展 6S 活动之前</th><th>开展 6S 活动之后</th></tr>
<tr><td rowspan="4">后勤保障系统</td><td>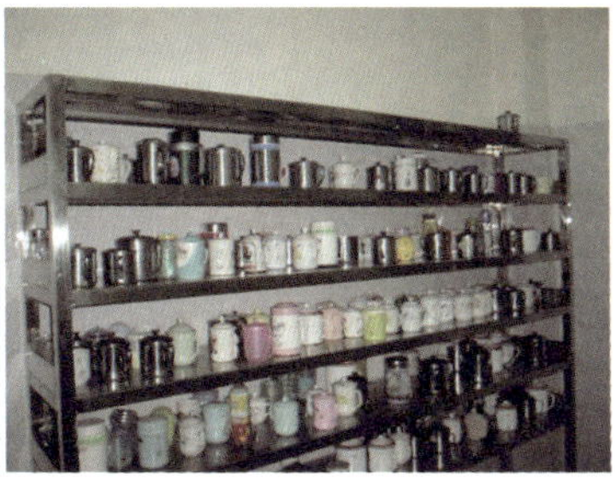</td><td>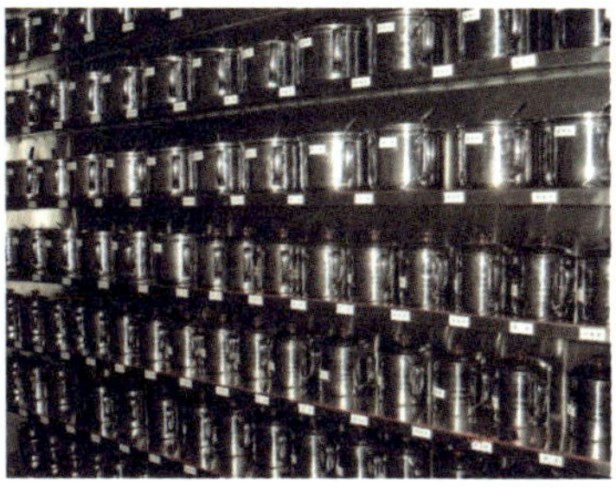</td></tr>
<tr><td>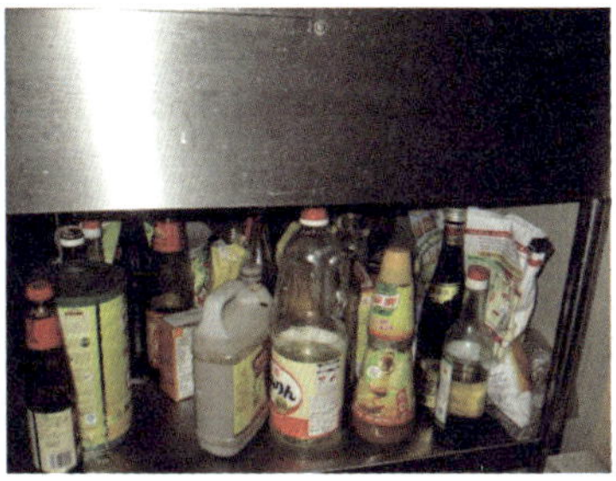</td><td>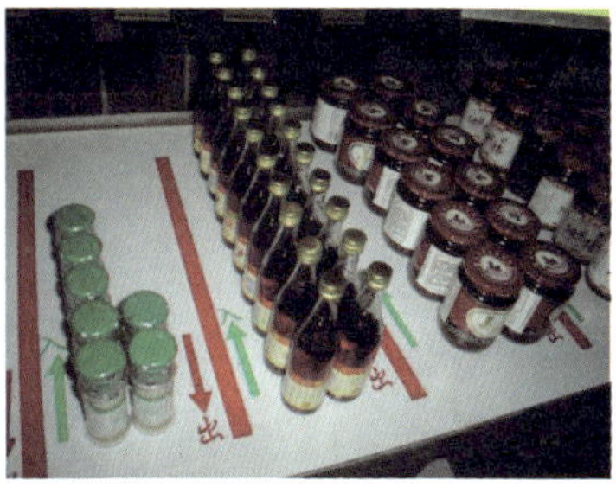</td></tr>
<tr><td>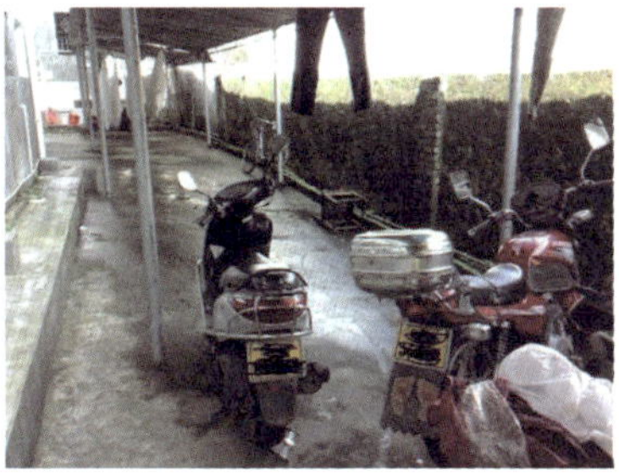</td><td>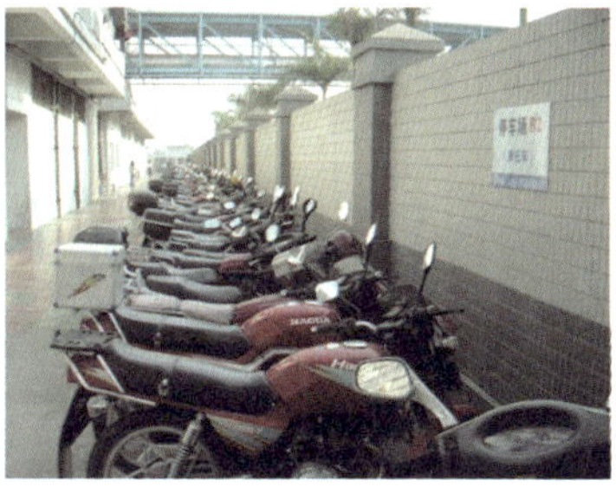</td></tr>
<tr><td>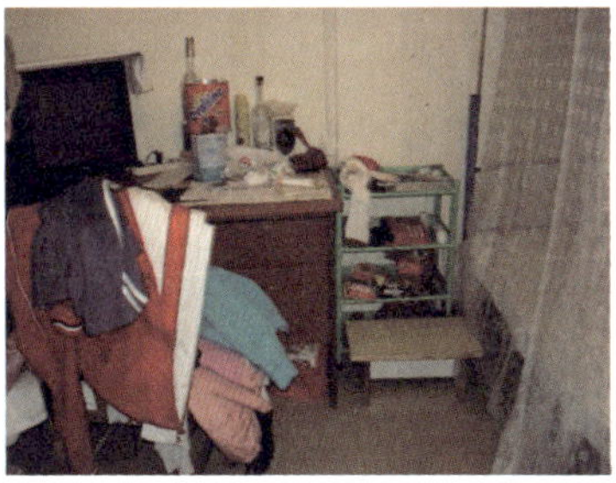</td><td>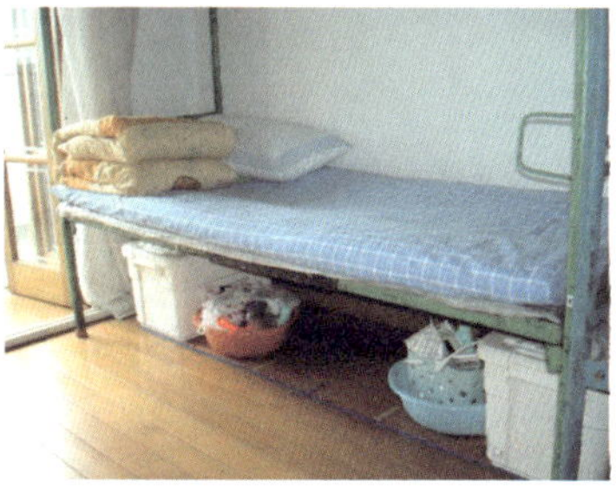</td></tr>
<tr><td>职能办公系统</td><td>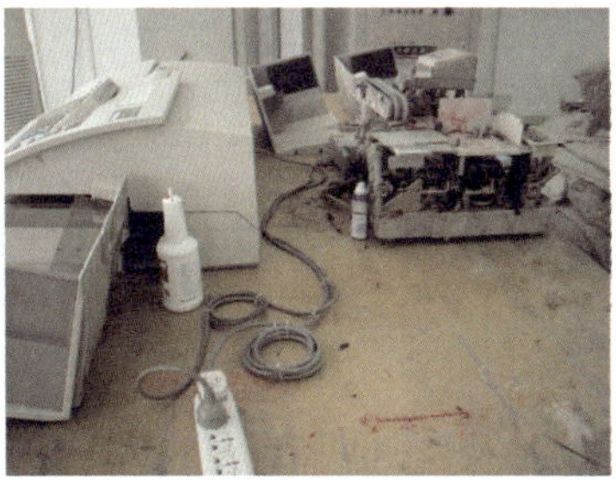</td><td>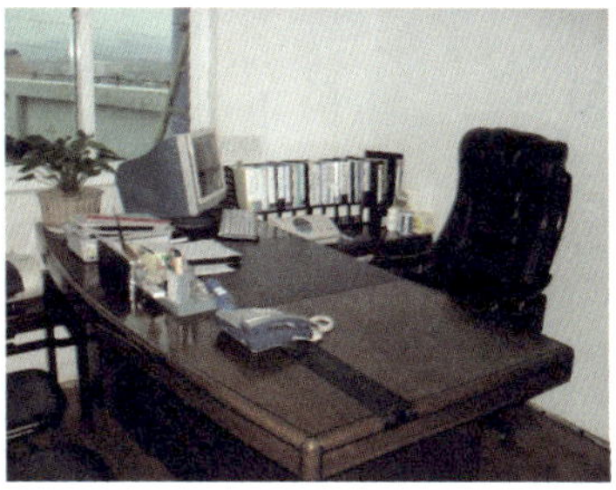</td></tr>
</table>

（续表）

生产现场	开展 6S 活动之前	开展 6S 活动之后
职能办公系统	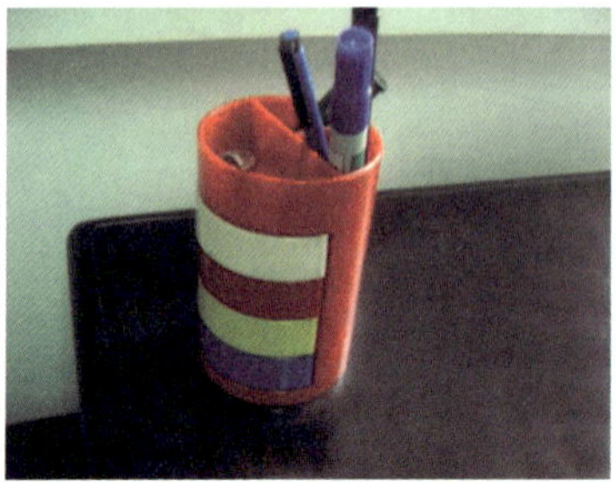	

		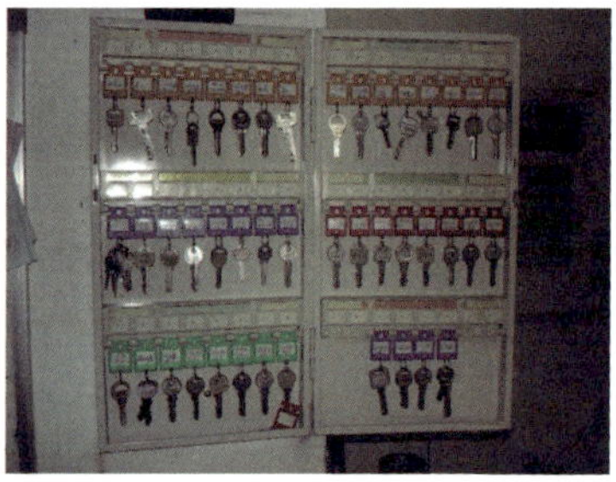
生产保障系统		

第 2 章　6S 体系的推进

2.1　成立 6S 推进组织

为了有效开展 6S 活动，企业需要成立一个符合自身条件的 6S 推进组织。企业可成立 6S 推行委员会，委员会可以设主任、副主任、委员、干事、秘书等，所有成员必须明确其工作职责。

6S 推行委员会的典型架构如图 2-1 所示。

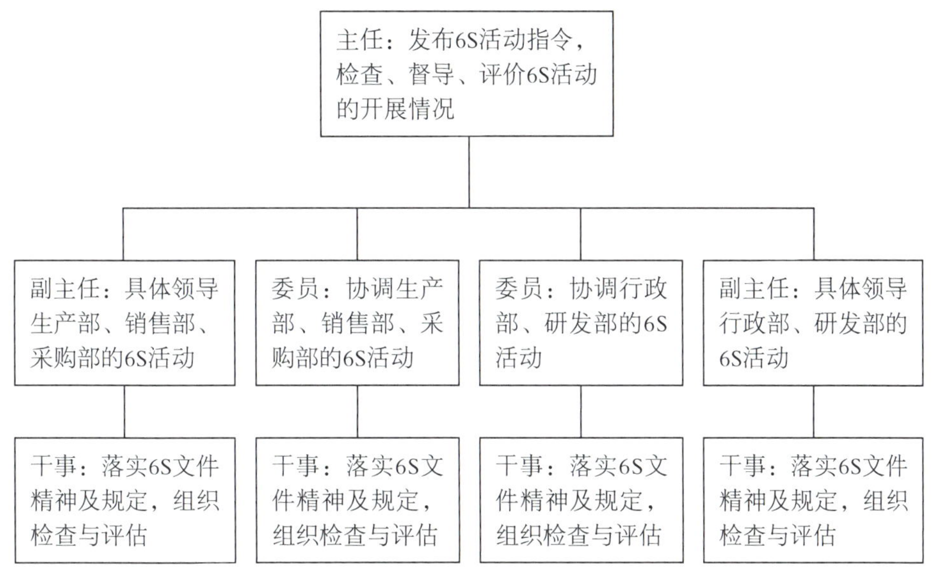

图 2-1　6S 推行委员会的典型架构

成立 6S 推进组织的注意事项如下。

（1）组织层次不宜过多，一般分 3 ~ 4 层即可。

（2）人员一定要精干，要有主见和热情，最好有影响力或号召力。

（3）活动过少的话，达不到预期效果；活动过多的话，又会影响正常工作。因此，最好每周开一次会或做一次总结。

（4）明确责任，分工协作，各展所长。

（5）领导者要授权给相关人员，并为其配备充足的资源，如经费、办公用品、场所等。

图 2-2 所示是某企业 6S 推行委员会的组织架构，图 2-3 所示是关于 6S 推行委员会成立的活动快讯。

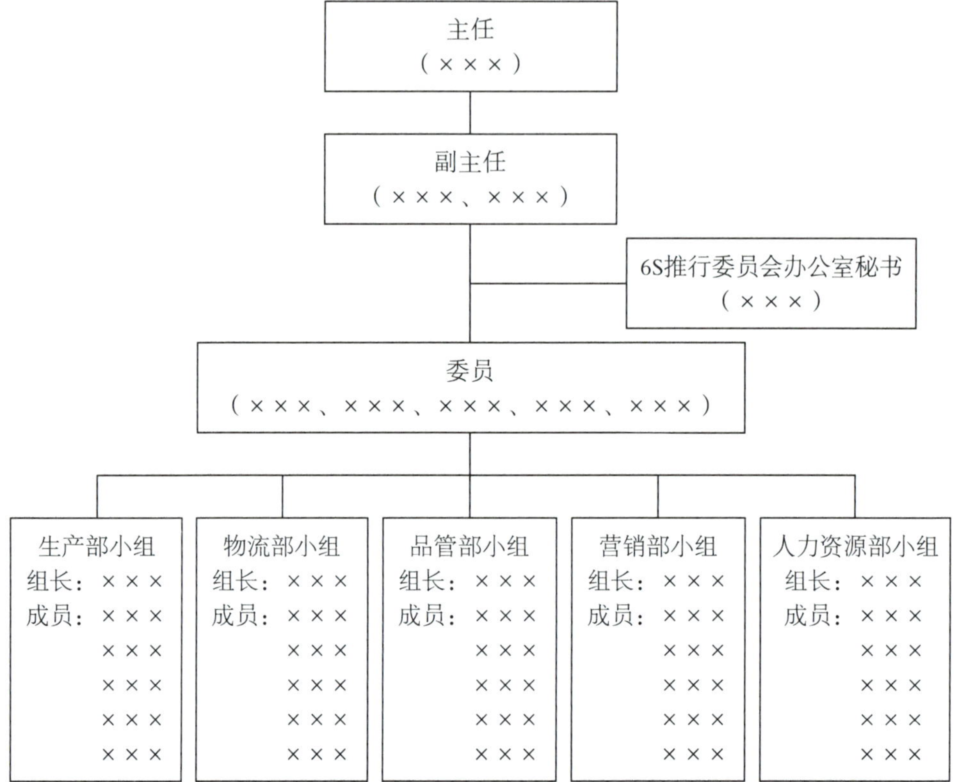

图 2-2　某企业 6S 推行委员会的组织架构

2003年4月5日第1期　总1期　6S推行委员会主编　　仅供内部讨论学习用

××× 6S活动快讯

6S推行委员会成立暨动员大会致辞

6S推行委员会成立暨动员大会上的讲话

6S推行委员会第一次会议报告

图 2-3　关于 6S 推行委员会成立的活动快讯

2.2　制订 6S 推行计划

所谓制订计划，就是预先决定 5W1H——做什么（What）、为什么做（Why）、什么时候做（When）、由谁做（Who）、怎么做（How）等。计划是在预测的基础上制订出来的，所以并不是所有事情都会按照计划发展。但如果不制订计划，有些事情就会变得杂乱无章。图 2-4 和图 2-5 所示是 6S 推行计划示例，读者可参照使用。

6S 体系持续推行计划表

步骤	项目	推行计划											
		1周	2周	3周	4周	5周	6周	7周	8周	9周	10周	11周	后续
6S推行准备	确定 6S 推行负责人和小组，修改相关的 6S 实施文件												
	各副主任提交各小组的责任区域图，以及所有待其他部门或上级部门解决的问题清单												
	对全厂新员工进行培训及测试，宣传 6S												
6S推行	各部门开始实施整理并提交整理清单												
	各部门确定清扫责任区，具体落实到每一个人并实施清扫												
	各部门实施整顿（可视化管理）												
	各部门实施清洁												
	开展全厂 6S 评比活动												
6S维持	每月由 6S 推行委员会主任抽取部分车间或部门进行评比，奖励前三名												
	将 6S 纳入新员工培训，由人力资源部每月组织一次新员工培训												

图 2-4　6S 推行计划（一）

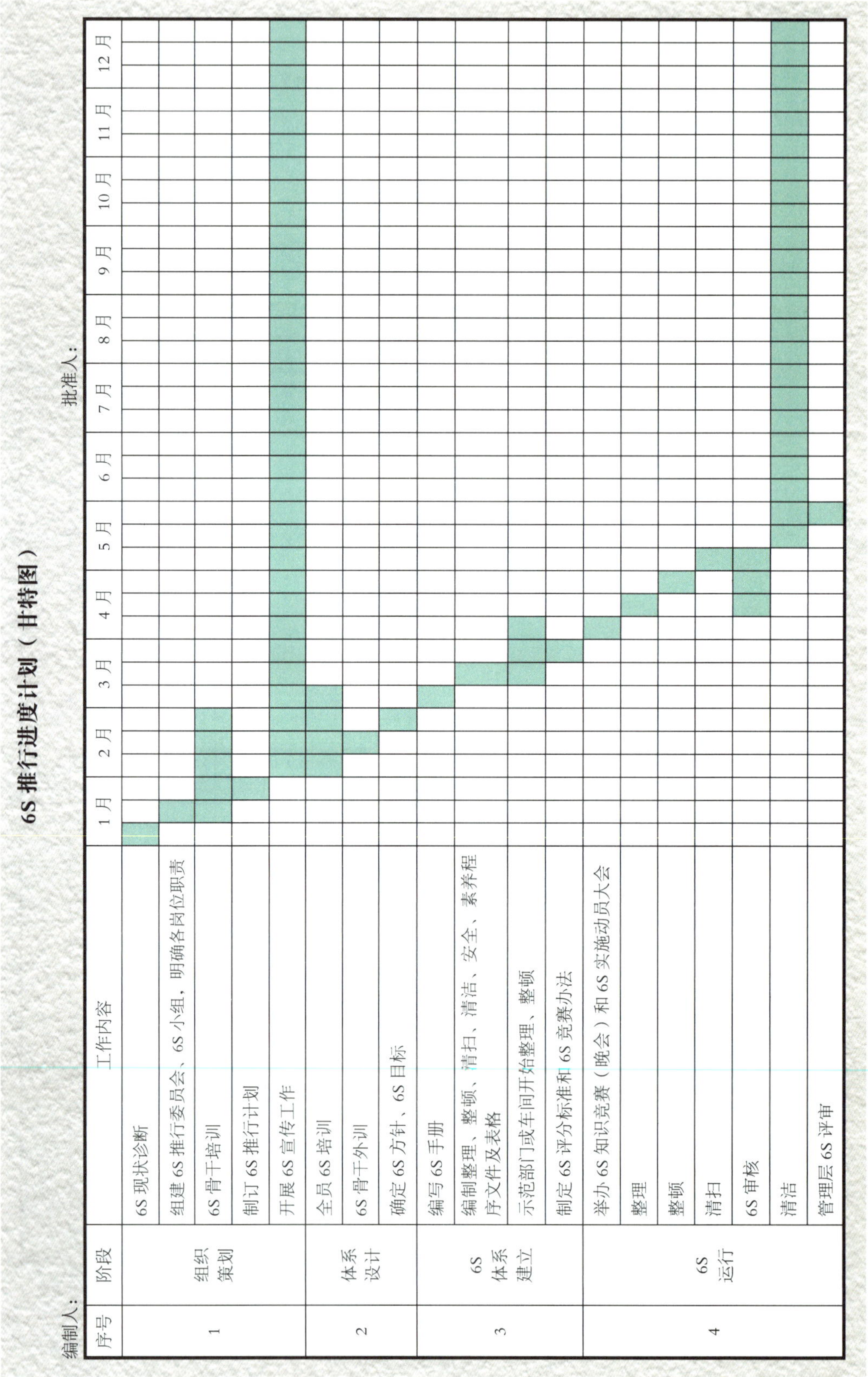

6S 推行进度计划（甘特图）

编制人：　　　　　　　　　　　　　　　　批准人：

序号	阶段	工作内容	1月	2月	3月	4月	5月	6月	7月	8月	9月	10月	11月	12月
1	组织策划	6S 现状诊断												
		组建 6S 推行委员会、6S 小组，明确各岗位职责												
		6S 骨干培训												
		制订 6S 推行计划												
		开展 6S 宣传工作												
2	体系设计	全员 6S 培训												
		6S 骨干外训												
		确定 6S 方针、6S 目标												
3	6S体系建立	编写 6S 手册												
		编制整理、整顿、清扫、清洁、安全、素养程序文件及表格												
		示范部门或车间开始整理、整顿												
		制定 6S 评分标准和 6S 竞赛办法												
4	6S运行	举办 6S 知识竞赛（晚会）和 6S 实施动员大会												
		整理												
		整顿												
		清扫												
		6S 审核												
		清洁												
		管理层 6S 评审												

图 2-5　6S 推行计划（二）

2.3 实施 6S 培训

6S 推进组织的首要任务是把全体员工教育好，让全体员工齐心协力开展 6S 活动。作为消除浪费和推行持续改善活动的组织，6S 推进组织要想把 6S 活动维持在一个较为理想的水平，就要重视培训。

2.3.1 制订培训计划

（1）根据实际情况制订年度、月度或临时项目培训计划。

（2）根据管理人员、作业人员、新员工等的不同情况量身定制培训内容。

（3）准备教材、教具。

（4）选择合适的学习环境。

下面是某工厂的 6S 培训计划，读者可参照使用。

【范本 1】

某工厂的 6S 培训计划

第一课：全员理念性培训
培训对象：工厂全体员工 培训时间：签订协议后立即进行，2 小时（下午） 培训目的： （1）让全体员工了解 6S 的概念，知道什么是 6S （2）让全体员工认识到 6S 对产品品质提升的重要性
第二课：6S 短片的观看与讲解
培训对象：工厂全体员工 培训时间：3 小时（晚上） 培训目的： （1）强化全体员工对 6S 的认识 （2）让全体员工对 6S 的本质有更深刻的认识，介绍在实施过程中可能会遇到的问题及其处理方法 （3）给全体员工一些缓冲时间，使员工做好角色转换
第三课：服务区现场问题剖析
培训对象：工厂全体员工 培训时间：1.5 小时，分区分组进行（2 天内完成） 培训目的： （1）让各部门员工发现自己存在的问题并进行总结、分析 （2）让员工发挥主观能动性，对解决方案进行可行性分析 （3）让全体员工认识到自己才是推行 6S 的主体，让他们都能以主人翁的心态看待并解决问题

（续）

第四课：员工礼仪礼节培训（理论）
培训对象：工厂全体员工 培训时间：1.5 小时 培训目的： （1）让全体员工了解基本的礼仪礼节，让他们在思想上认识到礼仪礼节的重要性 （2）让全体员工在礼仪礼节方面发生质的改变
第五课：员工礼仪礼节培训（现场）
培训对象：工厂全体员工 培训时间：3 小时（分上午、下午） 培训目的： （1）通过现场实践，让全体员工了解自己按照理论执行的结果与实际要求的差距 （2）对员工进行一对一的指导、纠正
第六课：成本控制及分析
培训对象：工厂全体员工 培训时间：2 小时，分区分组进行（2 天内完成） 培训目的： （1）让全体员工更有主人翁意识 （2）让全体员工了解日常浪费的根源及控制方法 （3）让工厂对成本控制更加得心应手
第七课：现场操作培训
培训对象：工厂全体员工 培训时间：全天全程跟进（4 天内完成） 培训目的： （1）发现各部门及每位员工存在的问题，让员工认识到自己的不足 （2）指出员工在操作中的问题并帮助其改正
第八课：现场操作改进培训
培训对象：工厂全体员工 培训时间：全天全程跟进（4 天内完成） 培训目的： （1）跟踪员工的思想变化及习惯改进 （2）增强员工的自控意识 （3）培养员工的自我管理能力
第九课：安全意识及安全预案的讲解
培训对象：工厂全体员工 培训时间：2 小时 培训目的： （1）增强全体员工的安全意识 （2）提升员工对突发安全事件的处理能力

（续）

第十课：对以上培训的综合性考核
培训对象：工厂全体员工 培训时间：2 小时 培训目的：检验全体员工对培训内容的掌握程度
第十一课：制度标准化
培训对象：工厂全体员工 培训时间：考核结束后 2 天内 培训目的：让全体员工对培训期间取得的成绩、心得进行总结，将相关内容整编成册，将相关制度标准化，为以后的新员工培训提供参照标准
第十二课：总结
培训对象：工厂全体员工 培训时间：2 小时 培训目的：表彰在培训期间表现突出的员工，解决培训期间出现的问题，表达对全体员工的期望

2.3.2 开展培训

1. 培训骨干人员

6S 是全体员工共同参与的活动，为了让 6S 活动能够彻底、持续地开展，6S 推进组织不仅要提供指导，还要制定活动方案及各种标准和规则，并且通过一些评比、竞赛制造高潮，以激发员工的参与热情。这就要求骨干人员组成强有力的 6S 推进组织。这些人应该对 6S 的基本知识和推行要领有较深入的认识。企业在开展 6S 活动前要有意识地培养一批这样的人员（见图 2-6）。

图 2-6 对骨干人员进行 6S 培训

6S 活动刚开展时不是人人都能理解，但如果有几个或一批骨干员工掌握较多的 6S 知识，就会对 6S 推行产生有利影响。

2. 培训一般员工

对一般员工实施 6S 培训的主要目的是让他们正确地认识 6S。一般来说，培训内容主要包括以下几个方面。

（1）6S 的内涵。

（2）推行 6S 的意义。

（3）企业对推行6S的态度。

（4）6S活动目标和活动计划。

（5）相关的评比和奖励措施等。

2.3.3 考核检查

（1）有培训就要有考核，只有这样才能提高员工的重视程度。

（2）奖优罚劣，向优秀员工颁发证书，通报表扬；不及格者要补考至及格为止。

6S培训测试题示例和6S培训测试试卷示例如下，读者可参考使用。

【范本2】

6S培训测试题

姓名：　　　　性别：　　　　得分：

一、填空题（共15分，每题3分）

1. 6S是指_______、_______、_______、_______、_______、_______。

2. 区分工作场所内的物品为“需要的”和“不需要的”属于6S中的______。

3. 消除物品乱摆放属于6S中的_______。

4. 整顿的目的是消除_______浪费。

5. 整顿的三要素是_______、_______、_______。

二、判断题（错的打“×”，对的打“√”，共10分，每题2分）

1. 6S是革除人的“马虎”之症的良药，主要以提升人的品质为最终目的。（　）

2. 6S只是一个短期的活动，不需要长期坚持。（　）

3. 清洁不仅要求对工厂的物和机进行清洁，而且要求对工厂中的人的形体和精神进行“清洁”。（　）

4. 推行6S只是为了保障生产安全。（　）

5. 生产现场的物料只要大家清楚在哪里，不做标识也没有关系。（　）

三、多项选择题（共20分，每题2分）

1. 以下属于素养范畴的不良习惯有：（　）

A. 上班迟到　　B. 不按作业规程操作

C. 上班时间去洗手间　　D. 随地丢垃圾

（续）

2. 工厂里面的什么地方需要整理、整顿？（ ）

A. 生产现场　　B. 办公室

C. 每个地方　　D. 仓库

3. 整理主要是为了消除什么浪费？（ ）

A. 时间　　B. 工具

C. 空间　　D. 包装物

4. 整顿中的“三定”是指：（ ）

A. 定点、点方法、定标识　　B. 定位、定品、定量

C. 定容、定方法、定量　　D. 定点、定人、定方法

5. 整理时，要根据物品的什么决定取舍？（ ）

A. 原购买价值　　B. 现使用价值

C. 是否占空间　　D. 是否能卖个好价钱

6. 在 6S 推行中，下面哪个最重要？（ ）

A. 人人有素养　　B. 地、物干净

C. 工厂有制度　　D. 生产效率高

7. 清扫在 6S 中的意义是什么？（ ）

A. 有空再清扫就行了　　B. 清扫是工程的一部分

C. 地、物干净　　D. 生产效率高

8. 6S 与产品品质之间的关系是什么？（ ）

A. 工作方便　　B. 改善品质

C. 增加产量　　D. 没有多大关系

9. 6S 与公司和员工有哪些关系？（ ）

A. 改善公司形象　　B. 增加工作时间

C. 增加工作负担　　D. 保障安全

10. 属于可视化管理范畴的方法有：（ ）

A. 划分区域　　B. 显示牌

C. 颜色区分　　D. 定位置

四、思考题（共 30 分，每题 10 分）

1. 谈谈你对 6S 的理解。

2. 如果在你们部门推行 6S，可能会遇到哪些困难？怎么办？

3. 谈谈“提升自我，从小事做起”在素养中的重要性。

（续）

五、6S 考核——案例分析（25 分）

案例分析要求：

1. 对于下面的每一张照片，请按照 6S 审核标准找出不符合要求的地方并提出纠正措施。

2. 按组完成案例分析，写下答案。

3. 每组选一名代表上台讲解。

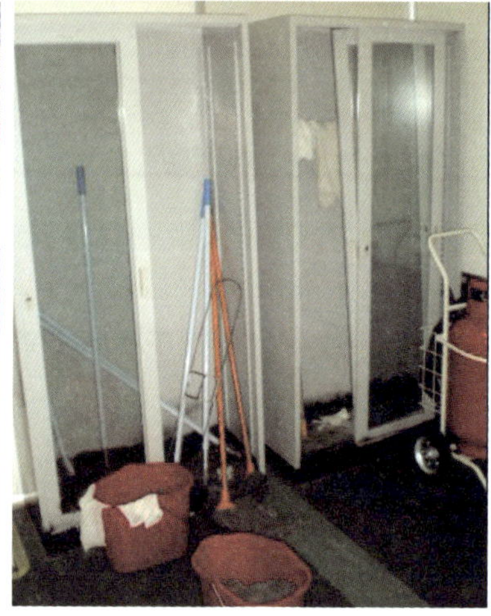

【范本 3】

6S 培训测试试卷

考生姓名：　　　　　　　　　　考生成绩：

导师签名：　　　　　　　　　　考试日期：

1. 以下哪一个是整理的例子？（　）（5 分）

A. 所有东西都有名和家，30 秒内就可以找到

B. 贮藏的透明度和防错法

C. 扔掉不需要的物品或回仓及制作工作计划表

D. 个人清洁责任的划分及认同，环境明亮照人

E. 履行个人职责（包括优良环境、问责和守时）

2. 以下哪一个是素养的例子？（　）（5 分）

A. 所有东西都有名和家，30 秒内就可以找到

B. 贮藏的透明度和防错法

C. 扔掉不需要的物品或回仓及制作工作计划表

D. 个人清洁责任的划分及认同，环境明亮照人

E. 履行个人职责（包括优良环境、问责和守时）

3. 在分层管理标准中，使用频率为“中”的物品一般是多长时间内用过的物品？（　）（5 分）

A. 一年内都没有使用过的物品

B.7 ～ 12 个月内使用过的物品

C.1 ～ 6 个月内使用过的物品

D. 每日至每月都要使用的物品

E. 每小时都要使用的物品

4. 以下哪些是清洁的推行方法？（　）（5 分）

A. 可视化管理

B. 定置管理

C. 贮藏的透明度

D. 视觉监察法

E. 分层管理

5.6S 有助于改善哪些方面？（　）（5 分）

A. 安全

B. 品质

（续）

C. 效率

D. 形象

E. 以上都是

6. 请列出整顿的四个步骤。（6分）

第一个步骤：

第二个步骤：

第三个步骤：

第四个步骤：

7. 推行6S的效能是什么？（7分）

8. 如何实施6S？（10分）

9. 为什么要实施6S？（10分）

10. 请列出至少两个实施整理、整顿、清扫、清洁、素养、安全的方法或思路。（12分）

11. 请列出以下照片中不符合6S的地方，说明不符合的原因，提出改善方法。（30分）

2.3.4 总结经验

（1）在培训过程中完善教材，优化教学方式。

（2）及时做总结，为下一次培训做准备。

企业可通过标语、新闻、报刊、竞赛等开展宣传（见图 2–7），必要时可聘请专业的顾问来授课。

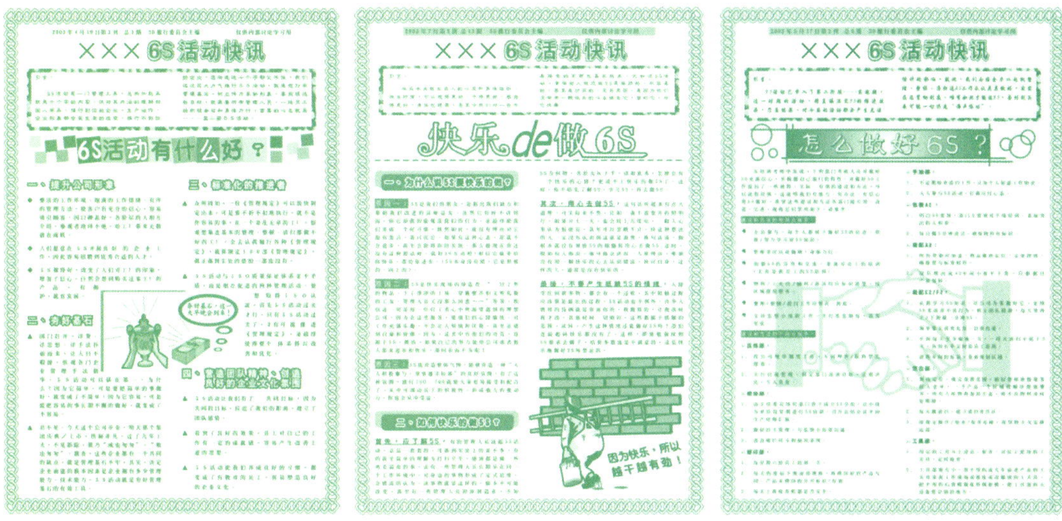

图 2–7 利用活动快讯宣传 6S

2.4 活动前的宣传造势

2.4.1 征集活动口号和制作 6S 标语

自制或外购一些 6S 宣传画、标语等，并将其张贴在工作现场，这样做不仅能让工作环境看起来更有活力，而且能让员工在耳濡目染之下熟悉 6S 的相关知识。此外，企业可以开展有奖征集口号活动，吸引员工参与 6S 活动。

企业还可以在工厂内外适当的地方挂上一些员工喜欢的标语或横幅，以营造良好的氛围并提高员工参与 6S 活动的积极性，具体如图 2–8 所示。

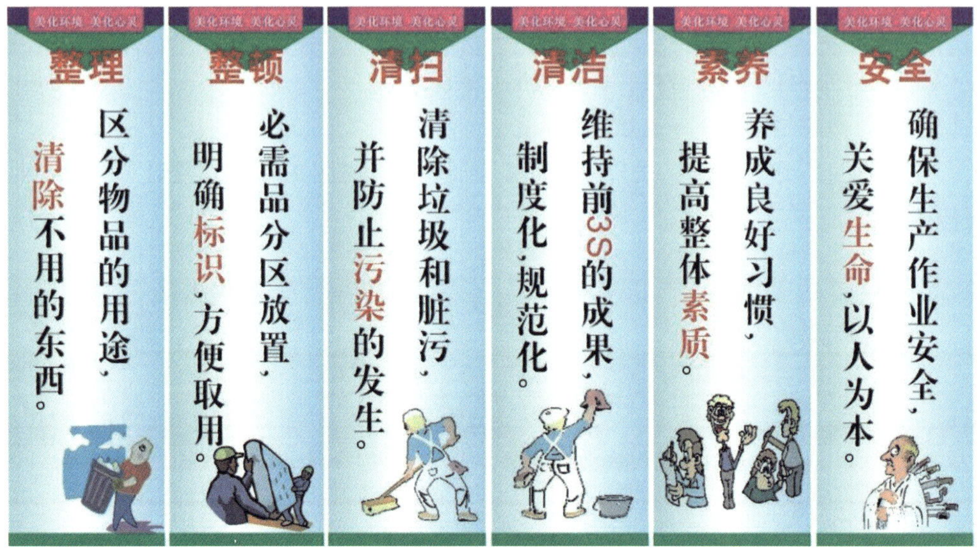

图 2-8　6S 标语

6S 标语集锦

1. 管理要精细，管理要精确，管理要精益。

2. 无不安全的设备，无不安全的操作，无不安全的现场。

3. 现场就是 6S 活动的战场。

4. 可视化管理是 6S 活动的基础。

5. 物流控制是 6S 活动的主线。

6. 责任交接是 6S 活动的关键。

7. 管理是修己安人的历程，起点是修己，做好自律工作，重点是安人，强调人性化管理。

8. 修正你的思想，因为它会改变你的行为。

9. 注意你的行为，因为它会改变你的习惯。

10. 养成你的习惯，因为它会改变你的性格。

11. 培育你的性格，因为它会改变你的命运。

12. 把握你的命运，因为它会改变你的人生。

13. 一切从我做起。

14. 只有目标，没有行动，那是在做梦；只有行动，没有目标，那是在浪费时间；目标加上行动才能够改变世界。

15. 人之初，性本懒，要他做，制度管。

16. 人之初，性本勤，激励他，土成金。

17. 人之初，性本善，你和我，一起干。

18. 制度是创造优秀员工的基础，标准是造就伟大企业的砖瓦，6S 是落实制度和标准的工具。

19. 以人为本，关爱生命。

20. 思一思改进改善措施，试一试坚持不懈努力。

21. 整理整顿天天做，清扫清洁时时行。

22. 整理整顿做得好，清洁打扫没烦恼。

23. 积极投入齐参加，自然远离脏乱差。

24. 创造舒适的工作场所，不断提高工作效率。

25. 讲究科学，讲求人性化，就是整顿的方向。

26. 生命只有一次，安全伴君一生。

27. 为了生活好，安全活到老。

28. 生产再忙，不忘安全，人命关天，安全在先。

29. 多看一眼，安全保险，多防一步，少出事故。

30. 安全来自长期警惕，事故源于瞬间麻痹。

31. 争取一位客户不容易，失去一位客户很容易。

32. 成功者找方法，失败者找借口。

33. 会而善议，议而当决，决而必行。

34. 消除乱丢杂物等不文明行为。

2.4.2 善用内部刊物

规模较大的企业通常都有内部刊物，企业可以利用它们宣传 6S 活动，发表领导强调 6S 的讲话，介绍 6S 知识，说明 6S 活动的进展情况和优秀成果，推广好的 6S 实践经验等。内部刊物对员工的影响较大，用好了能对 6S 推行起到积极的作用。

2.4.3 制作 6S 板报

各部门可以制作 6S 板报，宣传 6S 知识，展示 6S 成果，发表 6S 征文，提示目前仍然存在的问题等。板报是一种很有效的宣传工具，其内容可以做得丰富多彩。

在制作 6S 板报的过程中应注意以下几点。

（1）板报应设置在员工或客户必经的场所，如通道、休息室附近，周围空间要比较宽敞，站着即可看到。

（2）板报要美观大方。

（3）板报的形式可以多种多样，具体如图 2-9 所示。

（4）定期更新板报内容，如果内容长时间不变，板报变得破旧不堪，就失去了存在价值。

图 2-9　各种 6S 板报

2.4.4　制作 6S 推行手册

为了让全员了解和落实 6S，最好制作 6S 推行手册，保证人手一册，让员工通过阅读手册掌握 6S 的定义、目的、推行要领、实施方法、评审办法等，具体如图 2-10 所示。

6S 推行手册

6S 活动推行目标

通过开展 6S 活动，规范工作场所的秩序，提高员工的整体素质，营造一个清洁、舒适的工作环境，从而提高生产作业效率，减少浪费，降低生产作业成本，增强企业的竞争力。

6S 推行方针

推行 6S 以整理、整顿生产作业现场，让员工养成良好的作业习惯，改善生产现场管理为目的，提高企业整体形象。

目 录

序言

第一章 总则

一、 目的
二、 范围
三、 6S 的定义
四、 责任

第二章 直接作业区管理准则

一、 适用区域
二、 准则内容

第三章 间接作业区管理准则

一、 适用区域
二、 准则内容

第四章 6S 查核内容与扣分标准

一、 整理、整顿
二、 清扫、清洁
三、 素养
四、 安全

第五章 推行组织系统

一、 组织
二、 结构
三、 职责
四、 有关事项规定

第六章 6S 每月定期查核与奖惩规定

一、 6S 每月定期查核
二、 6S 每月成绩评比

第七章 6S 专题发表与年终发表

一、 6S 专题发表奖惩规定
二、 6S 年终发表奖惩规定

图 2-10 某企业 6S 推行手册的前两页

2.5 6S 活动示范区

推行 6S 时可以先建立示范区，积累经验后再全面推广，这种以点带面的做法有利于保证 6S 的开展深度和成功率，具体如图 2-11 和图 2-12 所示。

图 2-11 生产车间操作台整顿前后对比

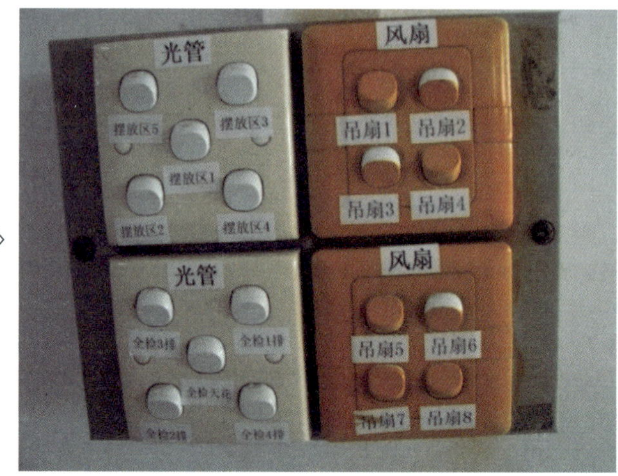

图2-12　开关整顿前后对比

2.5.1　示范区的选择

为 6S 活动选择示范区时应注意以下事项。

（1）选择硬件条件差、改善难度高的车间或部门作为示范区。通过短期、集中的 6S 活动使硬件条件差、改善难度高的车间或部门的现场发生根本改变，将对其他员工产生巨大的冲击，真正发挥示范的作用。

（2）选择具有代表性的部门作为示范区。只有示范区现场存在的问题具有普遍性，改善的效果才有说服力，6S 的理念才能被大多数人认同和接受。

（3）示范区责任人的改善意识要强。只有示范区负责人的改善意识较强，示范区的 6S 活动才能在短期内见效，让大家看到 6S 的价值。

2.5.2　建立示范区的步骤

（1）推行 6S 之前，对生产现场进行诊断，客观地掌握整体水平，弄清楚薄弱环节，6S 推行的难点在什么地方等。

（2）选定示范区。完成全面诊断后，结合 6S 推行计划，选定一个示范区，集中力量去改善。

（3）实施改善。在改善示范区的过程中要注意保留相关数据。

（4）确认效果。效果确认是一个检查、总结、评价、反省的过程。只有对前期工作进行分析评价，辨明功过是非，统一认识，调动大家的积极性，才能为后续工作扫清障碍。

2.5.3　示范区开展 6S 活动的程序

示范区开展 6S 活动的程序如图 2-13 所示。

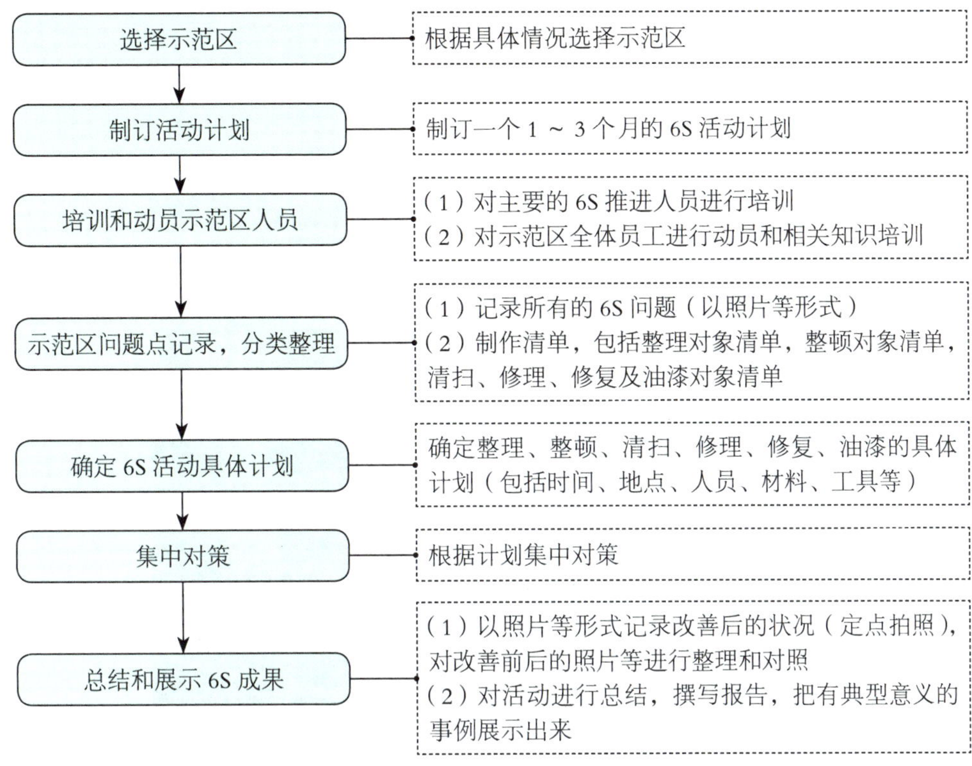

图 2-13　示范区开展 6S 活动的程序

2.5.4　示范区 6S 活动的重点

示范区 6S 活动的重点应该落在整理、整顿和清扫上，要通过这三项活动改变现场的面貌。

（1）在短期内进行突击整理。分阶段整理是不明智的。尤其是在示范区 6S 活动中，必须在一个较短的时间内，对生产现场的所有物品进行一次大盘点，严格区分需要的和不需要的物品，为把应该废弃的物品一扫而光做好准备。

（2）坚决处理不需要的物品。

（3）快速整顿。整顿的一项重要任务是做标识。一般来说，标识要尽量采用统一的形式、文字、颜色等。但是，为了快速地做好示范区的整顿工作，可以独自（有时是临时的）决定标识的形式，制作方式力求简单便捷，等到全面推行 6S 的时候再确定并使用统一的标识。

（4）彻底清扫。在短期内发动示范区全体员工进行彻底扫除，之后对难点问题进行突击整治，采取相应对策。

2.6　6S 的全面推行

示范区 6S 活动取得成功后，企业应该将示范区的 6S 活动经验推广到其他车间、部门，全面推行 6S（见图 2-14）。

图 2-14　在各个部门推广示范区 6S 活动经验

2.6.1　实行区域责任制

企业应将 6S 的内容规范化，使之成为员工的岗位责任。6S 的内容要十分详细，要具体到各部门及各生产现场。每一位员工都要清楚自己应该开展哪些 6S 活动，明确 5W2H（见图 2-15）。

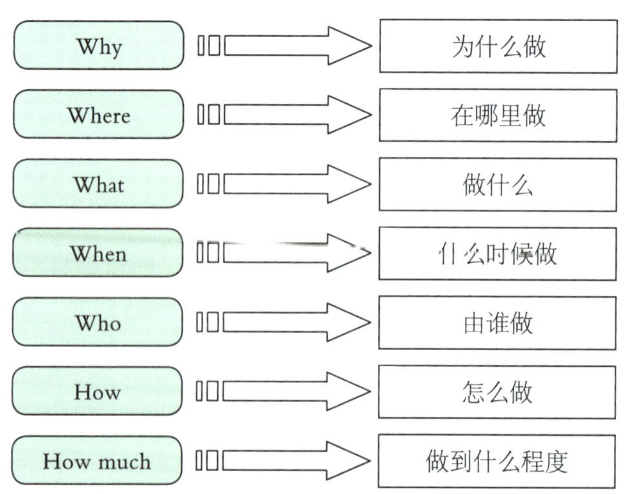

图 2-15　5W2H

责任区要坚持定期清扫，清扫范围包括班组管理区域及车间主干道、次干道，加工废屑也要清除。清扫任务一般在 30 分钟内完成。表 2-1 所示是 6S 责任区域划分表示例。图 2-16 至图 2-18 展示了 6S 责任区域划分及责任人。

表 2-1 6S 责任区域划分表示例

部门名称	责任区域	责任人
装配车间	成套组、户外组、二次线组、母排组	×××
组件车间	压气组、断路器组、SF6 组	×××
钣金车间	数控组、冲压组、钣焊组、抛光组	×××
金工车间	机加组、钳工组、工具室	×××
试制车间	模具组、机修组、空压机房、配电室、发电机房	×××
生产部	办公室、包装组、绝缘处理组、丝网印刷组	×××
仓库	成套库、组件库、原材料库、中转库、模具库、废品库、油库	×××
质管部	计量理化室、检验组、测试组	×××
技术中心	总师办、质管部、资料室、总师室、工艺部、工程部、开发部	×××
财务部、营销部	财务部、营销部、营销经理室、成品库	×××
公司办	办公室、门卫室	×××
后勤部	食堂、楼梯道、厂区路面、花坛、会议室、经理室、自行车棚、公共设施等	×××

注：（1）中转库与原材料库之间的区域由仓库负责；
（2）母排厂房前、左、右区域由钣金车间负责；
（3）装配车间东过道：发电机房以南由钣金车间负责，以北至转弯后过道由后勤部负责；
（4）一区、二区楼梯：1 ~ 2 层由 2 楼责任区域单位负责，2 ~ 3 层由 3 楼责任区域单位负责。

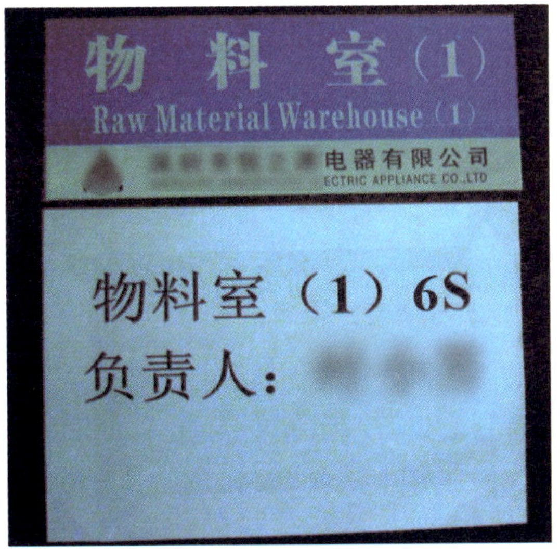

图 2-16 6S 责任人标识

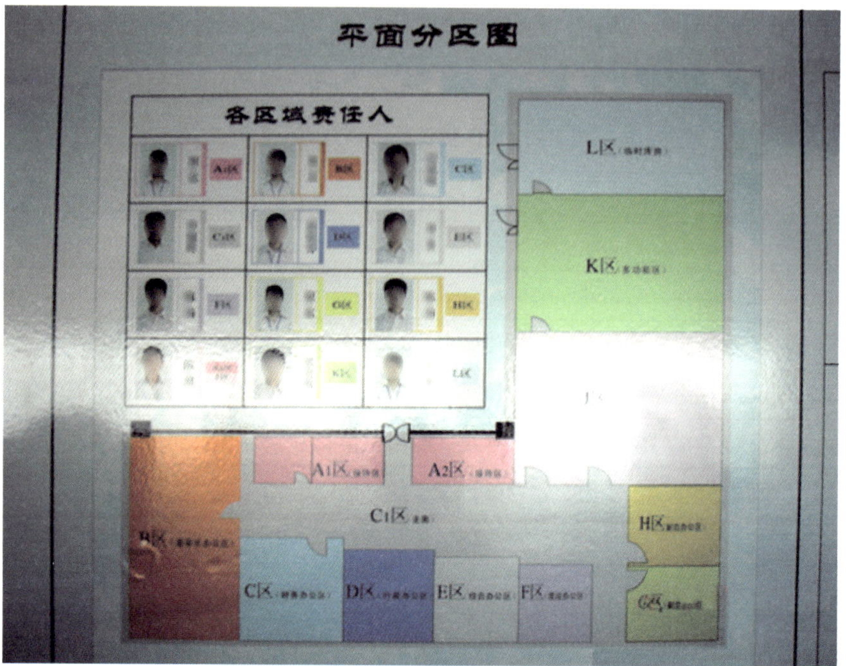

图 2-17　厂区平面图及各区域责任人

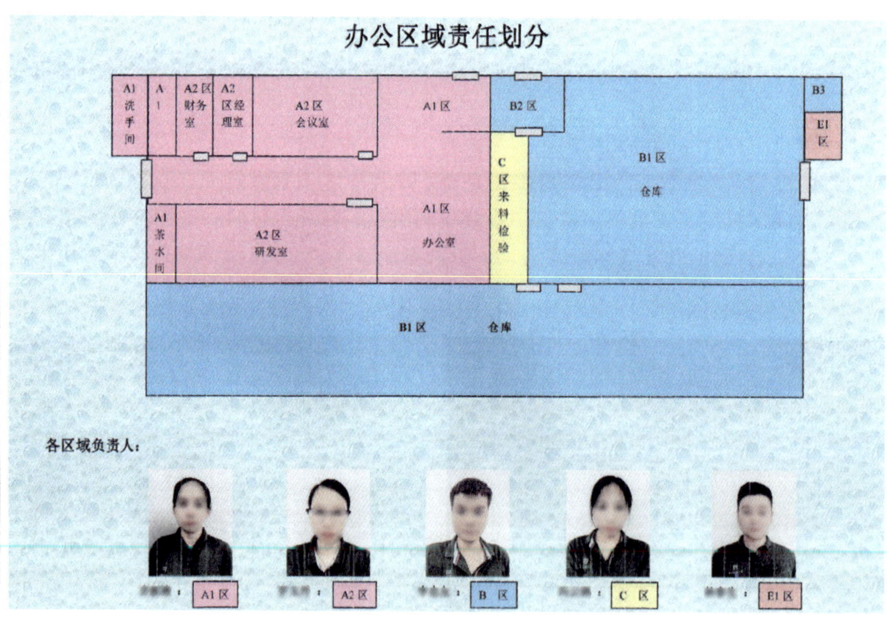

图 2-18　办公室平面图及各区域负责人

2.6.2　全员参与

推行 6S 最有效的方法就是全员参与。推行 6S 能为工厂的改善革新活动奠定良好的现场管理基础，提高员工参与改善革新活动的自主性和积极性。

为了促进全员参与，工厂要明确每位员工的 6S 责任，向每位员工分配明确的任务，由员工自主地想办法去完成 6S 任务。工厂可以在 6S 推行大会上与员工签订 6S 区域要求责任状（见图 2–19 至图 2–22），以此确认员工的 6S 责任。

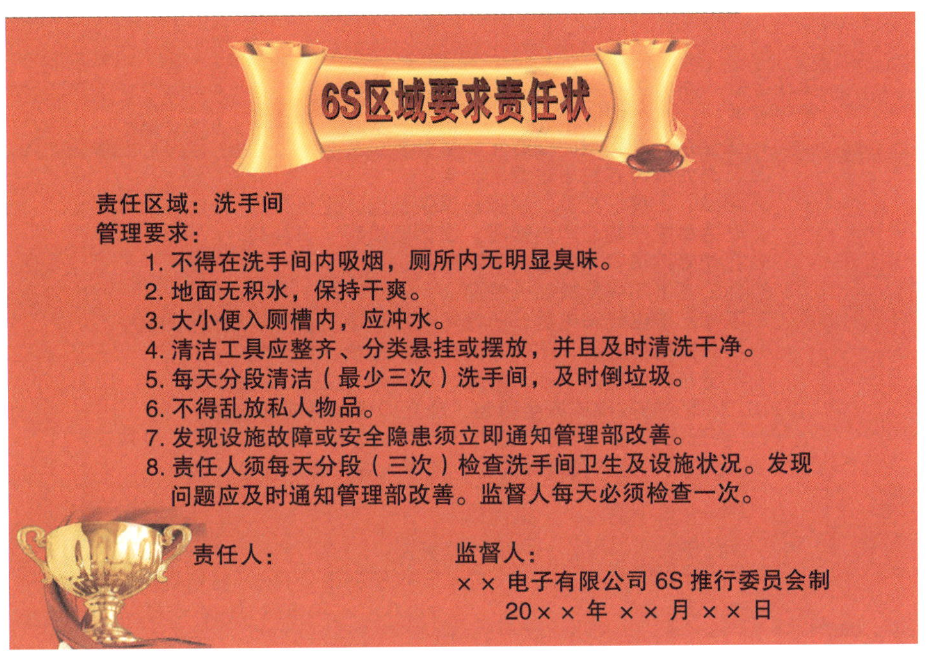

图 2–19 洗手间 6S 区域要求责任状

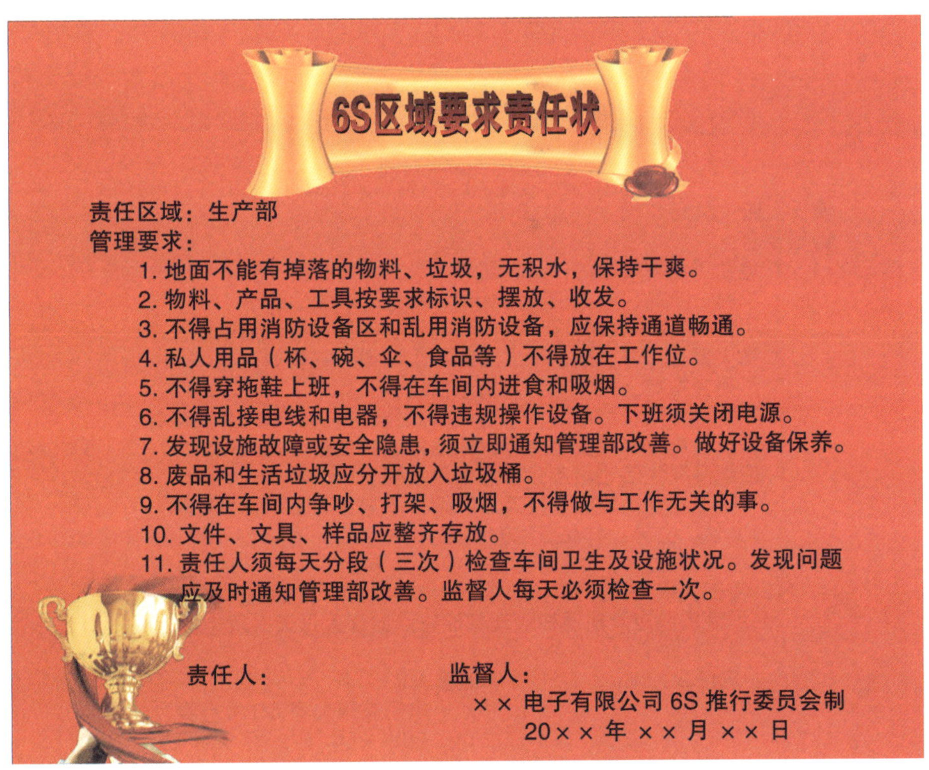

图 2–20 生产部 6S 区域要求责任状

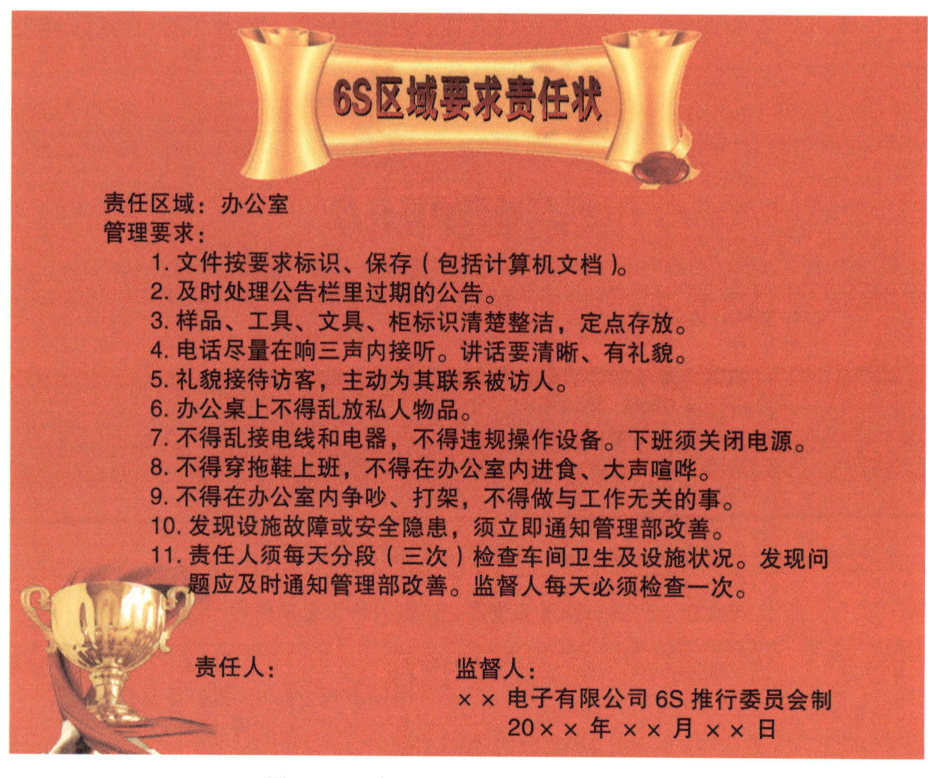

6S区域要求责任状

责任区域：办公室

管理要求：

1. 文件按要求标识、保存（包括计算机文档）。
2. 及时处理公告栏里过期的公告。
3. 样品、工具、文具、柜标识清楚整洁，定点存放。
4. 电话尽量在响三声内接听。讲话要清晰、有礼貌。
5. 礼貌接待访客，主动为其联系被访人。
6. 办公桌上不得乱放私人物品。
7. 不得乱接电线和电器，不得违规操作设备。下班须关闭电源。
8. 不得穿拖鞋上班，不得在办公室内进食、大声喧哗。
9. 不得在办公室内争吵、打架，不得做与工作无关的事。
10. 发现设施故障或安全隐患，须立即通知管理部改善。
11. 责任人须每天分段（三次）检查车间卫生及设施状况。发现问题应及时通知管理部改善。监督人每天必须检查一次。

责任人：　　　　监督人：

××电子有限公司 6S 推行委员会制

20××年××月××日

图 2-21　办公室 6S 区域要求责任状

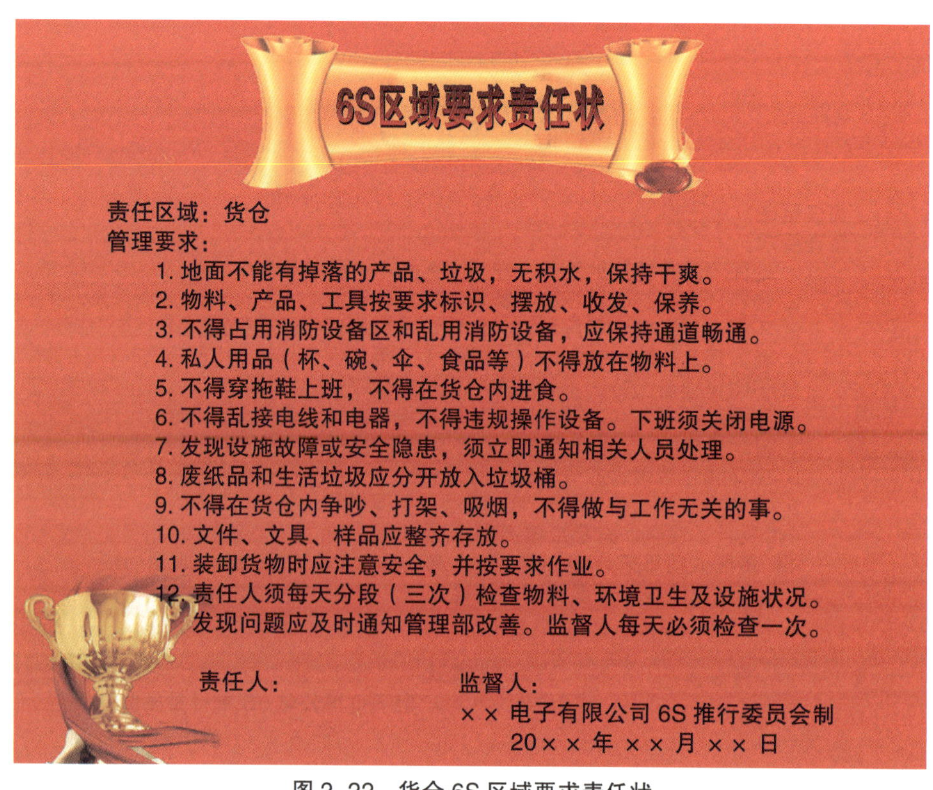

6S区域要求责任状

责任区域：货仓

管理要求：

1. 地面不能有掉落的产品、垃圾，无积水，保持干爽。
2. 物料、产品、工具按要求标识、摆放、收发、保养。
3. 不得占用消防设备区和乱用消防设备，应保持通道畅通。
4. 私人用品（杯、碗、伞、食品等）不得放在物料上。
5. 不得穿拖鞋上班，不得在货仓内进食。
6. 不得乱接电线和电器，不得违规操作设备。下班须关闭电源。
7. 发现设施故障或安全隐患，须立即通知相关人员处理。
8. 废纸品和生活垃圾应分开放入垃圾桶。
9. 不得在货仓内争吵、打架、吸烟，不得做与工作无关的事。
10. 文件、文具、样品应整齐存放。
11. 装卸货物时应注意安全，并按要求作业。
12. 责任人须每天分段（三次）检查物料、环境卫生及设施状况。发现问题应及时通知管理部改善。监督人每天必须检查一次。

责任人：　　　　监督人：

××电子有限公司 6S 推行委员会制

20××年××月××日

图 2-22　货仓 6S 区域要求责任状

此外，工厂要开展各类 6S 活动，运用各种工具宣传 6S 的好处。

2.6.3 评估与监督

评估与监督一般采取巡视、检查、互检等形式。

（1）巡视是指 6S 推行委员会在各个工作场所巡查并指出问题。

（2）检查是指从上到下的检查，厂领导检查车间，车间领导检查班组，班组长检查个人和小组。

（3）互检是班组内部员工相互检查。互检既可以让检查者发现被检查者的不足之处，又可以让检查者发现被检查者的优点及本人与被检查者的差距，然后认真地学习与改进。

2.7 6S 评比与考核

6S 评比与考核是工厂为检验各部门是否有效推行 6S 及推行效果是否达到要求而进行的内部检查。这是推行 6S 的一种有效手段，具体如图 2-23 和图 2-24 所示。

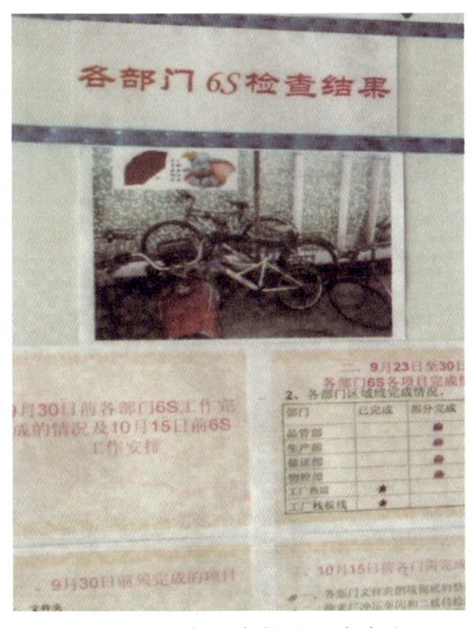

图 2-23 在公布栏展示各部门 6S 检查结果

图 2-24 定期在 6S 宣传栏公布评比检查表

2.7.1 评比与考核准备

评分标准主要分为两种：一种是用于生产现场评分标准，适用于车间、仓库等生产一线的工作场所；另一种是科室评分标准，适用于办公室等行政事务部门的工作场所。

制作评分表时要从工厂的实际出发，依据不同的部门性质制定不同的标准。表 2-2 和表 2-3 所示是生产现场和行政事务部门的评分表示例，读者可参照使用。

表 2-2　生产现场评分表

<table>
<tr><td colspan="2">现场名称：</td><td colspan="4">评分者：</td></tr>
<tr><td colspan="2">评分：</td><td colspan="2">前次评分：</td><td colspan="2">日期：　　年　月　日</td></tr>
<tr><th>项目</th><th>审核内容</th><th>各项总分</th><th>评分</th><th>缺失记录</th></tr>
<tr><td rowspan="4">整理</td><td>工作场所中不常用的机器设备与治具是否定位放置</td><td>4</td><td></td><td></td></tr>
<tr><td>工作场所是否摆放茶杯、饭盒、雨伞</td><td>4</td><td></td><td></td></tr>
<tr><td>工作场所是否按照颜色管理要求画线区分、标识清楚</td><td>4</td><td></td><td></td></tr>
<tr><td>椅子是否定位放置</td><td>3</td><td></td><td></td></tr>
<tr><td rowspan="5">整顿</td><td>储存室、暂收区是否有明确的标识，物料是否依指令归类摆放</td><td>4</td><td></td><td></td></tr>
<tr><td>治（工）具、零件是否依制造命令归类摆放</td><td>3</td><td></td><td></td></tr>
<tr><td>不良品、废品、良品是否依颜色管理</td><td>4</td><td></td><td></td></tr>
<tr><td>物料、生产设备是否放置于指定区域并摆放整齐</td><td>4</td><td></td><td></td></tr>
<tr><td>生产线各类看板、标识是否按规定填写</td><td>4</td><td></td><td></td></tr>
<tr><td rowspan="4">清扫</td><td>作业场所、作业机台是否每天清理打扫</td><td>4</td><td></td><td></td></tr>
<tr><td>物料架、电梯、物料仓是否每天清理打扫</td><td>3</td><td></td><td></td></tr>
<tr><td>鞋架是否清理干净，个人储物柜门是否关上</td><td>4</td><td></td><td></td></tr>
<tr><td>门、窗、天花板、工作台上的灯架是否清理打扫</td><td>4</td><td></td><td></td></tr>
<tr><td rowspan="4">清洁</td><td>工作场所地面上是否有掉落的物料、半成品、成品等</td><td>4</td><td></td><td></td></tr>
<tr><td>作业台是否清洁</td><td>4</td><td></td><td></td></tr>
<tr><td>物料柜内物料是否整齐干净</td><td>4</td><td></td><td></td></tr>
<tr><td>工作场所是否清洁</td><td>4</td><td></td><td></td></tr>
<tr><td rowspan="5">素养</td><td>人员服装是否整齐干净</td><td>4</td><td></td><td></td></tr>
<tr><td>厂鞋、厂牌是否穿戴规范</td><td>4</td><td></td><td></td></tr>
<tr><td>上班人员是否按作业指导书作业</td><td>4</td><td></td><td></td></tr>
<tr><td>上班时员工是否做与工作无关之事</td><td>3</td><td></td><td></td></tr>
<tr><td>员工是否有礼貌、讲卫生</td><td>4</td><td></td><td></td></tr>
<tr><td rowspan="4">安全</td><td>是否设有安全通道</td><td>4</td><td></td><td></td></tr>
<tr><td>是否有设备安全使用规定</td><td>4</td><td></td><td></td></tr>
<tr><td>灭火器指针是否在有效使用区</td><td>4</td><td></td><td></td></tr>
<tr><td>易燃易爆品是否有适当防护</td><td>4</td><td></td><td></td></tr>
<tr><td colspan="2">合计</td><td>100</td><td></td><td></td></tr>
</table>

表 2-3 行政事务部门评分表

现场名称：		评分者：			
评分：		前次评分：		日期： 年 月 日	
项目	项目内容	各项总分	评分	缺失记录	
整理	将不再使用的文件资料、工具废弃	3			
	将长期不使用的文件资料按编号归类并放入指定文件柜	4			
	将常用的文件资料放在就近位置	3			
	将正在使用的文件资料分为未处理、正处理、已处理三类	3			
	将办公用品摆放整齐	3			
	台面、抽屉以最低限度摆放物品	3			
整顿	办公桌、办公用品、文件柜等的放置有规划和标识	4			
	办公用品、文件放置整齐有序	3			
	文件处理完后均放入活页夹且放置整齐	3			
	活页夹都有相应的标志，每份文件都有相应的编号	4			
	办公桌及抽屉整齐、不杂乱	4			
	私人物品放在规定位置	3			
	计算机线缆用绑带扎起，不零乱	3			
	用计算机检索文件	3			
清扫	将地面、墙、天花板、门窗、办公台等打扫干净	4			
	将办公用品擦洗干净	3			
	将文件破损处修补好	3			
	办公室通风、光线通足	3			
	没有噪声和其他污染	3			
清洁	每天上下班前花 3 分钟做 6S 工作	3			
	随时自我检查，互相检查，定期或不定期进行检查，及时纠正不符合的情况	3			
	整理、整顿、清扫保持得非常好	3			
素养	员工戴厂牌、穿厂服且整洁得体，仪容整洁大方	4			
	员工言谈举止文明有礼，对人热情大方	3			
	员工精神饱满，有团队精神，互帮互助，积极参加 6S 活动，时间观念强	3			

（续表）

项目	项目内容	各项总分	评分	缺失记录
安全	本月内没有发生安全事故（如发生，安全得 0 分）	4		
	每个楼层均有紧急逃生图且容易被员工理解	3		
	安全标识齐全且张贴于醒目处	3		
	所有安全通道、消防通道均畅通无阻	3		
	定期开展安全意识培训	3		
	定期统计安全事故、分析原因并向员工宣导	3		
合计		100		

2.7.2 实施评比与考核

评比与考核一般分为两步：第一步是召开诊断会，各部门向评比与考核组报告本部门 6S 推行情况；第二步是评比与考核组深入现场进行实地评比与考核（见图 2-25）。

图 2-25　现场评比与考核

1. 召开诊断会

召开诊断会的目的是使评比与考核组了解各部门 6S 推行的总体情况，各部门负责人应在诊断会上报告本部门 6S 推行情况。报告的内容通常包括：

（1）推行 6S 的目的；

（2）推行 6S 的方针、目标；

（3）6S 推行经过；

（4）6S 推行效果；

（5）今后 6S 推行工作方向；

（6）本部门 6S 推行成果总结；

（7）典型事例。

2. 现场实地评比与考核

诊断会结束后，评比与考核组要到现场实地察看，听现场工作人员介绍 6S 推行过程中的事例和心得，然后按评分标准打分。

2.7.3　总结评分与考核结果

总结一般包括以下几个方面的内容。

1. 记录考核事实

评比与考核组成员将通过诊断会和实地评比与考核获得的有关事实记入“6S 考核表”（见表 2-4），然后逐项打分。

表 2-4　6S 考核表

编号：

区域	代号	扣分	扣分合计	得分

2. 制作考核结果报告表

评比与考核组组长根据各成员提交的“6S 考核表”，将考核结果汇总至“6S 考核结果报告表”（见表 2-5），连同“6S 考核表”一并上交给 6S 推行委员会。

表 2-5　6S 考核结果报告表

编号：

区域	代号	扣分合计	得分	问题描述

3. 发出整改通知

6S 推行委员会对各部门 6S 推行效果进行审核，若发现问题，则发出“6S 整改措施表”（见表 2-6）。各部门负责人应在期限内进行有效的整改，并且经验证人验证才算合格。

表 2-6　6S 整改措施表

编号：

序号	整改内容	责任人	期限	验证人	验证时间

注：验证人签字表示此项已经验证合格。

2.7.4　奖励与惩戒

为了使评比与考核发挥最大的激励作用，工厂应制定评比与考核制度，明确奖惩标准。

工厂可以根据 6S 检查结果，每周做一次汇总，每月组织一次评比。工厂在每月平均得分在评奖分以上、排在前三名的部门悬挂流动红旗（见图 2-26），并且给予一定的经济奖励；在每月平均得分在达标分以下、倒数后三名的部门悬挂流动黄旗，并且给予一定的经济处罚。

图 2-26　用流动红旗激发各部门推行 6S 的积极性

2.8　6S 标准化

6S 推行到一定的程度后，就要予以标准化。

将目前认为最好的实施方法作为完成某项工作的标准，让所有做这项工作的人都执行这个标准并不断地完善它，这个过程就是标准化。

标准一般用文字来体现，某些具体要求也可以用图片来体现。

2.8.1　不同区域的 6S 标准

表 2-7 至表 2-10 所示是生产区域、办公区、仓库、员工宿舍的 6S 标准示例，读者可参照使用。

表 2–7　生产区域 6S 标准

6S	标准
整理	1. 工作区域物品摆放应有整体感 2. 物料按使用频率分类存放 3. 3 天及以上才会使用的物品在未操作时不应放在工作台上 4. 设备、工作台、清洁用具、垃圾桶、工具柜在指定场所按水平直角放置 5. 良品、不良品、半成品、成品要规划区域摆放，标识要清楚（良品区用黄色，不良品区用红色） 6. 周转车要扶手朝外整齐摆放 7. 呆滞物品要定期清除 8. 工作台上的工具、模具、设备、仪器等无用物品须清除 9. 生产线上不应放置多余物品，不得有掉落的物料、零件 10. 地面不能直接放置成品（半成品）、零件，不得有掉落的零部件 11. 私人物品应放在指定区域 12. 茶杯应放在茶杯架上 13. 电源线不应杂乱无章地散在地上，应扎好规范放置 14. 脚踏开关电线应从机器尾端引出，开关应实行定置管理 15. 按货期先后分当天货期、隔天货期、隔两天以上货期三个区摆放产品 16. 未投入使用的工具、工装、刀具等应放在物品架上 17. 测量仪器的放置处无其他物品 18. 绕线机放置处除设备、纤维管、剪刀外，不应放置其他物品 19. 包带机放置处除设备、剪刀、润滑油外，不应放置其他物品
整顿	1. 各区域要画线（线宽：主通道 12 厘米，其他 8 厘米） 2. 各种筐、架的放置处要有明确标识（标识为黄白色，统一外印） 3. 所有物品、产品要有标识 4. 各区域要张贴定置管理总图且注明责任人 5. 不良品放置场地应使用红色予以区分 6. 消防器材前应使用红色斑马线予以区分 7. 卫生间应配以图像标识 8. 物品应整齐、垂直放置，并且须与定置管理图吻合 9. 标识、作业指导书应统一纸张、张贴高度 10. 宣传白板、公布栏内容应适时更新 11. 下班后，椅子应归到工作台下 12. 清洁用具用完后应放到指定场所 13. 不得放置物品的地方（通道除外）要有标识 14. 产品、零件不得直接放到地面上 15. 固定资产应有资产标识、编号及台账 16. 物品应按使用频率放置，使用频率越高的位置越近 17. 工装、夹具应按类别成套放置 18. 成品摆放高度：普通包装方式为 1.3 米，安全包装方式为 1.5 米 19. 橡胶筐纸板应摆放至规定区域，定时处理 20. 设备、机器、仪表、仪器要定期保养维护、标识清楚且有记录 21. 图纸、作业指导书、标语、标识保持最新的有效版本 22. 易燃易爆品要存放到专用地点并做标识，旁边须设置灭火器

（续表）

6S	标准
清扫	1. 地面应保持无碎屑、废包装带、废聚脂膜等杂物 2. 地面应每天打扫并在 6S 日进行大扫除 3. 墙壁应保持干净，不得乱贴纸、刻画 4. 机器设备、工具、计算机、风扇、灯管、排气扇、办公桌、周转车等应经常擦拭，保持清洁 5. 浸洪、环氧地面应定期清理 6. 食堂、物料库屋顶应定期清理 7. 花草要定期修剪、施肥
清洁	1. 垃圾筐内垃圾应保持在垃圾筐容量的 3/4 以下 2. 有价废料应每天回收 3. 工作台、文件夹、工具柜、货架、门窗应保持无损坏、无油污 4. 地面应定时清扫，保持无油渍 5. 清洁用具应保持干净 6. 卫生间应定时刷洗 7. 公用餐具应定时消毒
素养	1. 坚持开班前会，学习礼貌用语并做好记录 2. 每天坚持做 6S 工作，做内部 6S 不定状况诊断 3. 注意仪容仪表，穿厂服、戴工牌上班 4. 遵守厂纪、厂规，不做与工作无关的事 5. 按时上下班，不早退、不迟到、不旷工 6. 在规定场所吸烟，不在作业区吸烟 7. 打卡、吃饭时自觉排队、不插队 8. 不随地吐痰，不乱扔垃圾，看见垃圾立即拾起 9. 上班时不聊天、呆坐、吃东西，离开工作岗位时戴离岗证 10. 保持个人卫生 11. 按作业指导书操作，避免差错
安全	1. 不得乱搭线路 2. 特殊岗位持上岗证方可操作 3. 电源开关及线路应保持无破损 4. 灭火器要保持在有效期内，易于取用

表 2-8　办公区 6S 标准

6S	标准
整理	1. 办公室物品平行或垂直放置，避免凌乱 2. 非每日必需品不放在办公台上 3. 办公桌下除个人垃圾桶外不放其他任何物品 4. 垃圾桶（公用）及清洁用具按区域摆放 5. 办公室每张办公桌上都配一套相同的办公文具，不得共用 6. 不将茶杯、烟灰盅放在办公桌上 7. 办公台面保持干净，抽屉内不杂乱无章

（续表）

6S	标准
整理	8. 及时清理过期文件 9. 文件、资料分类后平行或垂直摆放于文件柜或办公桌
整顿	1. 张贴物品定置管理图并注明责任人 2. 文件、资料等应有标识并定位放置 3. 需要的文件、资料能在 10 秒内找到 4. 茶杯放在指定的茶杯架上 5. 办公抽屉按办公用品、资料、生活用品等分类摆放且有标识 6. 垃圾桶、清洁用品放在指定场所 7. 人员离开办公台时应将办公椅推至台下，使之紧挨办公台 8. 电源插头应保持干净并有不干胶标识 9. 电话、台历应有定位线 10. 计算机、电话线应束起来，不凌乱 11. 标语、挂图等保持最新的有效版本 12. 墙上文件夹按大小归类挂置且有目录 13. 过期跟踪卡、图纸等须指定摆放区域、定位放置 14. 文件柜须标明柜内物品及负责人
清扫	1. 地面保持无灰尘、碎屑、纸屑等杂物 2. 墙角、地板、计算机、空调、墙壁、天花板、排气扇、办公用品等要定期维护，保持干净 3. 办公桌面、抽屉、文件柜应保持整齐 4. 垃圾桶内垃圾不应超过垃圾桶容量的 3/4 5. 白板应定期整理，保持干净
清洁	1. 文具及办公用品保持清洁，无破损、掉页，标识清楚，封面清洁 2. 工作鞋、工作服保持整洁干净 3. 地面、墙壁等无脏印、无灰尘 4. 清洁用具、垃圾桶保持干净 5. 整理、整顿、清扫应规范化、习惯化，管理人员能督导部署，部署后能自发工作
素养	1. 坚持开班前会，学习礼貌用语并做好记录 2. 每天坚持做 6S 工作，做内部 6S 不良状况诊断 3. 注意仪容仪表，按规定穿厂服、戴工牌上班 4. 遵守厂纪、厂规，不做与工作无关的事 5. 按时上下班、不早退、不迟到、不旷工 6. 在规定场所吸烟，不在办公室吸烟 7. 保持个人卫生 8. 人员仪容端正，精神饱满，工作认真 9. 下班后关闭所有电器
安全	1. 不得乱搭线路 2. 电源开关及线路无破损 3. 空调有专人负责

表 2–9　仓库 6S 标准

6S	标准
整理	1. 按规定日期申报处理呆滞物料 2. 定期处理报废物品、有价废料 3. 漆包线、卷线按规格、型号、产地、购进时间分类贮存 4. 内协引线、标签等物品应存放在便于查找的位置 5. 纸箱、泡沫箱等材料摆放整齐，定期处理剩余的纸隔板 6. 客供物料应存放到指定区域 7. 通道保持畅通、整洁有序 8. 文件、各种单据分类有序摆放 9. 垃圾桶、清洁用具须规划区域摆放 10. 待检、呆滞物料、报废品、废料分区域放置 11. 退货产品与合格产品分区摆放 12. 定期处理退货产品与退货附件
整顿	1. 张贴物品定置管理图并注明责任人 2. 分类摆放产品和物料，做好标识，保持物、账一致 3. 物品应设置最高库存量与最低库存量 4. 主料、辅料、杂料、包装材料、危险物品须分开定位放置 5. 账、卡、物一致，卡悬挂在物品放置处 6. 环氧树脂、氧气、氨气、油类等易燃易爆危险品须放在指定场所 7. 一时无法存放于库房的物料应有“暂放”标牌 8. 物料存放须符合定置图要求 9. 产品、物料直列放置时，高度不应超过 1.5 米（纸箱、泡沫板除外） 10. 常用物料存放在便于领用的位置 11. 按分类储存管理要求储存物料 12. 按规定做进仓、出仓记录
清扫	1. 材料无脏污或灰尘 2. 墙壁、天花板保持干净，地面保持无灰尘、纸屑、无水渍 3. 计算机、电话机、电风扇、灯管、物料等表面无灰尘
清洁	1. 落实安全防火工作，通道有分界线，令人感觉舒畅 2. 物品摆放整齐、有条理、不脏乱 3. 以上 3S 应规则化、习惯化 4. 抽屉内不杂乱，下班时办公桌上保持整洁
素养	1. 坚持开班前会，学习礼貌用语并做好记录 2. 每天坚持做 6S 工作，做内部 6S 不定状况诊断 3. 注意仪容仪表，按规定穿厂服、戴工牌上班 4. 遵守厂纪、厂规，不做与工作无关的事 5. 按时上下班，不早退、不迟到、不旷工 6. 在规定场所吸烟，不在作业区吸烟 7. 打卡、吃饭时自觉排队、不插队 8. 不随地吐痰，不乱扔垃圾，看见垃圾立即拾起 9. 上班时不聊天、呆坐、吃东西，离开工作岗位时戴离岗证 10. 保持个人卫生 11. 按作业指导书操作，避免差错

（续表）

6S	标准
安全	1. 不乱搭线路 2. 特殊岗位持上岗证方可操作 3. 电源开关及线路保持无破损 4. 灭火器保持在有效期内，易于取用 5. 消防通道够宽、无堵塞

表 2-10　员工宿舍 6S 标准

6S	标准
整理	1. 及时清除不要的物品 2. 人员发生变动后及时更新床位标识 3. 衣服晾晒在指定地点 4. 待清洗物品摆放适宜 5. 不乱贴图片
整顿	1. 行李包、箱定位放置、摆放整齐 2. 储存箱标识清晰、定位放置 3. 床位放置整齐、标识齐全 4. 床上用品定位放置，摆放整齐 5. 蚊帐张挂适宜，床框整齐 6. 工作台、凳定位放置 7. 鞋、水桶、脸盆、水壶定位放置 8. 洗刷用品定位放置 9. 通道保持畅通 10. 用水、用电设施完好 11. 消防用品符合使用要求 12. 应急照明保持正常运行 13. 门、窗、床铺完好
清扫	1. 及时清理不用的物品 2. 地面无瓜子壳、果皮、纸屑 3. 每天清扫地面 4. 每天清扫安全设施
清洁	1. 墙面干净、无脚印 2. 电源开关、电风扇、灯管保持清洁 3. 电话、热水器、煤气罐保持干净 4. 行李包、箱、储存箱保持干净 5. 床上用品清洁、无异味 6. 楼梯、通道、楼梯扶手保持干净 7. 水杯、饭盒、水壶保持干净 8. 洗手间、洗脸台保持干净
素养	1. 注重仪容仪表 2. 不在禁烟区吸烟

（续表）

6S	标准
素养	3. 不随地吐痰 4. 按时上下班 5. 遵守厂纪、厂规，按时就寝
安全	1. 标明危险品 2. 安全标识齐备 3. 消防设施定位放置并处于可用状态 4. 通道保持畅通 5. 不乱搭线路 6. 床位结实 7. 电源线路及开关无破损 8. 煤气不用时关闭

2.8.2 6S 图片标准

6S 标准可以用图片的形式展示出来，最好张贴在工作场所的醒目位置，具体如图 2-27 所示。

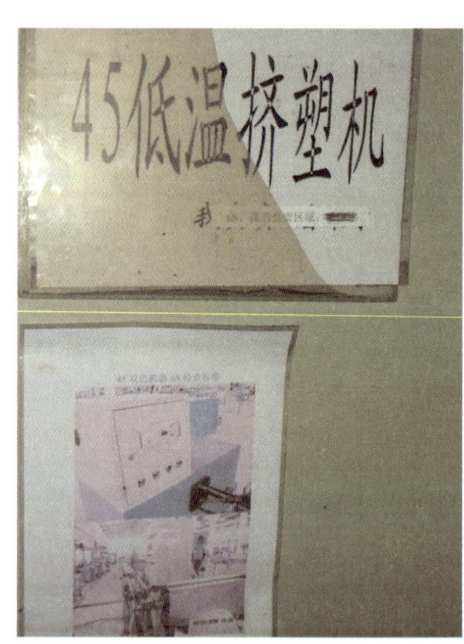

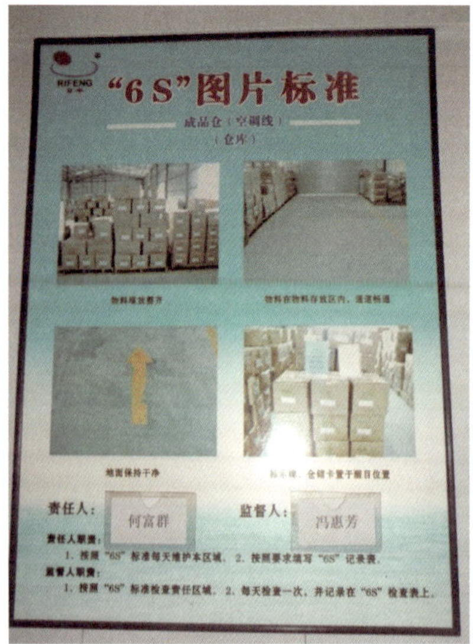

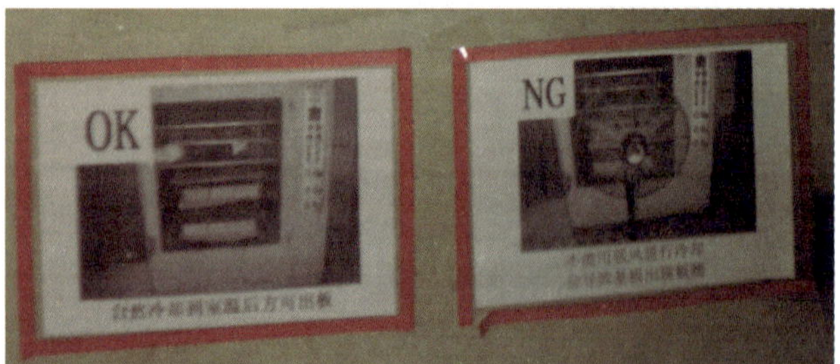

图 2-27 6S 图片标准

2.8.3　图文并茂的标准

工厂在推进 6S 的过程中可以将各类标准以图文的形式固定下来，供各部门参考。某工厂 6S 执行标准如下，读者可参照使用。

……【范本 4】……

某工厂 6S 执行标准

本厂制定 6S 执行标准并拍下合适的照片作为标准照片，相关标准照片可随环境改变或标准修改而更新。

1. 整理

编号	典型活动	执行标准（标准照片）
1.1	清除不需要的物品或将其放入仓库（如一年内没有使用过的物品）	（1）处理过期的文件、食物、药物、破损或无用物品、仪器设备、空容器等 （2）处理回仓余料、区域内不常用的物品或坏料
1.2	3R：环保回收、循环再用及节能降耗（如减少纸、水、电的用量）	（1）垃圾分类存放（如化工类、塑料类、纸类等） （2）设立环保纸箱 （3）文具申领实行以旧换新 （4）制订节能降耗计划  

（续表）

编号	典型活动	执行标准（标准照片）
1.3	根据使用频率存放物品	所需物品定位分类存放，如工具、仪器、文件、文具、物料、零配件等，可按经常用、短期用、较长时间用等类别分开摆放
1.4	将工作区域的私人物品减至最少并集中存放	尽量减少工作区域内的私人物品，将这些物品集中、统一、整齐地存放（如杯子、衣服、雨伞、鞋等） 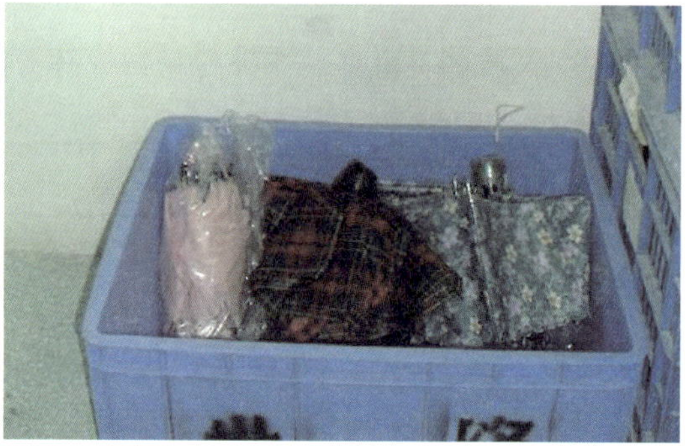
1.5	处理脏乱、泄漏和损坏情况，消除其根源	（1）维修时悬挂“正在维修中”的牌子并保存相关记录 （2）待维修的地方悬挂“待维修”的牌子并提示维修完成日期 （3）及时处理区域内脏乱、泄漏和损坏的情况 
1.6	工作中使用的物品应合理分配和使用	（1）每位员工都有一套适用的文具 （2）每位修理工都有一套适用的工具 （3）实行一换一制度
1.7	会议	（1）每天早会控制在10分钟以内 （2）会议守则（准备议程、准时开会、关闭手机、发言精简、准时结束）

（续表）

编号	典型活动	执行标准（标准照片）
1.8	物料或文件集中存放（包括电子文档）	文件、记录、文具、工具、物料、食物等分类、集中存放 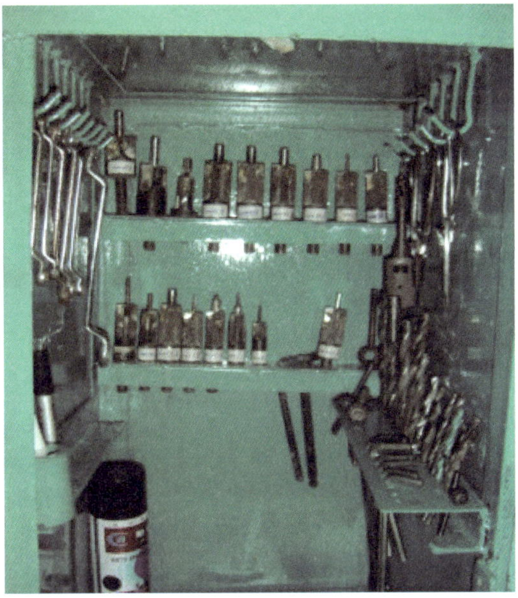

2. 整顿

编号	典型活动	执行标准（标准照片）
2.1	所有物品都有清楚的标识和明确的存放位置	所有的机械、仪器、物料、成品均有名称及完整的标识，标识上注明放置地点 
2.2	划分的每个区域都有负责人标识	每个分区都有负责人标识，每位员工都有负责的区域

（续表）

编号	典型活动	执行标准（标准照片）
2.3	使用合适的容器存放文件、物料、工具等，并且将其摆放整齐	使用合适的容器存放文件、物料、工具等 
2.4	文件和物品的存盘要有具体的标准和控制总表（包括物品的最多、最少数量）	（1）制定文件、资料的存盘标准（按时间先后、文件编号等），制作控制总表 （2）制定物料、半成品的储存标准，制作控制总表 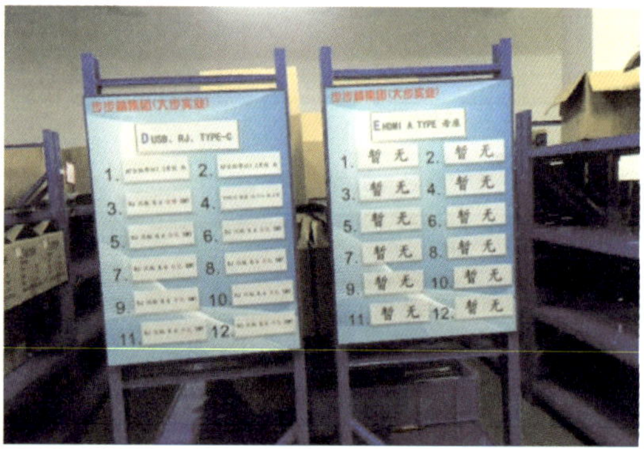
2.5	应用先进先出原则	（1）物料、产品的进出遵守先进先出原则 （2）物料、产品上要贴有效期标识 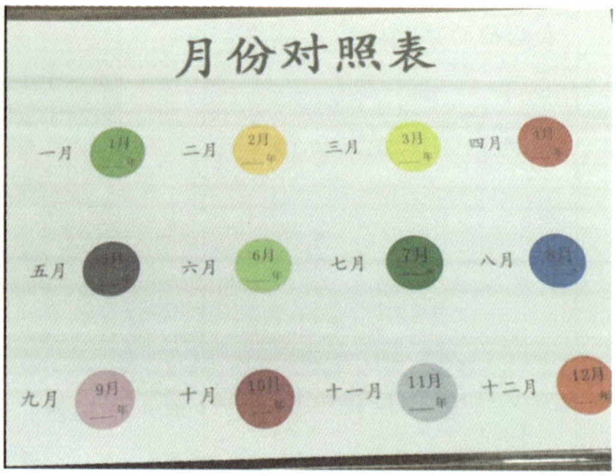

（续表）

编号	典型活动	执行标准（标准照片）
2.6	区域划分线和指引牌	各种区域用不同的颜色加以划分，并且注明区域属性及责任人 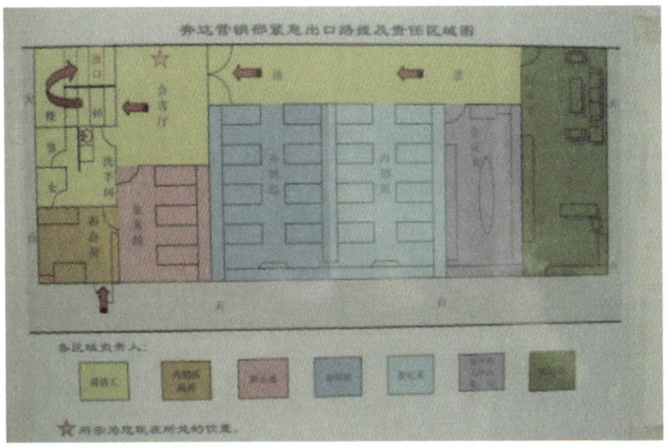
2.7	整洁、明确、易懂的通告板和通告	通告板上有分类标题（如行政通告、内部通告、各部门通告等）和负责人，及时定期清除过期通告 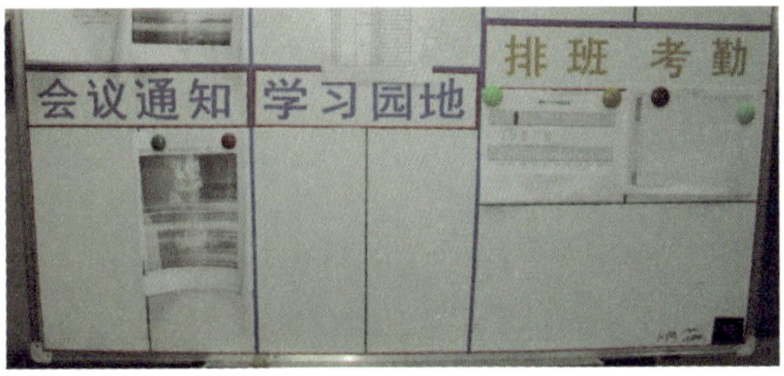 
2.8	在30秒内可取出和放回文件、材料	文件、材料等集中存放并使用彩色斜线分类标明，而且能在30秒内取出或放回 

3. 清扫

编号	典型活动	执行标准（标准照片）
3.1	个人清扫责任的划分及执行（包括高层人员）	每位员工负责清理自己的责任区域
3.2	使清扫和检查更容易	（1）所有公共区域和通道保持清洁、通畅 （2）所有电线或拖板均离地面一定距离 （3）尽量使用机械完成清洁作业，如吸尘器、吸水机、洗地机等 
3.3	清扫很少被注意到的隐蔽的地方	清扫隐蔽的地方，如风扇叶、柜顶（底、内、侧）、角落、机器下面、风槽顶、灯管顶部等
3.4	地面和整体环境保持整洁、明亮	各区域负责人确保本区域无垃圾、污渍、杂物等 

4. 清洁

编号	典型活动	执行标准（标准照片）
4.1	保持透明度	（1）各部门尽量使用透明盖（门）的柜子存放物品 （2）如果使用木质或铁质的盖（门），应做清楚的标识并张贴相应的照片，明确责任人 
4.2	现场采用直线及直角式的布置，保持通道通畅	（1）办公桌、工作台尽量按直线直角布置 （2）物料尽量按直线直角存放，标识朝外 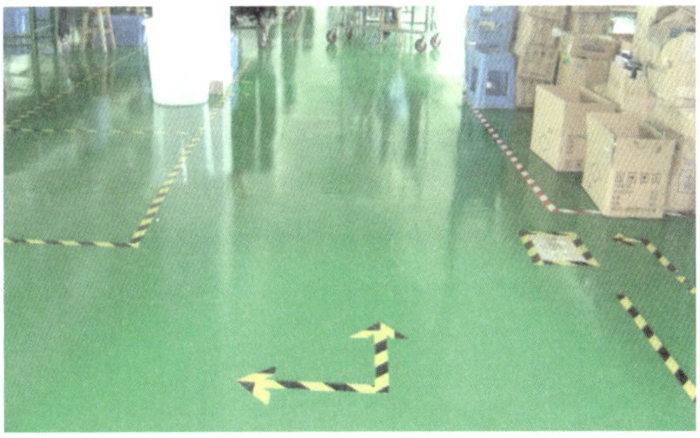
4.3	现场工作指引和“已检查合格”标识	（1）作业现场有有效的工作指引 （2）仪器及设备均符合现场指引要求 （3）物料或成品的状态有明确标识
4.4	开关功能、控制范围标识及电线的整理	（1）各类电线、电话线等分类扎好，无交叉、凌乱现象 （2）标明各个开关的控制范围 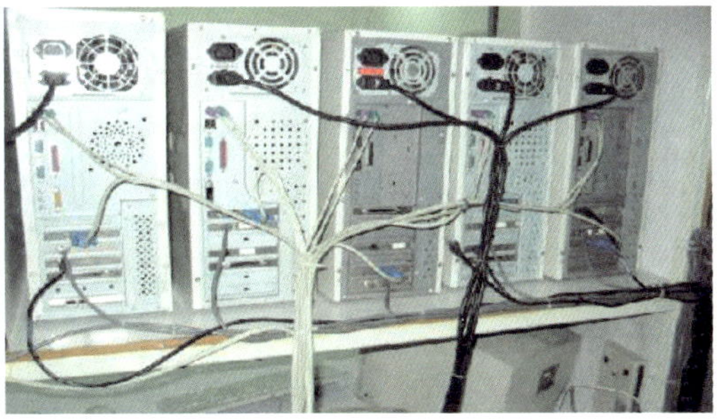

（续表）

编号	典型活动	执行标准（标准照片）
4.5	节省能源	（1）下班时将空调、电灯、计算机、风扇等电器的电源关闭 （2）规定空调温度，例如，空调温度统一设定为24℃，气温低于24℃时空调无法启动 （3）张贴相应的标语 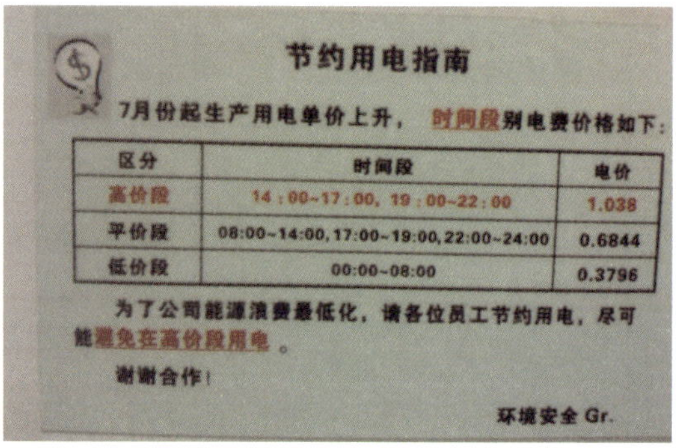
4.6	通道、管道等的方向标识及颜色区分	（1）通道方向要有标识 （2）管道按颜色区分、管理 （3）电闸有荧光开关标记 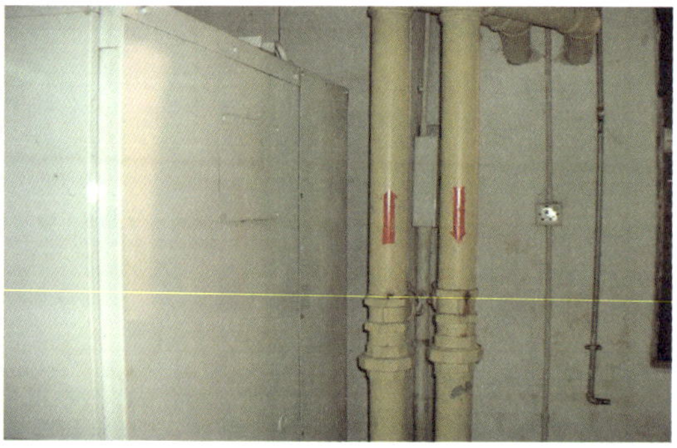
4.7	颜色和可视化管理	（1）文件使用不同的颜色作为分类标识 （2）危险品、消防设施、通道等的标识统一使用红色 

（续表）

编号	典型活动	执行标准（标准照片）
4.8	在平面图和现场图中加入6S和工作责任标识	各部门将6S责任区域画成平面图，将其张挂于部门内的显眼位置 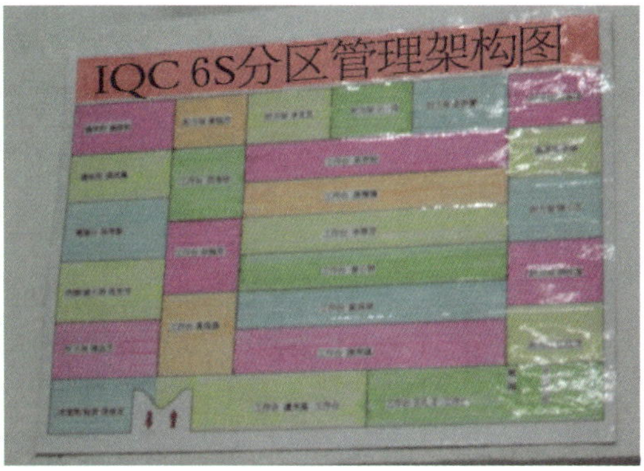
4.9	防止噪声、震动和危险情况并消除隐患	（1）定期检查、保养仪器和设备，如超标须及时改善 （2）定期检查安全设施，及时发现并消除安全隐患
4.10	清晰的部门或办公室标识、铭牌和工作证	（1）各部门、各办公室、各职位均有清晰的铭牌 （2）每位员工均按规定佩戴工作证
4.11	防错法	（1）挂工具的墙或木板以线条标明工具轮廓 （2）物品的固定摆放位置均有标识或照片 

5. 素养

编号	典型活动	执行标准（标准照片）
5.1	履行自己的职责	（1）遵守厂纪、厂规和员工守则 （2）履行个人工作职责
5.2	每天下班前进行5分钟6S活动	每位员工每天下班时均按"个人6S检查表"（个人自定5～10条内容）进行5分钟6S活动
5.3	组织架构图和管理方针张贴在入口处显眼位置	（1）每个部门均有最新的组织架构图 （2）每个部门均有工厂的管理方针和部门目标 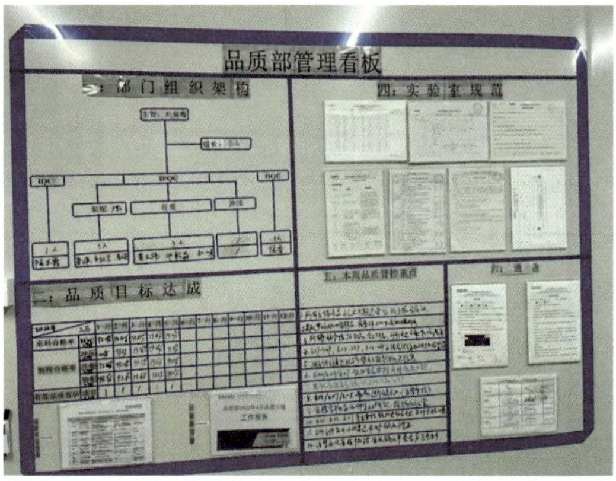

6. 安全

编号	典型活动	执行标准（标准照片）
6.1	安全保障措施及培训	（1）急救药箱内有药物，其配置符合规定 （2）每个部门定期（每半年）举行急救、逃生、救火等培训 （3）定期举行消防、防台风、防水灾、防化学品泄漏演习，并且以图文并茂的形式设专栏宣传相关知识 （4）逃生门均配置开启工具和钥匙 （5）定期检查消防设备 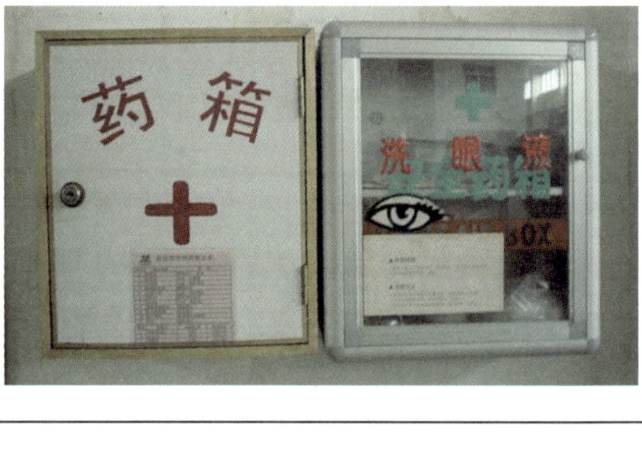

（续表）

编号	典型活动	执行标准（标准照片）
6.2	穿戴安全衣、帽、手套、鞋、吊带、眼罩、耳塞等防护用品	（1）取用及储存化学品时遵守相关规定 （2）喷油、浸锡、打磨时戴适用的手套、口罩和眼镜 （3）静电带、烙铁、电批等均检测合格并符合现场指引要求 
6.3	出口标识和逃生图	（1）每个出口均有“安全出口”标识 （2）每个区域均将逃生图张挂于出口或入口处明显位置，并且指示“你在此” 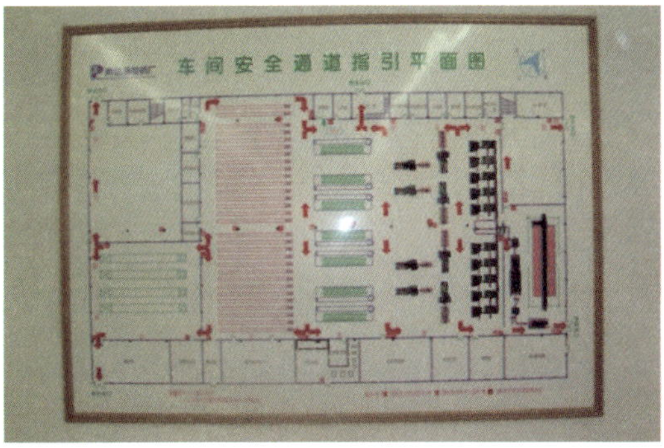
6.4	“危险”牌、警告灯、灭火器及其他安全设施	（1）消防设施处使用红色标识 （2）危险品处有相应警示标语 （3）消防或安全设施处及其通道不存放任何物品 （4）消防或安全设施须定期检查并有安全使用指引 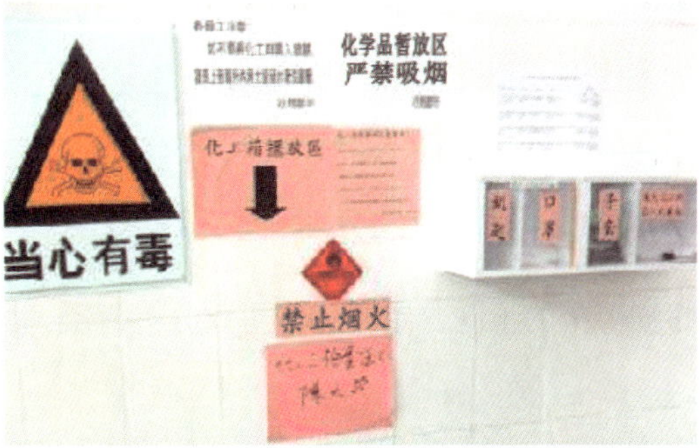

第 3 章 6S 的推行方法

推行 6S 时不能漫无目的、“东一榔头西一棒子”，应当有法可循。目前，许多企业已经总结出了许多实用、高效的方法，如定置管理、油漆作战、看板管理、颜色管理、标识行动等。

3.1 定置管理

3.1.1 定置管理简介

定置管理是根据安全、品质、效率、效益及物品本身的特殊要求，研究并分析人、物、场所的状况及它们之间的关系，并且通过整理、整顿、改善生产现场条件，促进人、机器、原材料、制度、环境有机结合的一种管理方法。具体来说，定置管理就是给每个物品规定位置并画线（见图 3-1），保证其不会放错位置。

图 3-1 给每个物品规定位置并画上线

3.1.2 定置管理的分类

根据范围的不同，定置管理可以分为五类，具体如表 3-1 所示。

表 3-1 定置管理的分类（按范围划分）

类型	具体说明
全系统定置管理	在工厂的各系统、各部门实行定置管理
区域定置管理	按工艺流程把生产现场分为若干区域，对每个区域实行定置管理
职能部门定置管理	各职能部门对各种物品实行定置管理
仓库定置管理	对仓库内存放物品实行定置管理
特别定置管理	对影响质量和安全的薄弱环节（如易燃、易爆、易变质、有毒物品等）实行定置管理

3.2 定置管理实施步骤

3.2.1 方法研究

方法研究是开展定置管理的起点，它是指对当前的加工方法、机器设备情况、工艺流程等进行详细的分析研究，确定其在技术水平上的先进性、在经济上的合理性，分析是否需要、是否有可能采取更先进的工艺流程及加工方法，并且进行改造、更新，从而确定工艺路线与搬运路线，使定置管理趋于科学化、规范化和标准化。

3.2.2 分析人、物与场地之间的结合状态

这是开展定置管理的第二步，也是定置管理中最关键的一个环节。在人、物与场所之间的四种结合状态中，A 状态是良好状态，B、C 状态是需要改善的状态，D 状态是需要彻底改造的状态，具体如表 3-2 所示。

定置管理的原则是提倡 A 状态，改造 B、C 状态，清除 D 状态，其目的是提高工作效率和工作质量。

表 3-2 人、物与场所之间的结合状态

状态代号	状态名称	具体含义
A	紧密结合状态	正待加工或刚加工完的工件
B	松弛结合状态	暂存放于生产现场、不能马上进行加工或转运到下一道工序的工件
C	相对固定状态	非加工对象，如设备、工艺装备、生产中所用的辅助材料等
D	废弃状态	各种废弃物品，如废料、废品、铁屑、垃圾及其他与生产无关的物品

3.2.3 分析物流和信息流

生产现场需要定置的物品，无论是毛坯、半成品、成品，还是工装、工具、辅具等，都会随着生产的进行而按照一定的规律流动，它们所处的状态也在不断地变化，这种规律的流

动与状态的变化被统称为物流。

随着物流的变化，生产现场会产生大量的信息，如表示物品存放地点的标志、表示所取之物的标签、表示定置情况的定置图、表示不同状态物品的标牌、为定置摆放物品而画的区域线等。随着生产的进行，这些信息也在不断地变化，当加工件由 A 状态转化为 B 状态时，相关信息也随之变化，这就是信息流。

定置管理就是要通过分析物流和信息流，掌握物品的变化规律，保证信息的连续性，并且对不符合标准的物流和信息流进行改正。

3.2.4 设计定置图

1. 定置图的类别

定置图可分为七类，具体如表 3-3 所示。

表 3-3 定置图的类别

类别	说明
车间定置图	图形醒目、清晰，易于修改，便于管理；应将图放大，做成彩色图板，悬挂在车间的醒目处
区域定置图	车间的某一工段、班组或工序的定置图可张贴在“班组园地”中
办公室定置图	制作定置图示板，悬挂于办公室的醒目处
库房定置图	制作定置图示板，悬挂于库房的醒目处
工具箱定置图	制作定置图，张贴于工具箱盖内
办公桌定置图	制作定置图，张贴于办公桌上
文件资料柜定置图	制作定置图，张贴于文件资料柜内

2. 定置图绘制原则

（1）现场的所有物品均应绘制在定置图上。

（2）定置图的绘制以简明、扼要、完整为原则，物形为大概轮廓，尺寸按比例，相对位置准确，区域划分清晰、明确。

（3）生产现场暂时没有但已定置的物品应在定置图上标明，准备清理的无用物品不用体现。

（4）定置物可用标准信息符号或自定义信息符号标注并加以说明。

（5）定置图按定置管理要求绘制，应随着定置关系的变化而更新。

3. 定置图设计步骤

（1）对场所、工序、工位、机台等进行定置诊断分析，具体如图 3-2 所示。

1 分析当前的生产全过程，确定经济、合理的工艺路线和搬运路线

2 分析生产环境是否满足生产的需要和作业人员的生理需要，提出改进意见

3 分析生产人员的作业方式和设备、设施的配置，研究作业人员的工作效率，找出不合理的地方并提出改进措施

4 研究作业人员动作，分析人与物的结合状态，消除多余动作，确定合理的作业方法

图 3-2 定置诊断分析的四大任务

（2）制定分类标准，即制定 A、B、C 类物品标准。

（3）设计定置图。设计定置图的五个要点如图 3-3 所示。

1 根据工艺路线、搬运路线选择最佳的物流程序，确定设备、通道、工具箱、检验与安全设施的位置

2 按照作业计划期量标准确定工件（包括毛坯、半成品、成品等）的存放区域及工序、工位、机台及工装位置

3 工具箱内物品要定置，使当天使用的量具、工具、图样及工艺文件处于待用状态。生产用品与生活用品要严格分开，同工种、同工序工具箱按统一标准定置

4 检查生产现场中各区域的位置

5 C 类物品按有无改制回收价值分类定置

图 3-3 设计定置图的五个要点

4. 定置图制作注意事项

（1）定置图要按统一标准制作。例如，全厂范围的定置图用 A0 纸，分厂（车间）与大型仓库的定置图用 A2 纸，班组的定置图用 A3 纸，机台、工位、工具箱的定置图用 A4 纸。

（2）制作定置图时尽量按生产组织划分定置区域。例如，一家分厂有四个较大的生产工段，则应在定置图上标明相应的四个定置区域。

（3）制作定置图时以设备为参照物，依次划分出加工区、半成品待检区、半成品合格区、产成品待检区、成品合格区、废品区、返修品区、待处理区等，具体如图 3-4 所示。

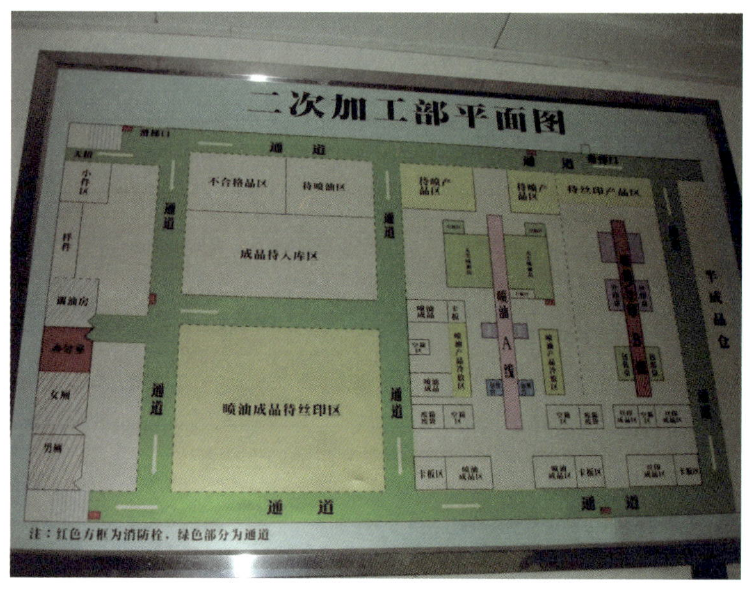

图 3-4　划分出不同区域的定置图

5. 定置图绘制标准

（1）统一规定各种定置图的图幅。

（2）统一规定各类定置物的线型画法，包括机器设备、工位器具、流动物品、工具箱及现场定置区域等，具体如表 3-4 所示。

表 3-4　定置物的线型画法

图示	说明	图示	说明
	表示设备		表示工艺装备
	表示计划补充的设备、工装	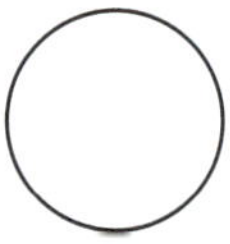	表示风扇
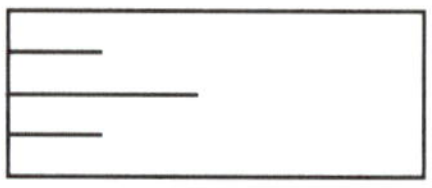	表示存放架	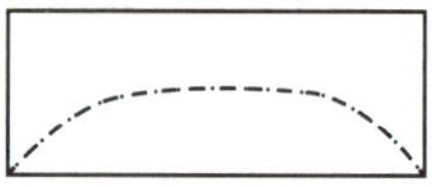	表示容器
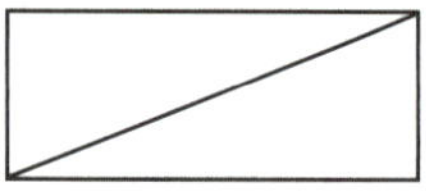	表示平台	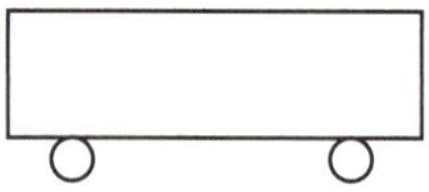	表示活动书架、小车

（续表）

图示	说明	图示	说明
	表示工具箱、文件柜		表示办公桌、茶几等
	表示计划补充的工具箱、文件柜等	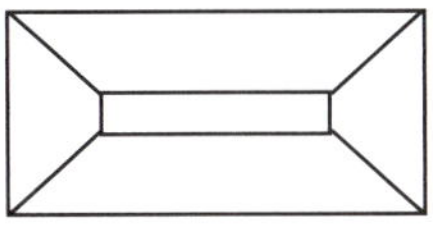	表示散状材料堆放场地
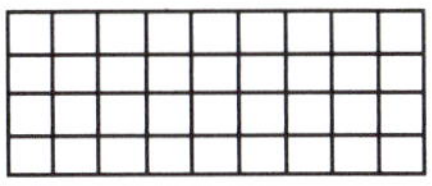	表示铺砖场地		表示工位区域分界线
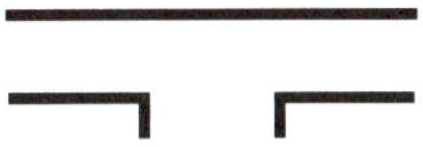	表示人行道		表示铁道
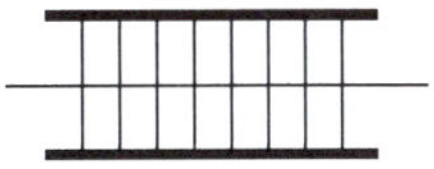	表示台阶、梯子	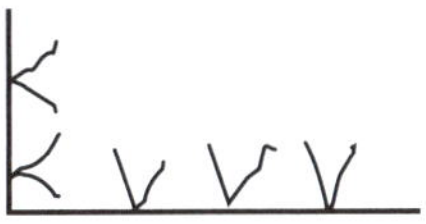	表示围墙

（3）统一规定定置图中的标准信息符号。例如，定置图中的可移动定置物除了用信息符号表示，还要在明细栏中加以说明。

（4）其他规定。例如，办公室可用白图，办公桌、文件柜、资料柜必须用蓝图。

3.2.5　信息媒介物设计

信息媒介物设计包括信息符号设计和定置图示板、标牌设计。

工厂在推行定置管理的过程中，在研究工艺、摆放布置各类物品、划分场所区域时需要使用各种信息符号，以便人们能够直观地分析问题，实现可视化管理。工厂应根据实际情况设计和使用信息符号，并且将其纳入定置管理标准。

1. 信息符号

在设计信息符号时，有国家标准的（如安全、环保、搬运、消防、交通等）应直接采用国家标准，其他符号可根据行业特点、产品特点、生产特点进行设计。信息符号应简明、形象、美观。

2. 定置图示板

定置图示板是现场定置情况的综合信息标识，是定置图的艺术表现和反映。

3. 标牌

标牌是指示定置物所处状态、区域及定置类型的标识，包括建筑物标牌，货架、货柜标牌，原材料、在制品、成品标牌等。

信息符号、定置图示板、标牌都是定置管理的工具。生产现场、库房、办公室及其他场所都应悬挂定置图示板和标牌。定置图示板中的内容应与蓝图一致。定置图示板和标牌的底色宜选用淡色，图纸应清洁、醒目且不易脱落。对于各类定置物、区域（点），应分类规定颜色标准。

3.2.6 实施定置

实施定置是定置管理工作的重点，可分为三个步骤。

1. 清除与生产无关的物品

在生产现场，凡与生产无关的物品都要清除，工厂可根据实际情况制定相关的判断基准。

2. 按定置图实施定置

各车间、各部门按照定置图的要求，对生产现场的设备、器具等物品进行分类、搬、转、调整及定置。定置物品要与定置图相符，位置要正确，摆放要整齐，储存要用器具，如图 3-5 所示。

图 3-5　垃圾桶的定置

3. 放置标准信息铭牌

标准信息铭牌要醒目且不妨碍生产操作，要保证牌、物、图相符，不得随意挪动，最好设专人管理，具体如图 3−6 所示。

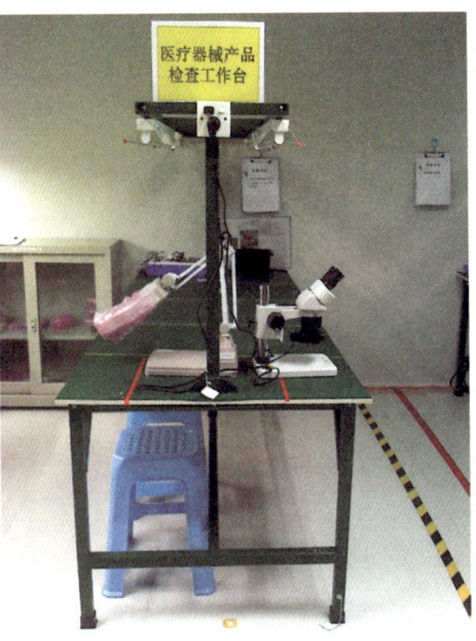

图 3–6　标准信息铭牌

某工厂办公室和生产现场的定置管理规定如下，读者可参照使用。

【范本 5】

某工厂办公室和生产现场的定置管理规定

1. 目的

对办公现场中人、物、场所三者之间的关系进行科学分析并划分区域，以实现人和物的有效结合；通过对现场的整理、整顿，清除在作业过程中不需要的物品，把需要的物品放在规定位置，使其随手可得，让办公室保持美观、高效、安全。

2. 范围

工厂各车间及办公楼层的所有办公室均遵照此规定执行。

3. 工作内容

3.1　办公室责任区划分

3.1.1　个人责任区是指个人的桌面、抽屉、计算机、文件柜及办公桌周围 1 米之内的地面。每个人均有责任做好个人责任区的 6S 工作。

3.1.2　公共责任区是指大堂、花草、门窗、公务桌、共用工作台、茶几、沙发、会议桌等。对于公共责任区，可以采用责任到人或轮流值日的方式，由本办公室人员对办公室内公共责任区物品负责。

3.2 个人责任区定置重点

3.2.1 办公桌定置管理

3.2.1.1 办公桌的规定位置应放置人员铭牌。铭牌的制作要求按照“4. 各类定置的图样及说明”执行。铭牌应摆放在 ×× 或张贴在 ××，各办公室应统一，保持整齐和美观。

3.2.1.2 桌面定置要求：桌面上只允许放置与工作相关的物品，按照“4. 各类定置的图样及说明”进行定置，必要时可画线或贴标识。桌面上可放置的物品包括显示器、电话、绿色植物、桌面用文件夹或文件柜、茶杯、鼠标、笔筒。其他办公用具放入第一级抽屉。每天上下班均须对桌面进行整理，确保桌面整洁美观。

3.2.1.3 办公桌抽屉、附件柜的定置要求：可移动的抽屉必须定置。第一级抽屉用于放置常用文具和杂物，按照“4. 各类定置的图样及说明”进行定置，最下面的抽屉用于存放私人物品。抽屉内的物品、文件均须整齐摆放，员工至少每周整理一次抽屉，按照整理标准将3 个月不使用的物品从抽屉中清除。

3.2.1.4 计算机主机统一、整齐地放在桌子抽屉柜旁，须用直角定位法进行定置，主机须保持机箱盖完整，严禁将机箱盖敞开。

3.2.1.5 办公桌的接线应确保安全整齐。杂乱的线或超出长度、需要弯曲的线须使用束线固定，确保整齐。各种接线应确保安全，严禁随意接线。

3.2.1.6 各办公室椅子应协调统一，个人离开办公桌时应将椅子放到规定区域。严禁将衣服搭在椅背上。

3.2.1.7 办公桌前墙板上可张贴联系电话、日历、行事历等资料，但必须遵循美观协调原则。

3.2.1.8 严禁将个人物品如鞋、伞、包、衣服等随意放置于办公桌或其他公共区域，必须将个人物品存放于指定区域。

3.2.2 文件柜定置管理

3.2.2.1 各文件柜内放置的文件夹应统一大小和颜色。为提高查找效率，每个文件夹均应有说明内装资料的标签并进行编号。文件夹上标签格式参见“4. 各类定置的图样及说明”。文件夹用蓝色线做位置标识，以保证快速放入规定位置，并且易于确认是否缺少文件夹。

3.2.2.2 文件柜中的资料应从高到低整齐摆放，资料应有编号，以便放入和取出。相同色彩的资料尽量放在一起，避免杂乱无章。

3.2.2.3 每个文件柜均应有内装资料清单并明确责任人，责任人至少每周清扫一次文件柜。

3.2.2.4 其他杂物应整齐放入无玻璃窗的杂物柜，物品应定位存放。

3.3 公共责任区定置重点

3.3.1 公共责任区物品应画线定位，必要时明确责任人，由责任人对该区域或设施进行整理。

3.3.2 会议桌、茶几、沙发等必须明确负责人。客人离开或会议结束后，负责人应及时对其进行清理。

3.4 张贴规定

3.4.1 各办公室可张贴保密规定、企业文化宣传材料、标语等，但要确保整体美观，不影响整体办公室的整体环境。

3.4.2 各办公室可设置公告栏，在公告栏张贴文件、通知均须获得 ×× 部批准，加盖同意张贴章后方可进行张贴。每份张贴物的左下角应注明张贴天数及起止时间，到期后由贴出人收回。

3.4.3 各公共办公室可设置人员去向表，以说明人员动向。

4. 各类定置的图样及说明

各类定置的图样及说明如下表所示。

各类定置的图样及说明

类别	图样	说明
物品管理卡	资产编号 设备名称 密级编号 责 任 人 使用部门	· 规格：61.8毫米×100毫米 · 材料：即时贴 · 字体：黑体 · 颜色：深蓝色 · 使用范围：办公设备等物品
门推拉标识	推 PUSH 72毫米 1毫米 3毫米 72毫米 3毫米 1毫米	· 规格：80毫米×80毫米 · 材料：即时贴 · 字体：黑体、Arial Black · 颜色：深蓝色 · 使用范围：门 · 使用规范：标识下沿距地面110厘米，距门的边沿1～3厘米
	推 PUSH 空调区域 请随手关门 92毫米 1毫米 3毫米 72毫米 3毫米 1毫米	· 规格：80毫米×100毫米 · 材料：即时贴 · 字体：黑体、Arial Black · 颜色：深蓝色 · 使用范围：门（空调房间，门的状态为常关） · 使用规范：标识下沿距地面110厘米，距门的边沿1～3厘米

（续表）

类别	图样	说明
门推拉标识	拉 PULL 72毫米 1毫米 3毫米 72毫米 3毫米 1毫米	·规格：80毫米×80毫米 ·材料：即时贴 ·字体：黑体、Arial Black ·颜色：草绿色 ·使用范围：门 ·使用规范：标识下沿距地面110厘米，距门的边沿1～3厘米
	拉 PULL 空调区域 请随手关门 92毫米 1毫米 3毫米 72毫米 3毫米 1毫米	·规格：80毫米×100毫米 ·材料：即时贴 ·字体：黑体、Arial Black ·颜色：海信绿 ·使用范围：门（空调房间，门的状态为常关） ·使用规范：标识下沿距地面110厘米，距门的边沿1～3厘米
门开闭线	（A） 30毫米×25毫米 （B）	·规格：（A）30毫米×25毫米 （B）30毫米×25毫米 ·材料：即时贴 ·颜色：天蓝色 ·使用说明：门开闭虚线即门的形迹，在此区域应小心，防止因门突然开启产生碰撞。（A）图为单门的形迹，（B）图为双门的形迹 ·使用范围：开关门特别频繁的房间 ·使用规范：开闭线为90°扇形，标识之间间隔25毫米
办公室垃圾篓、绿色植物	垃圾篓	·规格：20毫米×20毫米 ·材料：即时贴 ·颜色：白色 ·使用说明：将垃圾篓、绿色植物定置，位置偏移时可一眼看出，便于复位 ·使用范围：室内圆形垃圾篓、绿色植物 ·使用规范：标识之间间隔20毫米

（续表）

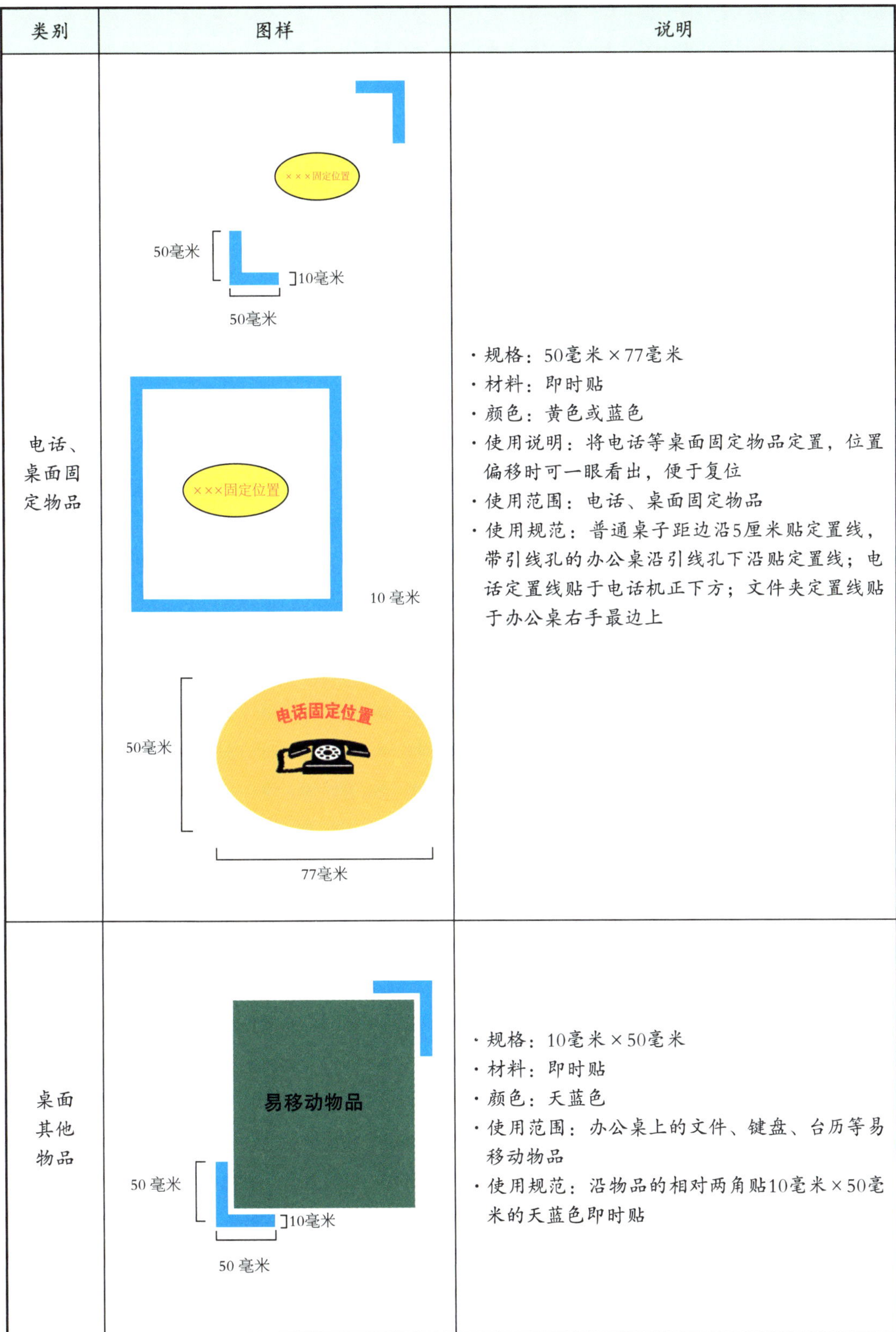

类别	图样	说明
电话、桌面固定物品		·规格：50毫米×77毫米 ·材料：即时贴 ·颜色：黄色或蓝色 ·使用说明：将电话等桌面固定物品定置，位置偏移时可一眼看出，便于复位 ·使用范围：电话、桌面固定物品 ·使用规范：普通桌子距边沿5厘米贴定置线，带引线孔的办公桌沿引线孔下沿贴定置线；电话定置线贴于电话机正下方；文件夹定置线贴于办公桌右手最边上
桌面其他物品		·规格：10毫米×50毫米 ·材料：即时贴 ·颜色：天蓝色 ·使用范围：办公桌上的文件、键盘、台历等易移动物品 ·使用规范：沿物品的相对两角贴10毫米×50毫米的天蓝色即时贴

（续表）

类别	图样	说明
空调开关	管理负责人： ××× 窗 门 开关	·规格：10毫米×15毫米 ·材料：胶带 ·颜色：红色、绿色、蓝色、黄色等 ·使用说明：红色代表可以控制的空调，白色代表不能控制的空调 ·使用范围：空调开关 ·使用规范：先画出房间内空调的平面图，开关控制的空调标为红色
照明灯开关	管理负责人： ××× 窗 门 管理负责人： ××× 窗 门 开关按钮	·规格：10毫米×15毫米 ·材料：胶带 ·颜色：红色、绿色、蓝色、黄色等 ·使用说明：使用不同的颜色表示不同的灯和开关按钮，根据颜色开灯，防止误开 ·使用范围：两组或两组以上照明灯 ·使用规范：先画出房间内照明灯的平面图，使用颜色不同的10毫米×15毫米胶带表示各组灯，在对应的开关上贴与灯颜色一致的即时贴，大小参照开关按钮。平面图宽度与开关一致，贴于开关上方
文件夹	1 2 3 4 5 文件明细 序号 文件名称	·使用说明：在文件夹上贴文件明细，使用阿拉伯数字给文件编号 ·使用范围：文件夹 ·使用规范：在文件夹顶部标明文件类型或明细，将文件夹按数字顺序排好，文件使用完毕后放回原位。文件柜右上角贴文件夹清单
图书	1 2 3 4 图书明细 图书编号 图书名称	·使用说明：在书脊上贴标签，使用阿拉伯数字给图书编号。摆放时，尽量同一层放置颜色和高度相同的图书，不能统一的从高到低、从厚到薄排列放置 ·使用范围：图书 ·使用规范：图书使用完毕后放回原位，文件柜右上角贴图书清单

（续表）

类别	图样	说明
各类线缆		·使用说明：对于两种以上的线缆，应使用束带束起来并整齐地走线 ·束线要求：单根线预留长度不超过15厘米，其他部分使用束带束好
抽屉内物品		·使用范围：办公桌的抽屉 ·使用规范：办公用具使用完毕后放回原位置

3.3　油漆作战

3.3.1　油漆作战简介

油漆作战就是给地板、墙壁、机器设备等涂上新颜料，使老旧的场所、设备、用具等恢复如新，创造舒适的工作场所，给员工以信心。例如，将原来的深色涂成明亮的浅色，将墙壁的上、下两部分涂成不同的颜色，将通道和作业区域涂成不同的颜色，明确地划分区域，具体如图 3-7 所示。

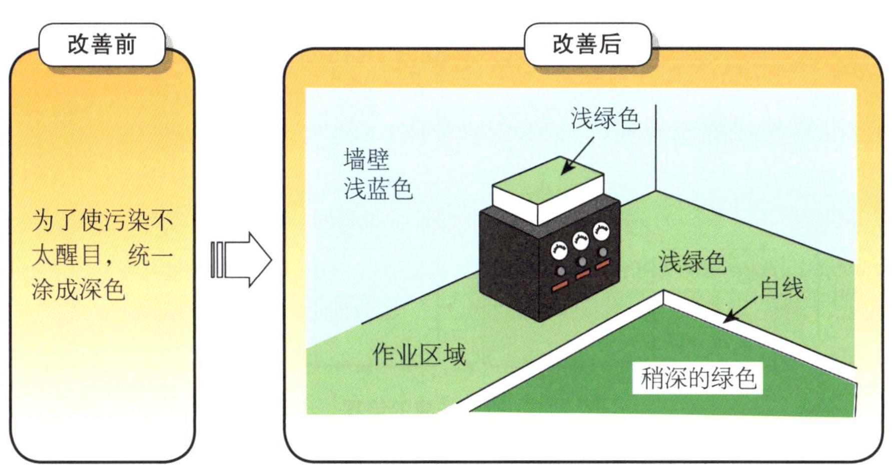

图 3-7　油漆作战示意图

3.3.2 颜色规划

工厂在开展油漆作战之前要规划各个区域的颜色，然后按照规划分配负责人。某工厂区域颜色规划（一楼）如下，读者可参照使用。

【范本 6】

某工厂区域颜色规划（一楼）

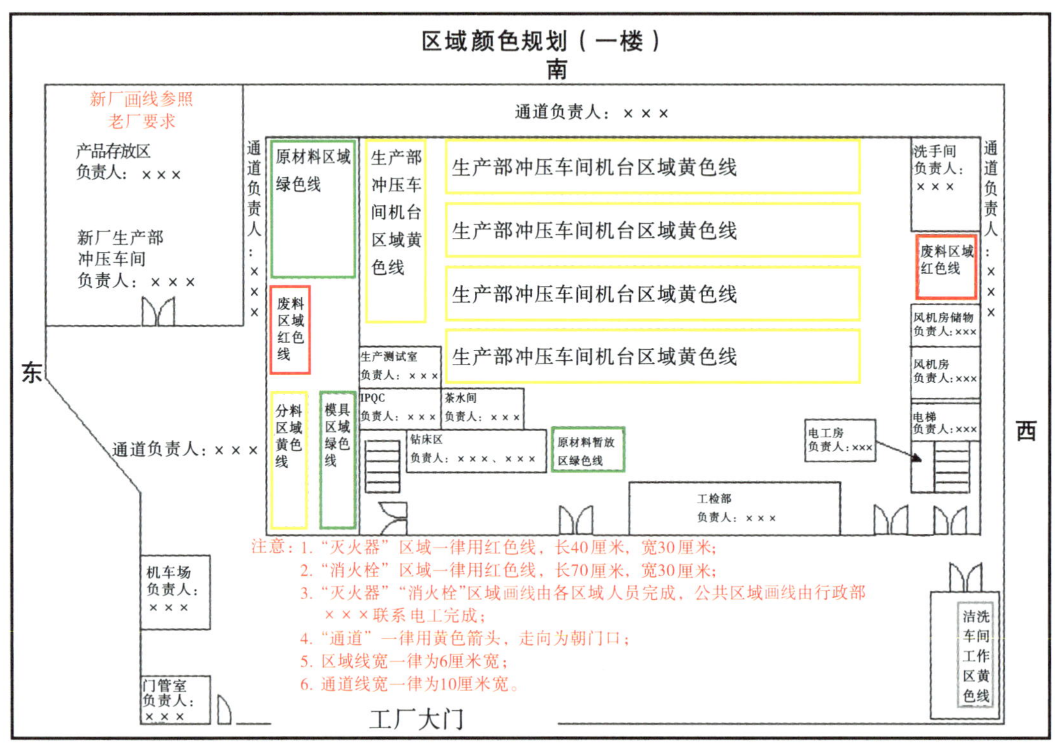

3.3.3 油漆作战的流程与方法

油漆作战的流程如图 3-8 所示。

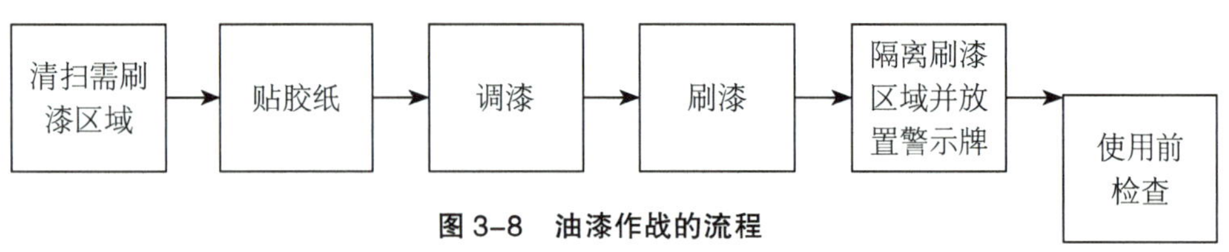

图 3-8 油漆作战的流程

1. 清扫需刷漆区域

（1）将需刷漆区域的垃圾清理干净。

（2）用铲刀将旧漆或地上的污物铲除干净，若铁板上有铁锈，则应打磨。

（3）用抹布将灰尘、污迹擦掉。

清理标准：地面干净，无灰尘、沙粒，保持干燥、无水渍。

2. 贴胶纸

用胶纸在刷漆部位边缘贴出线条轮廓。为防止非刷漆部位被漆污染，应覆盖旧报纸、胶带等予以防护。

贴胶纸要点：胶纸要贴紧，以免油漆渗入并产生“毛边”。

3. 调漆

将漆、固化剂（油宝）、天拿水按一定比例配好，混合后搅拌均匀（时间在 10 分钟左右），静置 30 分钟，使其化学反应充分。

用于装配车间、现场办公室的调漆比例是漆：固化剂：天拿水 =3：1：1.5。

用于加工车间、库房的调漆比例是漆：固化剂：天拿水 =4：1：2。

4. 刷漆

（1）滚动刷法

滚动刷法是指用滚动刷将漆滚均匀。该方法适用于大面积刷漆，一般要滚三次以上。该方法方便、快捷，但漆会厚一些。

（2）刷子刷法

刷子刷法是指用刷子将漆刷均匀，但不能刷得太厚。该方法速度较慢，适用于小面积或要求较高的刷漆区域。

（3）要点

· 在刷漆过程中，每隔 10 分钟要将容器中的漆搅一遍，防止沉淀。

· 对于需要在 12 小时内使用的区域，漆一定不要刷得太厚。

5. 隔离刷漆区域并放置警示牌

刷漆后要在刷漆区域设置路障并放置“油漆未干”警示牌，防止人员踩踏。

6. 使用前检查

刷漆 12 小时后，按照以下方法检查刷漆区域是否可以使用。

（1）用手按刷漆区域时不粘手且无陷入的指纹印，说明漆基本干了，人员可以通行。

（2）用拇指指甲重划刷漆区域，无明显划痕，说明漆已干，叉车可以通行。

3.3.4 地板油漆作战要点

地板是油漆作战的重要战场，下面主要介绍地板油漆作战要点。

1. 颜色选择

地板要根据用途以颜色进行区分。作业区要使用便于作业的颜色，休闲区则要使用让人舒适、放松的颜色（见表 3–5）。通道依据作业区位置设置，其弯位要尽量小一些。

表 3–5　地板颜色

场所	颜色
作业区	绿色：
通道	橘色或荧光色：
休闲区	蓝色：
仓库	灰色：

2. 画线要点

确定地板的颜色后就要开始画线。画线时要注意以下几点。

（1）通常使用油漆，也可以使用有色胶带或压板。

（2）从通道与作业区开始做区块画线。

（3）确定右侧通行或左侧通行（最好与交通规则相同——右侧通行）。

（4）出入口的线应采用虚线。

（5）需特别注意之处或危险区域可画相关标识。

3. 区块画线

将通道与作业区划分开来被称为区块画线，通常使用黄线（见图 3–9），也可以使用白线。做区块画线时要注意以下几点。

（1）要画直线。

（2）线要清楚、醒目。

（3）减少角落弯位。

（4）转角要避免使用直角。

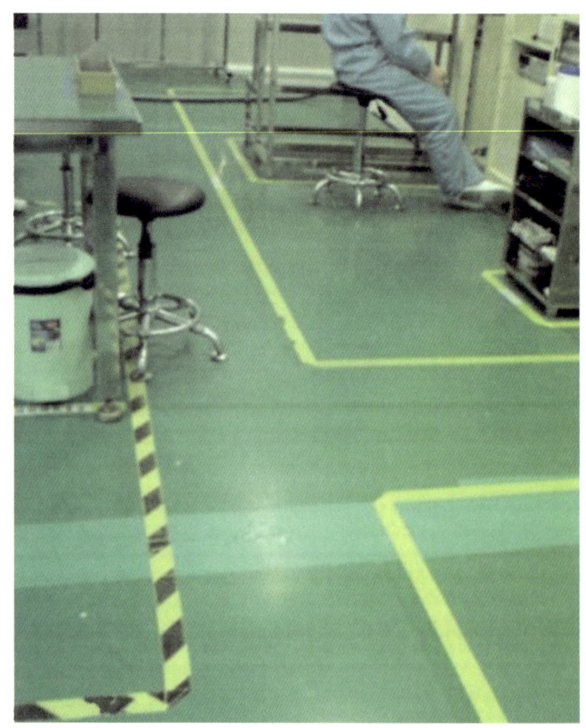

图 3–9　区块画线

4. 出入口线的画线要点

提示人员、设备或推车等可以出入区域的线被称为出入口线，通常使用黄线。画出入口线时要注意以下几点。

（1）出入口线应使用虚线（见图 3–10）。

（2）出入口线应确保此场所内的设施、设备、材料可以安全存放。

（3）要以方便操作为原则设计出入口线。

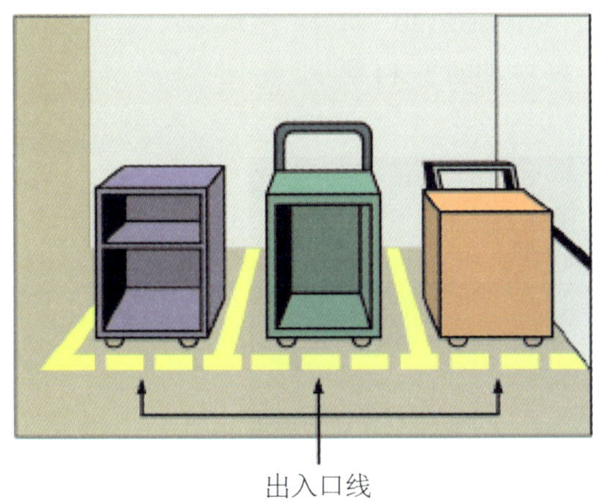

图 3-10 出入口线

5. 通道线的画线要点

首先确定是靠左侧通行还是靠右侧通行，最好靠右侧通行，这样更符合人们的习惯。画通道线时要注意以下几点。

（1）通道线使用黄色或白色，要有箭头（见图 3-11）。

（2）不要忘记楼梯（见图 3-12）。

图 3-11 走火通道的箭头标识

图 3-12 楼梯的箭头标识

6. 斑马线的画线要点

斑马线是指黄色与黑色相间的斜纹所组成的线，因其与斑马条纹相似，所以被称为斑马线。

需画斑马线的地方有通道的瓶颈处、脚跟处、横跨通道处、阶梯、电气感应处、起重机操作处、头上有物处、机械移动处等，具体如图 3-13 和图 3-14 所示。

图 3-13　需画斑马线的地方

图 3-14　用油漆刷斑马线或贴斑马线胶带

7. 置物场所线的画线要点

置物场所即放置物品的地方，置物场所线就是标明物品放置场所的线，主要适用于半成品或作业台的置物场所等。画置物场所线时要注意以下几点。

（1）清理出半成品、作业台等的置物场所。

（2）清理出作业台、台车、灭火器等的置物场所。

（3）明确各置物场所线的颜色、宽度和线型（见表 3-6）。

表 3-6　某工厂各置物场所线的颜色、宽度和线型

类别	置物场所线		
	颜色	宽度	线型
待检区	蓝色	50 毫米	实线
待判区	白色	50 毫米	实线
合格区	绿色	50 毫米	实线
不合格区、返修区	黄色	50 毫米	实线
工位器具定置点	黄色	50 毫米	实线
物料、产品临时存放区	黄色	50 毫米	虚线

3.4　看板管理

3.4.1　看板管理简介

看板管理是 6S 中常用的方法之一，它是将项目（信息）通过各类管理板展示出来，使众人皆知的一种管理方法。例如，流水线的显示屏随时显示生产信息（计划数量、实际生产数量、差异数），这样可使现场管理者随时把握生产状况。图 3-15 所示是生产进度看板，图 3-16 所示是制造部线检组管理看板。

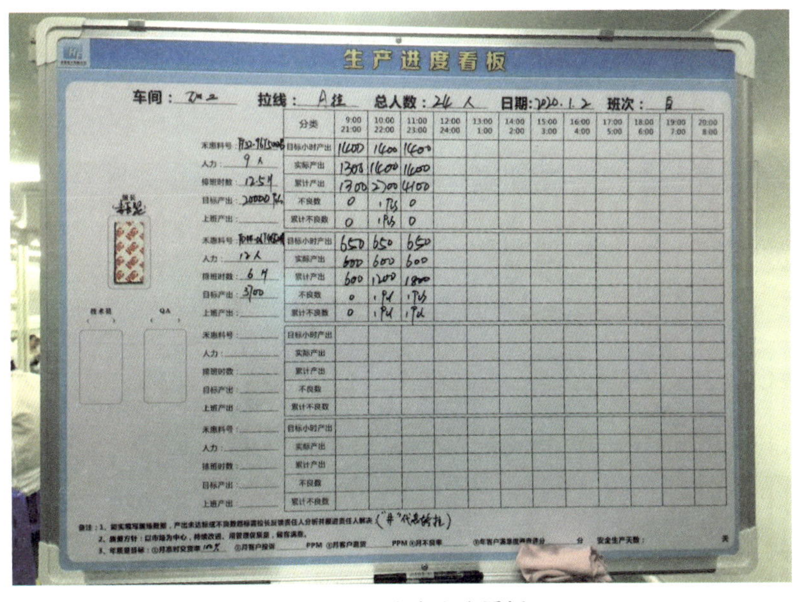

图 3-15　生产进度看板

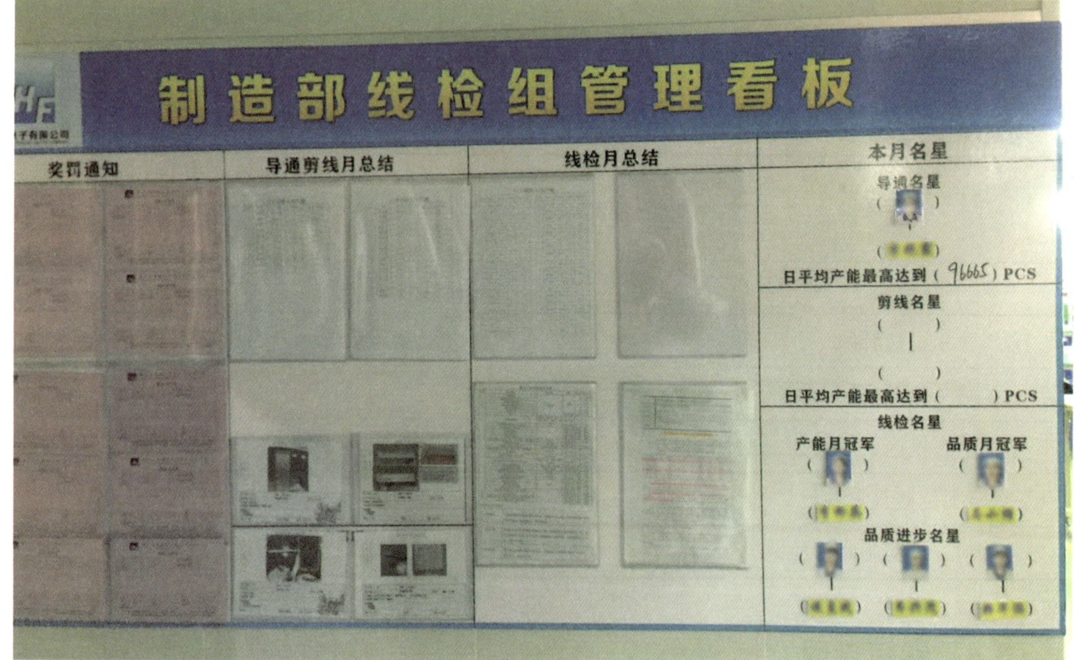

图 3-16　制造部线检组管理看板

凭借一目了然、使用方便等特点，看板在生产现场被广为使用。在生产现场，员工和管理者都很忙，不可能花很多时间阅读看板上的内容。因此，看板内容应尽量以图表、标识为主，少用文字，使大家即使站在远处也能一目了然。

3.4.2　看板的形式

在生产管理中使用的看板形式有很多种，常见的有装在塑料夹内的卡片或类似的标牌，运送零件小车、工位器具或存件箱上的标签，流水生产线上标着各种颜色的小球或信号灯、电视图像等。

3.4.3　不同管理层级使用的管理看板

不同管理层级使用的管理看板如表 3-7 所示。

表 3-7　不同管理层级使用的管理看板

区别	企业管理看板	部门车间管理看板	班组管理看板
责任主管	高层领导	中层管理干部	基层班组长
常用形式	· 各种 ERP 系统 · 大型标语、镜框、匾、现状板	标语、现状板、移动看板、图表、电子屏	现状板、移动看板、活动日志、活动板、图表

（续表）

区别	企业管理看板	部门车间管理看板	班组管理看板
内容	· 企业愿景或口号 · 企业经营方针或战略 · 质量和环境方针 · 核心目标指标 · 目标分解体系图 · 部门竞赛评比 · 企业名人榜 · 企业成长历史 · 员工才艺表演 · 总经理日程表 · 生产销售计划	· 部门车间口号 · 部门车间分解目标指标 · 费用分解体系图 · PQCDSM 月别指标 · 改善提案 · 班组评比 · 目标考核管理 · 部门优秀员工 · 进度管理 · 部门生产计划 · 部门日程表	· 区域分摊图或清扫责任表 · 小组活动现状板 · 设备日常检查表 · 定期更换表 · 工艺条件确认表 · 作业指导书或基准 · 个人目标考核管理 · 个人生产计划 · 物品情况表

3.5 不同管理内容的看板

不同管理内容的看板如表 3-8 所示。

表 3-8 不同管理内容的看板

管理项目	看板类型	用途
工序管理	进度管理板	显示进度是否符合计划
	工作安排管理板（作业管理板）	显示设备由何人操作及工作顺序
	负荷管理板	展示设备的负荷情况
	进货时间管理板	明确进货时间
现货管理	仓库告示板	展示不同品种和放置场所
	库存显示板	展示不同型号、数量
	使用中显示板	明确使用状态
	长期在库显示板	明确在库状态
作业管理	考勤管理板	让每位员工迅速了解全体员工出勤状况，适当调整，维持平衡
	作业顺序板	在推动作业的基础上标明必要的顺序、作业要点，以确保质量安全
	人员配置板	明确现场人员配置情况
	刀具交换管理板	标明下次刀具交换的预定时间
设备管理	动力配置图	明确显示动力的配置状态
	设备保养日历	明确设备的保养日期安排
	使用中显示板	记录异常、故障内容

（续表）

管理项目	看板类型	用途
质量管理	管理项目 管理基准显示板	展示管理项目管理基准
	故障管理板	展示发生故障时应该联络谁及故障的暂时处理规定
	不良揭示板	展示重大不良实物
事务管理	日历箱 （交货期管理箱）	展示交货期
	去向显示板	展示成员的去向、联络方式
	出勤展示板	展示出勤状况
	车辆使用管理板	展示车辆的去向、返回时间等情况
士气管理	团队活动推进板	展示团队活动状态
	工序熟练程度提示板	展示成员技能
	娱乐介绍板	营造开心一刻的氛围
	新员工介绍角	介绍新伙伴

3.6　看板制作要点

制作看板是实施看板管理的关键环节，看板制作的好坏直接影响看板管理的效果。一般来说，制作看板时要注意图 3-17 所示的几点。

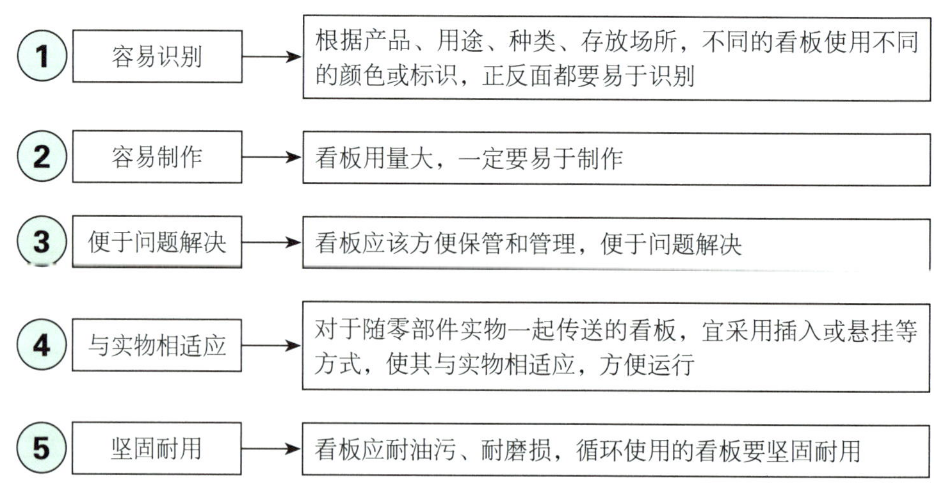

图 3-17　看板制作要点

3.7 看板的管理

3.7.1 看板的整理

工厂应对生产现场的各类看板进行一次大盘点，确认哪些是必要的，哪些是不必要的，彻底清除那些不必要的。要特别注意那些随意张贴的看板，“违者罚款”“闲人免进”“不得入内”之类的看板要坚决清除。

3.7.2 看板的整顿

看板的整顿既包括将看板大小等标准化，也包括明确看板的使用场所、位置、高度等。在图 3-18 中，模具架上的看板粘贴不牢固，需要整顿。不过，仅使用不干胶或胶带固定看板会产生其他问题，因此需要研究更好的固定方法。

图 3-18 看板粘贴不牢固

使用不干胶或透明胶纸可以简单地固定看板，但是时间久了，看板不容易揭下来，即使可以揭下来，也会在墙面、台面或机器上留下痕迹。

3.7.3 看板的清扫、清洁

看板的清扫、清洁工作主要有两个方面的内容：一方面，工厂要制定统一的看板制作和展示标准；另一方面，工厂应明确看板的管理责任人，由管理责任人对看板的内容、状态等进行维护，以保证看板展现出良好的状态，发挥其应有的作用。

看板管理状态如表 3-9 所示。

表 3-9　看板管理状态

看板内容	工厂内统一	部门内统一
方针、标语等		
组织结构图		
海报、新闻		
评价表		
活动计划等		
月度管理		
现场实施计划		
清扫分工表		

某工厂看板设计示例如下，读者可参照使用。

……【范本 7】……

某工厂看板设计示例

1. 车间管理看板示例

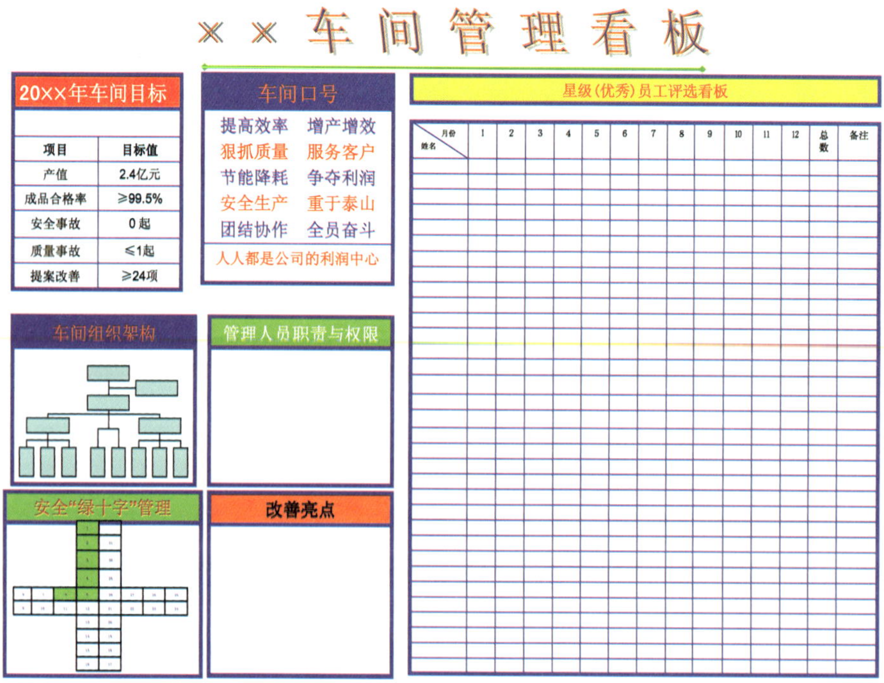

××车间管理看板

20××年车间目标

项目	目标值
产值	2.4亿元
成品合格率	≥99.5%
安全事故	0起
质量事故	≤1起
提案改善	≥24项

车间口号

提高效率　增产增效
狠抓质量　服务客户
节能降耗　争夺利润
安全生产　重于泰山
团结协作　全员奋斗
人人都是公司的利润中心

星级（优秀）员工评选看板

月份 姓名	1	2	3	4	5	6	7	8	9	10	11	12	总数	备注

车间组织架构

管理人员职责与权限

安全"绿十字"管理

改善亮点

××车间管理看板

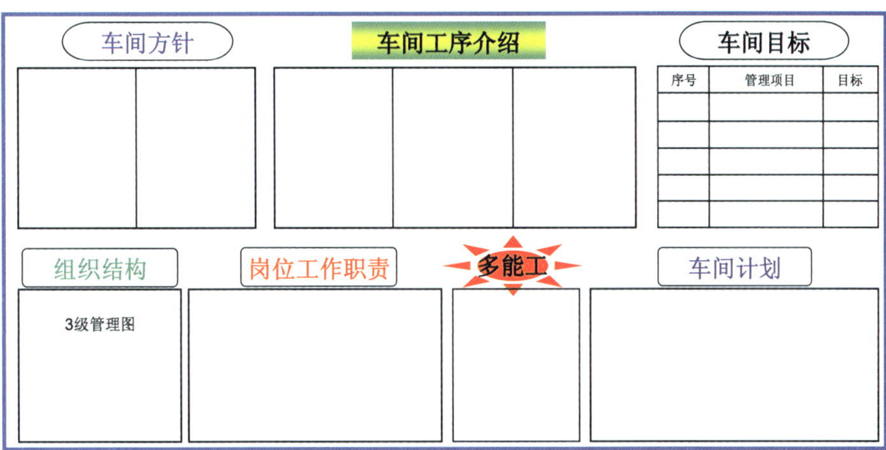

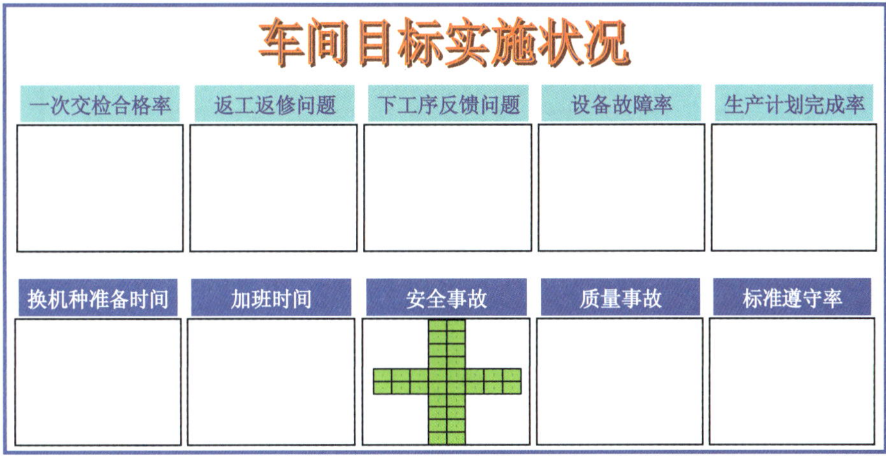

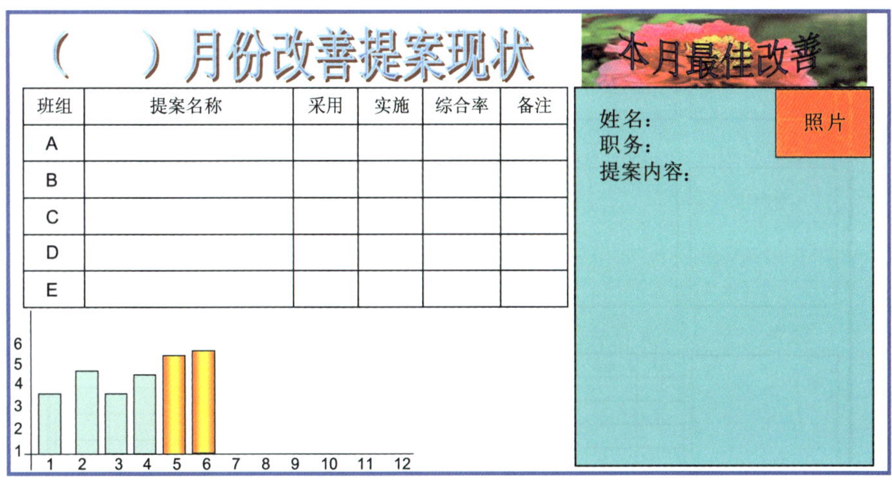

班组	提案名称	采用	实施	综合率	备注
A					
B					
C					
D					
E					

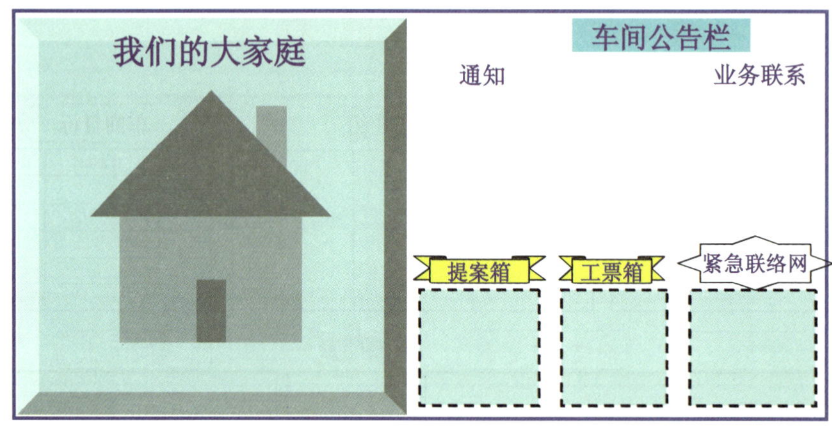

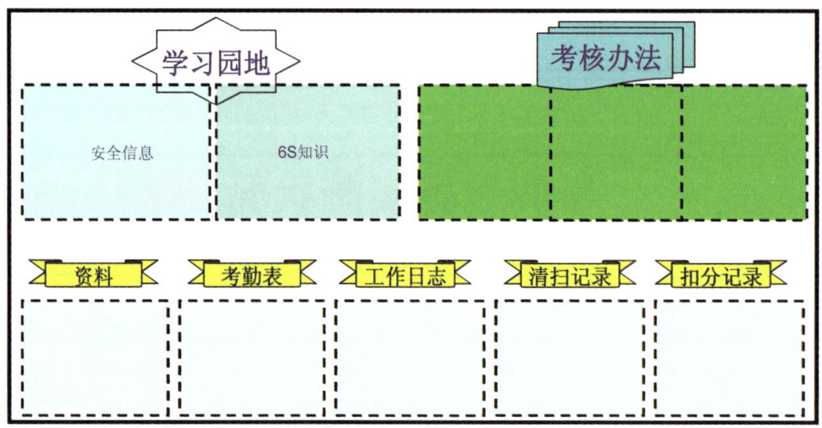

2. 部门管理看板示例

______部门管理看板

部门方针　　部门目标　　工作计划（年度　月度）　　公告栏

组织结构（3级管理图）　　岗位职责

进度管理

序号	项目名称	负责人	完成期限	进度	备注

联系方式

人员去向

姓名	地点	时间

会议室管理看板

日期：__________

序号	会议名称	一	二	三	四	五	六	日	备注

培训室管理看板

日期：__________

序号	培训名称	一	二	三	四	五	六	日	备注

3.8 颜色管理

3.8.1 颜色管理简介

颜色管理是指利用人们对颜色的心理反应、分辨与联想，为工厂内部的管理活动披上一层彩色的“外衣”，用不同的颜色区分各类管理活动，使每位员工都产生相同的认识；当出现问题时，员工之间有共同的沟通语言与对问题的认识，并且能设定个人或团体的改善目标及将来努力的方向，从而达到管理的目的。

3.8.2 颜色管理的特点

（1）利用了人们对颜色天生的敏感。

（2）可实现“用眼睛看得见”的管理（见图 3-19）。

（3）可实现分类管理。

（4）可作为防呆措施。

（5）可调和工作场所的气氛，消除单调感。

图 3-19　透明玻璃门上的有颜色的线条

3.8.3　颜色使用原则

（1）红色表示停止、防火、危险、紧急。

（2）黄色表示注意。

（3）蓝色表示诱导。

（4）绿色表示安全、进行中、急救。

（5）白色是辅助色，主要用于文字和箭头等记号。

3.8.4　颜色管理的应用范围

（1）员工职能状况。

（2）单位或个人生产效率。

（3）单位或个人出勤状况。例如，许多工厂以打卡的方式考勤，员工提前到达显示绿色，迟到则显示红色，这样管理者对员工的出勤状况就能一目了然。

（4）会议出席状况。

（5）档案管理。

（6）卷宗管理。

（7）表单管理。

（8）进度管理。

（9）品质管理。

（10）活动绩效展示。

颜色管理法在某工厂实际工作中的应用实例如下，读者可参照使用。

【范本 8】

某工厂颜色管理法

1. 生产管理

使用不同的颜色表示生产进度，绿灯表示准时交货，蓝灯表示迟延但能当天完工，黄灯表示迟延一天，红灯表示迟延两天，双红灯表示迟延三天及以上。在生产过程中，质量管理水平可根据操作过程不良率的高低使用不同的颜色显示，进料质量管理水平可根据进料不良率的高低使用不同的颜色显示。

2. 协作厂评价

协作厂的质量管理水平依进料不良率的高低使用不同的颜色显示，绿灯表示优，蓝灯表示良，黄灯表示一般，红灯表示差。

3. 费用管理

将费用与预算进行比较，使用不同的颜色显示差异程度。对于财务分析中的收益、偿还能力、增长率、生产率等，根据其优劣使用不同的颜色显示。

4. 开会管理

准时参会为绿灯，迟到 5 分钟以内为蓝灯，迟到 5 分钟及以上为黄灯，无故未到为红灯。对于得到蓝、黄、红灯者，予以不同程度的处罚。

3.8.5　颜色管理的方法

颜色管理的方法可分为以下几种。

1. 颜色优劣法

颜色的优劣区分如图 3-20 所示。

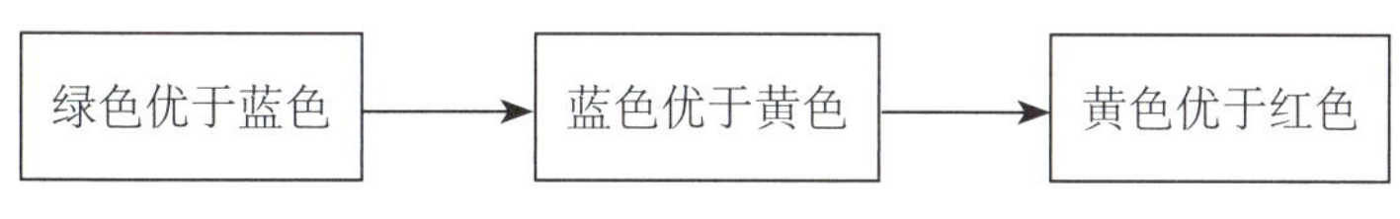

图 3-20　颜色的优劣区分

颜色优劣法的具体应用如表 3-10 所示。

表 3-10　颜色优劣法的具体应用

应用场景	应用举例
生产管理	使用不同的颜色表示生产进度 （1）绿灯表示准时交货 （2）蓝灯表示延迟但能当天完工

（续表）

应用场景	应用举例
生产管理	（3）黄灯表示延迟一天 （4）红灯表示延迟两天
品质管理	使用不同的颜色表示品质的好坏 （1）绿色：合格率为 95% 以上 （2）蓝色：合格率为 90% ～ 94% （3）黄色：合格率为 85% ～ 89% （4）红色：合格率为 85% 以下
开发管理	对比新产品开发实际进度与目标进度，使用不同的颜色表示差异程度，提醒研发人员注意工作进度
外协厂评估	使用不同的颜色表示外协厂评估结果 （1）绿灯表示优 （2）蓝灯表示良 （3）黄灯表示一般 （4）红灯表示差
生产安全	使用不同的颜色表示每日安全情况 （1）绿色：无伤害 （2）蓝色：极微伤 （3）黄色：轻伤 （4）红色：重伤
员工绩效管理	使用不同的颜色表示员工的综合效率 （1）绿色：效率为 85% 以上 （2）蓝色：效率为 70% ～ 84% （3）黄色：效率为 60% ～ 69% （4）红色：效率为 60% 以下
费用管理	对比费用与预算，使用不同的颜色表示其差异程度
开会管理	使用不同的颜色表示参会情况 （1）准时参会为绿灯 （2）迟到 5 分钟以内为蓝灯 （3）迟到 5 分钟及以上为黄灯 （4）无故未到为红灯
宿舍管理	使用不同的颜色表示每日的宿舍内务整理、卫生等情况，以明确奖惩对象

2. 颜色层别法

一般而言，只要颜色鲜明且其对应意义明确，即可在不重复的前提下通过区分层别等方式发挥管理作用。颜色层别法可应用于以下几个方面。

（1）重要零件的管理。进货时间使用不同的颜色表示（见图 3-21）。例如，1 月、5 月、9 月的进货用绿色表示；2 月、6 月、10 月的进货用蓝色表示；3 月、7 月、11 月的进货用黄色表示；4 月、8 月、12 月的进货用红色表示。通过使用不同颜色可以做到先进先出、调整安全存量并提醒处理呆滞品。

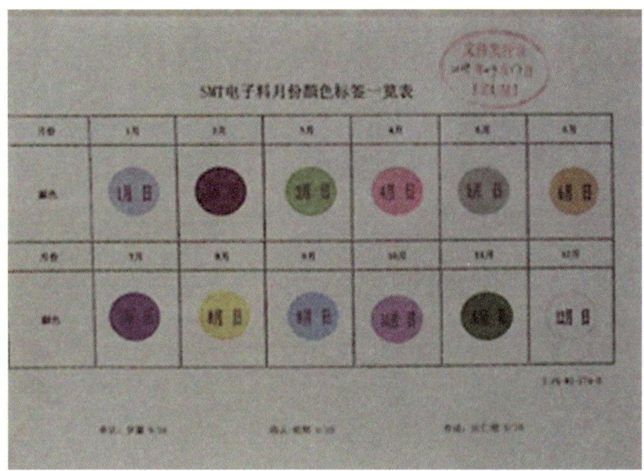

图 3-21 在不同月份的材料上张贴不同颜色的标签

（2）油料管理。不同的润滑油使用不同的颜色加以区分，以免误用。

（3）管路管理。不同用途的管路漆上不同的颜色，以便区分保养，具体如图 3-22 所示。

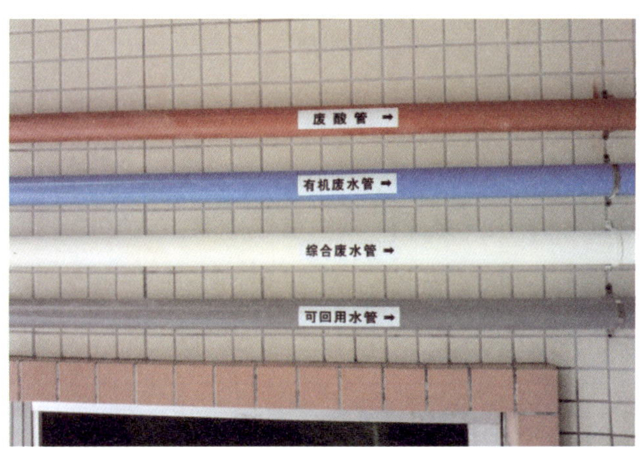

图 3-22 不同用途的管路漆上不同的颜色

（4）人员管理。不同工种和职位的人员佩戴不同颜色的头巾、帽子或肩章，使其易于辨认。例如，佩戴绿色肩章者为作业员，佩戴蓝色肩章者为仓管员，佩戴黄色肩章者为技术员，佩戴红色肩章者为品管员。

（5）模具管理。属于不同客户的模具可按类别漆上不同的颜色加以区分。

（6）卷宗管理。不同类别的卷宗使用不同的颜色的文件夹，如准备红、黄、蓝、绿四种不同颜色的文件夹。

· 红色文件夹装紧急、重要的文件，要优先、特别谨慎地处理。

· 黄色文件夹装紧急但不那么重要的文件，可次优先处理。

· 蓝色文件夹装重要但不紧急的文件，可稍后处理。

· 绿色文件夹装不紧急、不重要的文件，可留到最后处理。

（7）进度管理。用颜色区分生产进度，例如，绿色表示进度正常，蓝色表示进度落后，黄色表示待料，红色表示机械故障。

3. 颜色心理法

颜色心理法即利用人类对色彩的注视、联想和偏好进行相关的管理，具体如图 3–23 所示。

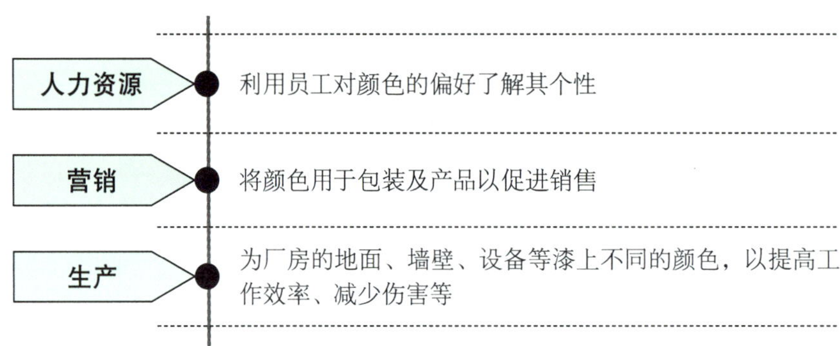

图 3–23　颜色心理法

某工厂色彩管理标准如下，读者可参照使用。

【范本 9】

某工厂颜色管理标准

一、管道颜色标识

目的	使管道的流向可视化，提示管道的危险性，预防事故的发生，提高管道维护效率	
适用范围	工厂所有管道，包括气体和液体管道	
标准	（1）压缩空气管道刷成淡灰色	淡灰色
	（2）消防管道刷成红色	鲜红色
	（3）低压氩气管道刷成（淡）黄色	（淡）黄色
	（4）高压氩气管道刷成（淡）黄色	
	（5）低压氮气管道刷成（淡）黄色	
	（6）中、高压氮气管道刷成（淡）黄色	
	（7）乙炔管道刷成白色（乙炔软管为黑色）	白色
	（8）氧气管道刷成天蓝色（氧气软管为红色）	天蓝色
	（9）一般水管刷成艳绿色	艳绿色
	（10）液化气管道刷成（淡）黄色	（淡）黄色

二、管道流向标识

目的	使管道的流向、方向、压力等可视化，提高管道维护效率
适用范围	工厂所有管道，包括气体和液体管道
标准	（1）制作防水不干胶标签，标签上箭头颜色为流体的标准色样；也可以直接使用相应颜色的油漆喷涂箭头 （2）箭头规格：长 150 毫米，宽 25 毫米 （3）标签上的文字使用宋体

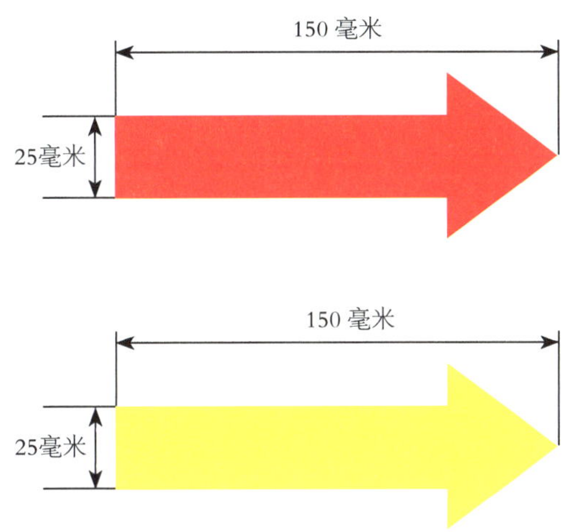

三、地面画线颜色与线宽标准

目的	对现场进行颜色管理，使现场规范化
对象	生产车间所有工作场所
标准	（1）按管理要求在相应的地方刷不同颜色的油漆 （2）画线方法：先用墨斗按规定的线宽画出两条边沿线，在两线条侧边沿贴胶纸后刷相应的颜色
注意	脱漆后无需补漆，改用线框

适用区域	线宽（毫米）	画线颜色
主通道线	100	黄色
辅助通道线	100	
开门线	50	
部门外分隔线	100	
清洁工具定置区	50	

（续表）

适用区域	线宽（毫米）	画线颜色
垃圾桶定置区	50	黄色
QA 检验区	50	
待确认部件区（返工）	50	
成品区	50	白色
部门内分隔线	50	
一般区域（物流车置场）	50	
废品区分隔线	50	红色
配电柜区	100（45 度）	斑马线
消防区	100（45 度）	
危险区域	100（45 度）	
化学品区分隔线	100（45 度）	

四、配电柜、消防设施警示线

目的	警示线内为配电柜、消防设施，禁止堆放物品
适用范围	配电柜、消火栓、灭火器
标准	（1）配电柜、消防栓等的放置场所的警示线使用斑马线 （2）警示线的长度和宽度依摆放的配电柜、消火栓、灭火器等的大小而定，配电柜、消火栓、灭火器等与警示线的距离一般大于等于 30 毫米、小于等于 500 毫米

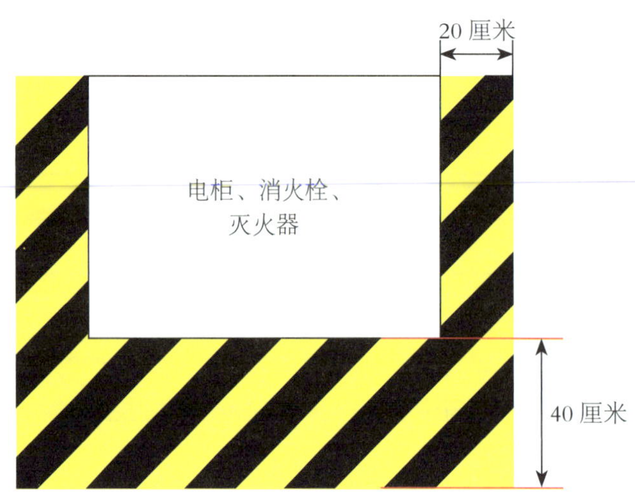

五、凸起物警示标识

目的	警示可能造成安全事故的凸起物
适用范围	地面或墙上的凸起物（消防器材除外）
标准	（1）对于墙上固定的凸出配电盒，可在配电盒两端绘制或粘贴斑马线 （2）对于车间内地面或墙上的凸起物，可在其周围绘制或粘贴斑马线

六、护栏警示标识

目的	保护护栏
适用范围	危险部位（区域）的护栏或护罩
标准	护栏或护罩刷上黄色油漆

七、柱子警示标识

目的	保护不靠墙的柱子
适用范围	不靠墙的柱子

（续表）

标准	柱子贴斑马线

八、爬梯警示标识

目的	警示爬梯
适用范围	爬梯
标准	爬梯上刷斑马线，至少 1.5 米

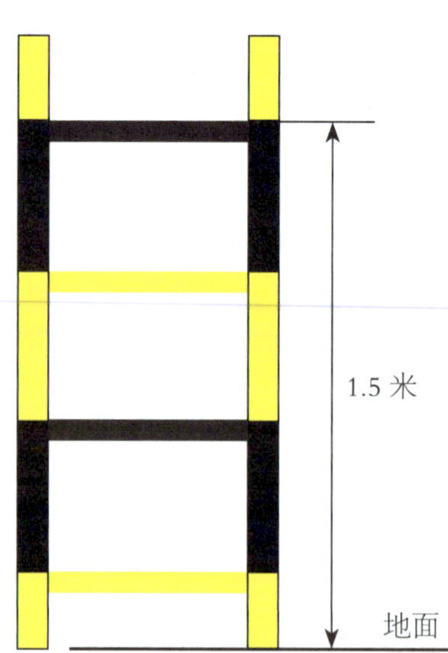

九、车间门口防撞标识

目的	防止车间门口墙壁被撞击
适用范围	有车辆出入的车间门口
标准	（1）材料：选用直径 10 厘米的钢管作为立柱 （2）颜色：立柱刷斑马线 （3）间距：立柱与墙壁的水平距离为 10 厘米、垂直距离为 30 厘米（俯视视角） （4）数量：4 根 （5）高度：地上部分长 90 厘米，用膨胀螺丝固定

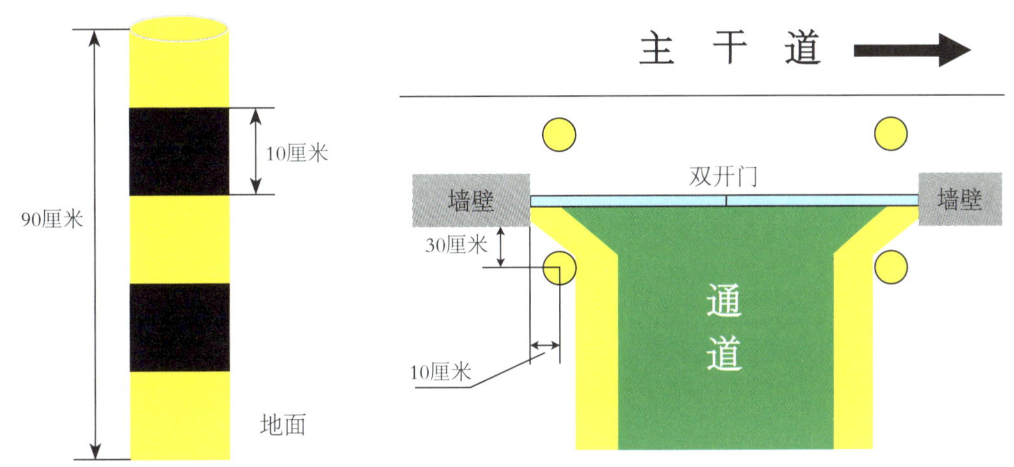

十、车间建筑物防撞标识

目的	防止车间建筑物被撞击
适用范围	生产现场与通道相邻的建筑物
标准	（1）材料：选用 40 厘米 ×10 厘米 ×10 厘米的钢材作为立柱，选用直径为 6 厘米的管材作为护栏 （2）颜色：立柱刷黄色，护栏刷斑马线（黄色和黑色间隔 25 厘米） （3）间距：护栏与建筑物之间留出 4 厘米的空隙

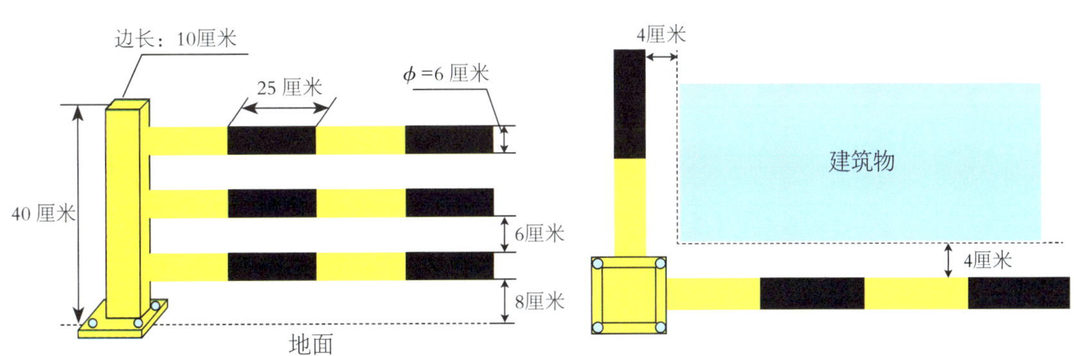

十一、车间厂房立柱防撞标识

目的	保护厂房立柱，防止被撞击
适用范围	厂房立柱
标准	（1）材料：选用75毫米×75毫米×5毫米的角钢作为护角 （2）颜色：黄色 （3）高度：80厘米

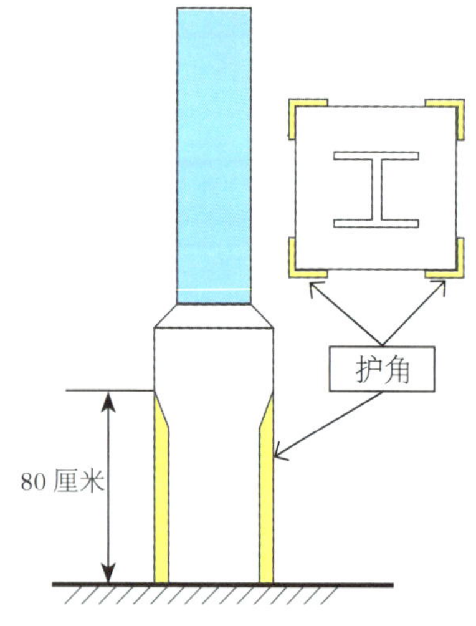

十二、一般物品定位线

目的	明确一般物品的存放区域，使现场物品类别清晰、管理规范
适用范围	一般物品
标准	（1）一般物品存放区域定位线使用白色，线宽50毫米 （2）可移动物品用方框定位，不可移动物品如车床、工作台用四角定位 （3）各区域定位线的长度和宽度依摆放物品大小而定，物品与定位线距离大于等于30毫米、小于等于50毫米

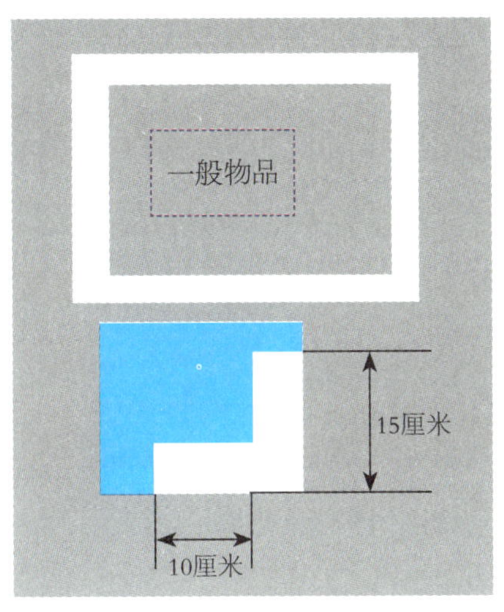

十三、特殊物品定位线

目的	明确特殊物品的存放位置，使现场物品类别清晰、管理规范
适用范围	废品、危险品、清洁用品等
标准	（1）生产中的废品、化学品、危险品、清洁用品存放区域定位线使用白色或黄色，线宽 50 毫米 （2）各区域定位线的长度和宽度依摆放物品大小而定，物品与定位线的距离大于等于 30 毫米、小于等于 50 毫米
注意	定位线尽量与主通道线相互平行或垂直

十四、手推物流车定位线

目的	明确手推物流车的存放场所，使现场物品类别清晰、管理规范
适用范围	空置的台车、小叉车、工具车
标准	（1）可按一般物品定位线来画 （2）线条颜色为白色或黄色，线宽 50 毫米

十五、开门线

目的	展示开门路径，提示避开或小心通过，以防撞倒人或被人撞倒
适用范围	所有朝向通道的弧形推拉式门
标准	（1）沿着门开关的弧形路径画虚线 （2）线条颜色为黄色或蓝色，线宽 50 毫米，每段长 100 毫米，间距 50 毫米

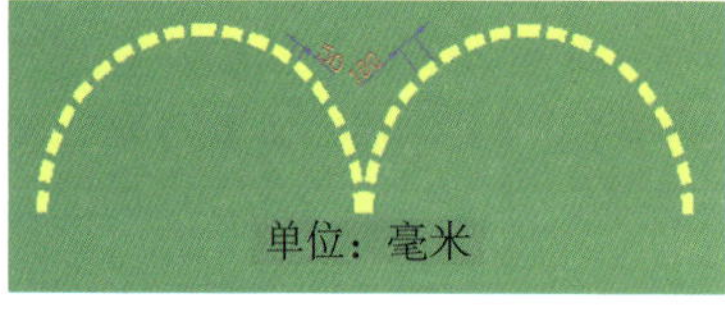

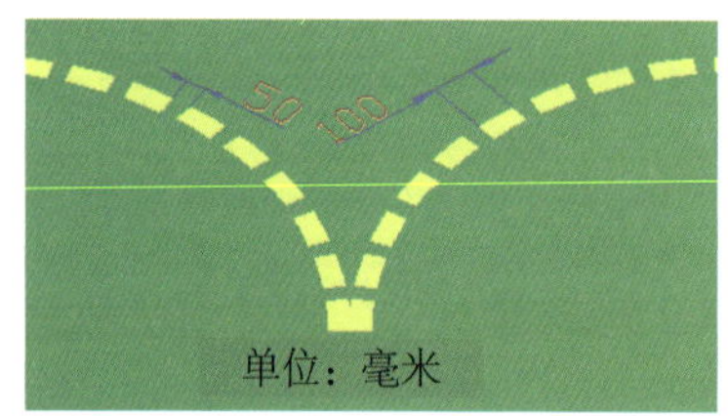

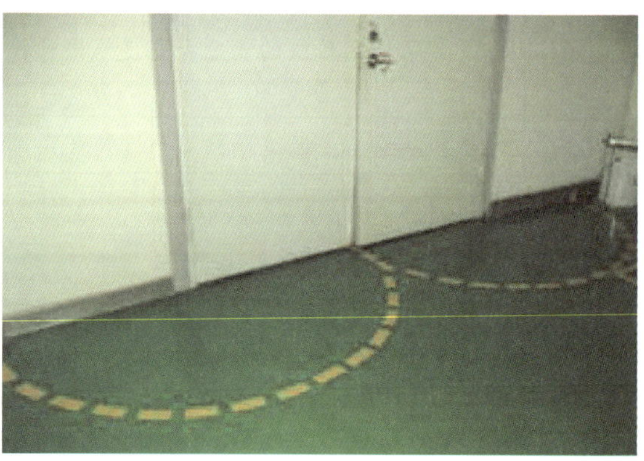

十六、车间主干道线

目的	保护车间内的墙面与设备，区分人与车辆的通行，培养员工按规则通行的习惯
适用范围	车间内部有车辆往来的通道
标准	（1）车间主通道、副通道 ① 线宽 100 毫米，材料为油漆，颜色为黄色 ② 通道分为车辆通道和人行通道，人行通道宽 700 毫米（不包括通道线） （2）需横越时要有斑马线 ① 线宽 100 毫米，长 900 毫米，材料为油漆，颜色为白色 ② 斑马线的内部间隔为 200 毫米 ③ 人行通道内部每隔 5 米画一个小人或一对脚印

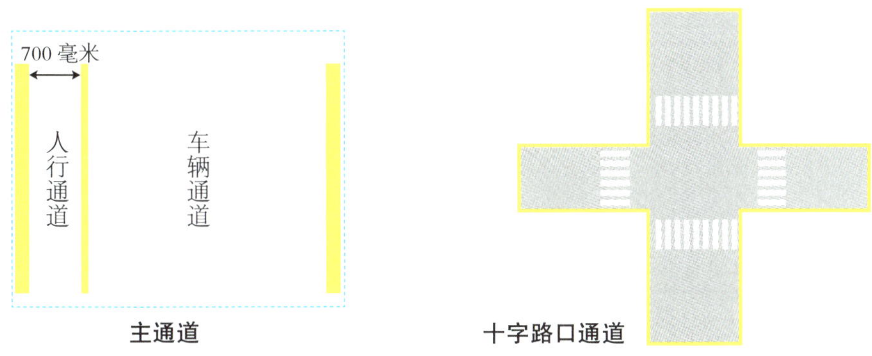

主通道　　十字路口通道

十七、车间地址标识

目的	使各区域规则可视化，方便寻找
适用范围	加工区、生产线
标准	（1）左上角为企业 Logo （2）白底蓝边，字体为加粗黑体，文字居中 （3）尺寸为 60 厘米 ×50 厘米 （4）各部门的标识尺寸、字体、字号、颜色应统一

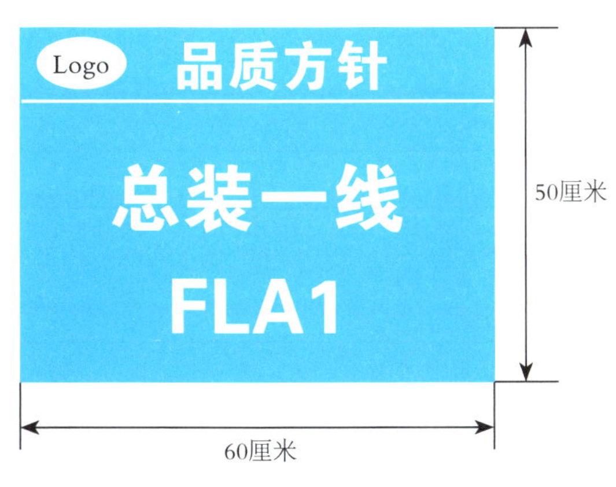

十八、区域管理标识

目的	使生产现场的各个区域定位明确、一目了然
适用范围	原材料区、成品区、返修品区、报废区
标准	（1）白底蓝边，字体为加粗黑体，文字居中 （2）尺寸为 25 厘米 ×20 厘米 （3）采用立式放置 （4）所有区域同一类型标识的尺寸、字体、字号、颜色应统一

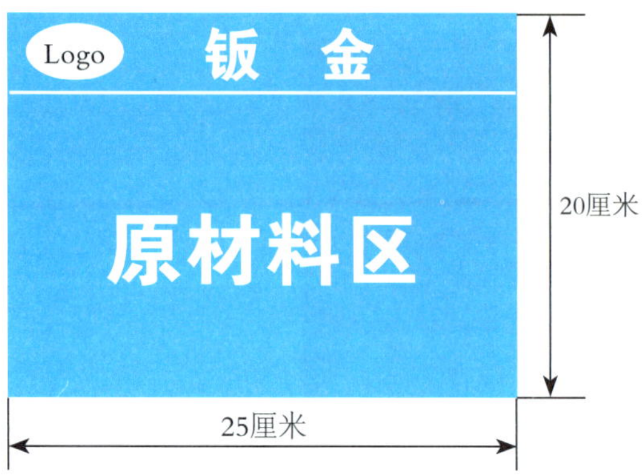

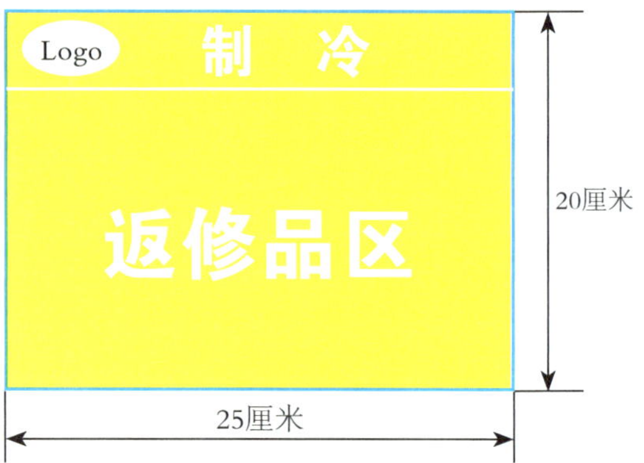

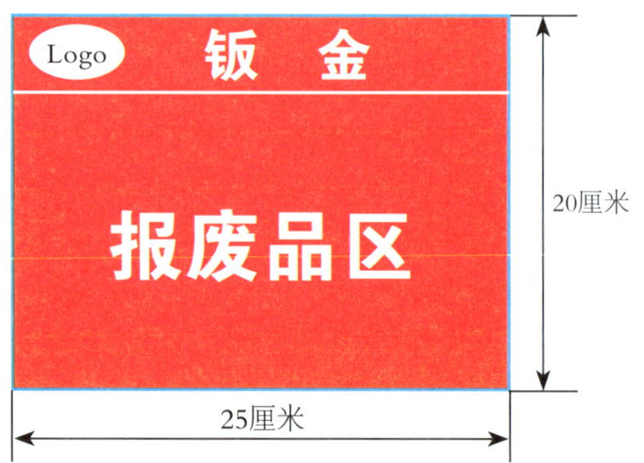

十九、物料筐标识

目的	使物料筐（架子）的定位明确、一目了解
适用范围	物料筐（架子）
标准	（1）左上角为企业 Logo （2）白底，字体为加粗黑体，文字居中 （3）尺寸为 25 厘米 ×20 厘米
注意	（1）标识统一挂在物料筐（架子）的明显位置（如中间） （2）摆放物料筐（架子）时，有标识的一侧朝向叉车放置

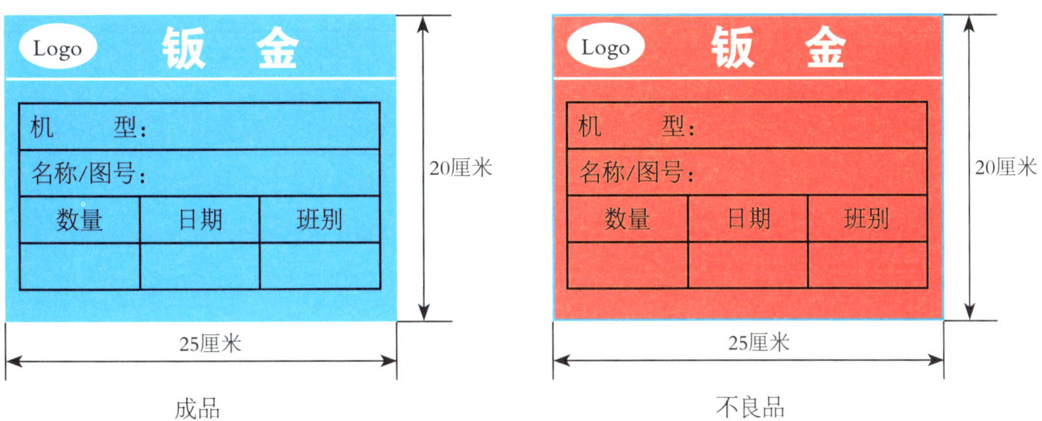

二十、物料进出方向标识

目的	明确物料加工状态及进出方向，防止物料被混用
适用范围	所有放置托盘或成批物料的区域
标准	（1）物料为未加工状态，画进料箭头并标明“进料” （2）物料为已加工状态，画出料箭头并标明“出料” （3）箭头长 15 厘米、宽 10 厘米，颜色为黄色 （4）“进料”“出料”文字高度为 10 厘米

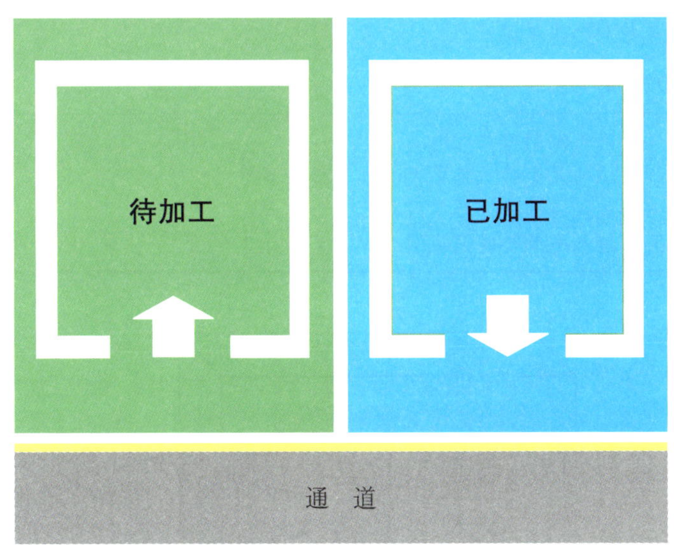

二十一、设备（工装）维修中（异常）警示牌

目的	保护异常设备（工装），防止危险事故发生
适用范围	所有正在进行维修或待修的异常设备（工装）

（续表）

标准	（1）底色为黄色，字体为黑体 （2）悬挂在显眼的位置，如设备（工装）操作面板、配电柜等 （3）设备（工装）未恢复正常前不得取走警示牌

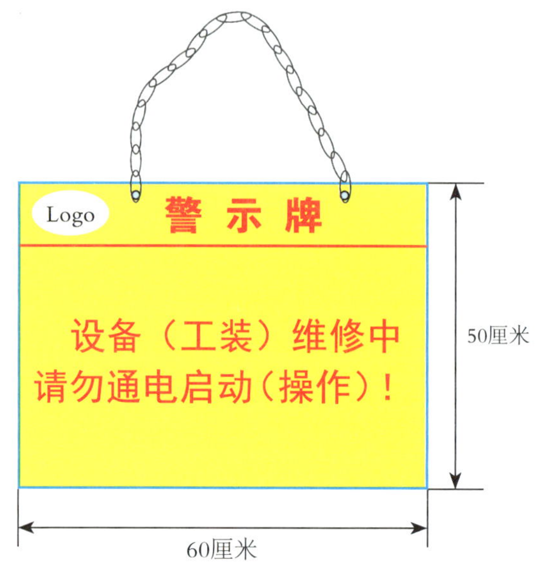

二十二、电器控制开关标识

目的	明确开关控制哪些电器
适用范围	工作现场所有电器的开关
标准	（1）确定各开关控制哪些电器 （2）根据区域的大小确定标签大小，将标签塑封 （3）用双面胶或海绵胶将标签贴在开关下方 （4）必要时增加平面控制区域图

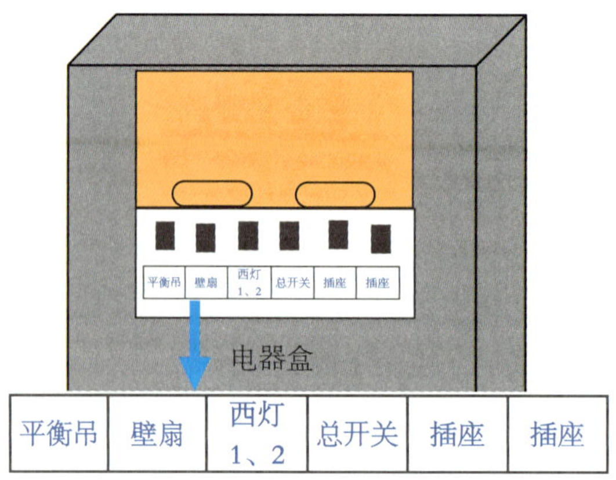

3.9　标识行动

标识行动是指标明所需物品是什么（名称）、放在哪里（场所）、有多少（数量）等，让任何人都能一目了然的一种整顿方法。

3.9.1　标识的应用对象

标识的主要应用对象是库存物品和机器设备。在工厂中要贴标识的物品有很多，但给所有物品都贴标识是没有必要的。只有标识可以发挥作用，才需要贴标识。如果物品需要归位，就一定要贴标识。

3.9.2　标识行动的操作步骤

1. 确定放置场所

整理工作结束后，物品变少了，场地变宽敞了，就需要对一些产品的生产、工艺流程进行相应的改进，重新调整现有的机器设备，重新规划物品的放置区域，把必需物品合理地布置在新的区域内。此时，要把使用频率高的物品尽量放置在离生产现场较近的地方或操作人员视线范围内，把使用频率低的物品放置在离生产现场较远的地方。另外，要把易于搬动的物品放在肩部和腰部之间的高度，把较重的物品放在货架下方，把不常使用的物品和较小的物品放在货架上方。

2. 整顿放置场所

确定放置场所后，要把经过整理的必需物品放到规定的场所和位置，或者摆放到货架上、箱子里和容器内，具体如图 3-24 所示。

图 3-24　物品的位置确定、容器确定并有标识

3. 位置标识

当人们问“把物品放在哪里”或“物品在哪里”时，这个“哪里”可用位置标识或区域编号表达（见图 3-25）。例如，某物品在 C 区、某物品在成品区等。位置标识主要有以下两种。

（1）垂吊式标识

垂吊式标识适用于大型仓库的分类片区、钢架或框架结构的建筑物，一般吊挂在天花板或横梁下。

（2）门牌式标识

门牌式标识适用于货架、柜子等的位置标示。货架或柜子的位置标识包括表示所在位置的地点标识、横向位置标识和纵向位置标识。需要注意的是，纵向位置的标识要从上到下用 1、2、3 表示。此外，表示货架或柜子所在位置的标识应与架子或柜子的侧面垂直，这样站在通道上就可看到标识上的内容。如果把标识张贴在货架端面，那么只有走到标识附近才能看清楚，这样效果就会大打折扣。

图 3-25　位置标识

4. 品种标识

一个仓库里往往放有很多不同类别的物品，即便类别相同，规格也有多种，如何在确定位置后对它们进行区分呢？这就要使用品种标识。品种标识可分为物品分类标识和物品名称标识两种。

（1）物品分类标识

物品分类标识用于明确货架上放置的物品的类别，如轴承类、螺丝类、办公用品类等。物品分类标识可张贴（挂）在货架端面或放在货架上方，具体如图 3-26 所示。

图 3-26　物品分类标识

（2）物品名称标识

物品名称标识可张贴在放置物品的容器或货架横栏上。物品名称标识的内容通常如图 3–27 所示。一些大宗物品可采用立式移动物品名称标识。

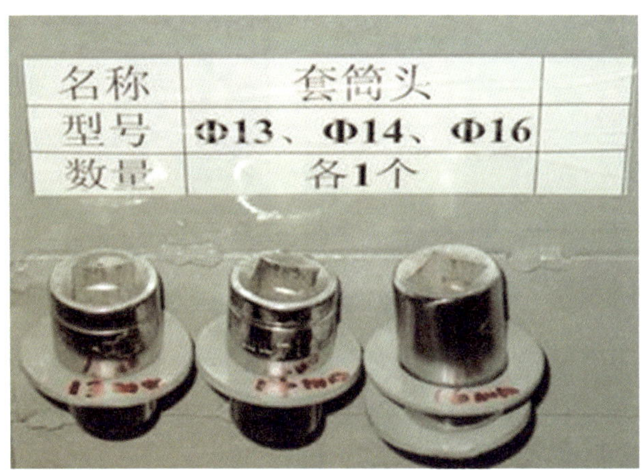

图 3–27　物品名称标识

5. 数量标识

如果不规定库存的数量，库存就会不断增加，造成积压，进而影响资金周转。库存可通过颜色管理：红色表示最大库存量，绿色表示订货库存量，黄色表示最小库存量。当看到绿色时，仓管员可立即通知采购人员下单采购。

6. 设备标识

设备标识是设备管理的有效工具之一，主要有以下几种。

（1）设备名称标识。

（2）液体类别标识。

（3）给油缸液面标识。

（4）点检部位标识。

（5）旋转方向标识（见图 3–28）。

（6）压力表正常异常标识。

（7）移动方向标识和流向标识（见图 3–29 和图 3–30）。

（8）阈门开关状态标识（见图 3–31）。

（9）温度标识。

（10）点检线路标识。

（11）使用状态标识。

图 3-28　电机的旋转方向标识

图 3-29　设备的移动方向标识

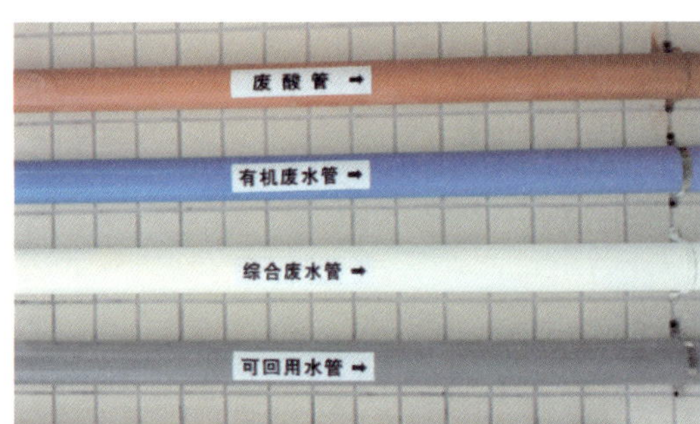

图 3-30　透明管道中气体或液体的流向标识

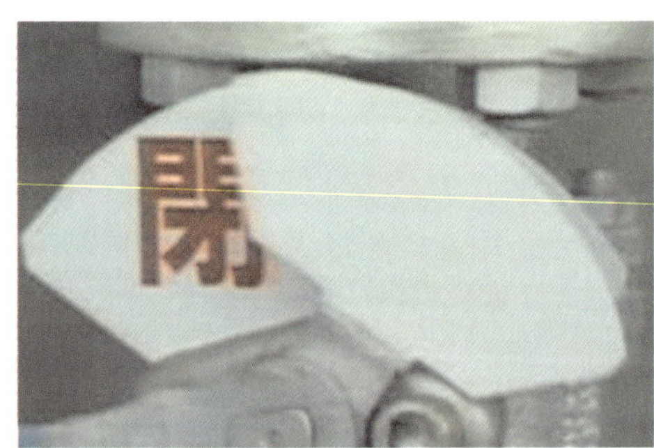

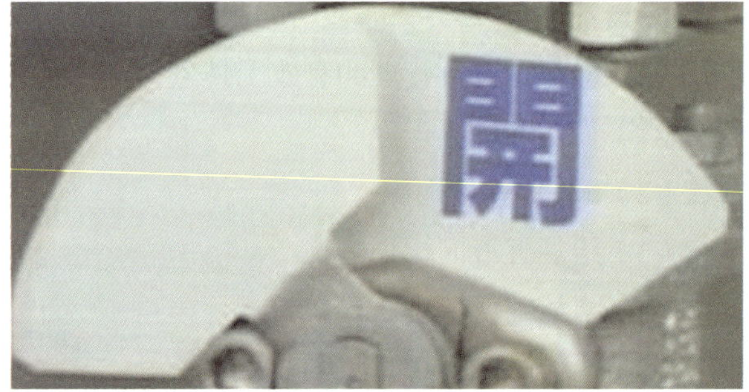

图 3-31　机器的开关状态标识

3.9.3　标识的统一

物品的标识其实就是一个小看板。工厂里需要做标识的物品非常多，所以一定要在推行6S之前就做出统一的规定，不要等做完标识以后才发现问题再重新做，这样会浪费很多的时间和金钱。

1. 标识的制作材料

标识会随着时间氧化或变化，字迹、颜色及粘贴时所用的胶水也会逐渐脱落，有时还会因某种原因在同一个地方多次做标识。因此，要针对场所、位置、物品等选用不同的材料，使之恒久、容易维护。标识常用的制作材料如表 3-11 所示。

表 3-11　标识常用的制作材料

材料	适用情形	特点	维护方法
纸类	普通物品，触摸机会少的地方	便于随时做标识	在纸张上过一层胶，防止触摸或清洁造成损坏
塑胶	场所或区域标识	防潮、防水、易清洁	阳光照射会使胶质硬化、脆化、变色，要尽量避免阳光照射
油漆	机器设备的危险警告和须防止触电等特殊位置	不易脱落，时刻发挥提醒作用且易清洁	定期翻新保养
其他	某些化学品和必须防火的物品	防火和防腐蚀物	保持清洁

2. 标识的规格

标识的规格会直接影响整体美观。例如，在两个大小一样的货架上，货架 A 的标牌很大，货架 B 的标牌很小，这会显得管理很不规范。

3. 标识的文字

标识的文字最好采用打印体，这样不仅容易统一字体和字号，而且比较美观，具体如图 3-32 所示。

图 3-32　标识的文字最好采用打印体

4. 标识的粘贴

标识必须粘贴好，特别是危险、警告等标识。另外，还要经常检查标识是否脱落，防止标识脱落导致严重的错误。

5. 标识的颜色

标识的颜色要恰当，否则很容易造成误会。标识比文字醒目，不需要看清其上的文字便知其大概意思，所以颜色必须统一。

6. 标识用词规范

对于诸如“临时摆放”的标识，必须规定使用时间。有些员工把“临时摆放”标识一贴，物品摆放了几个月还在临时摆放。再如，诸如“杂物柜”的标识，字面意思太广，什么物品都可以往里面放，成了所有无用物品的“避风港”。因此，要通过规范标识用词避免使用这类标识。

某工厂 6S 活动标识样例如下，读者可参照使用。

【范本 10】

某工厂 6S 活动标识样例

1. 设备标签

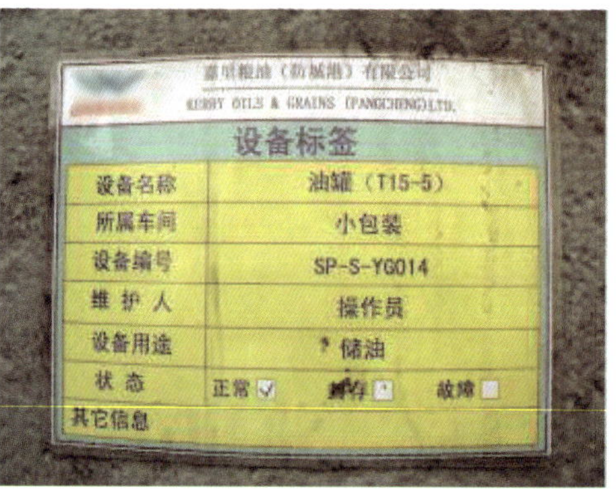

2. 回收油标牌

3. 自制货架标牌（大中型架）

4. 管道标识

5. 设备色彩管理标识

6. 设备风险警告标识

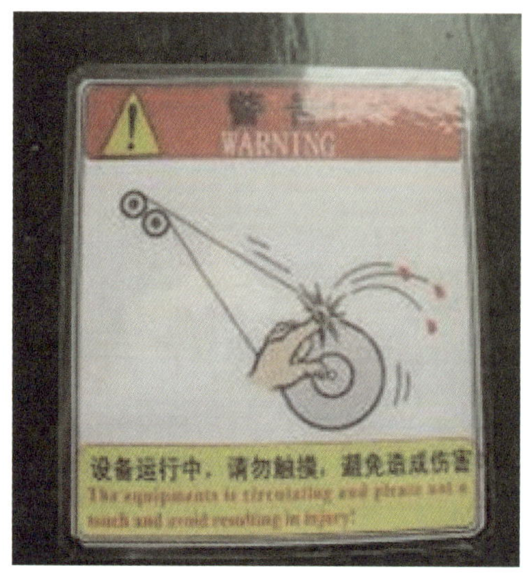

7. 关键控制工序标识

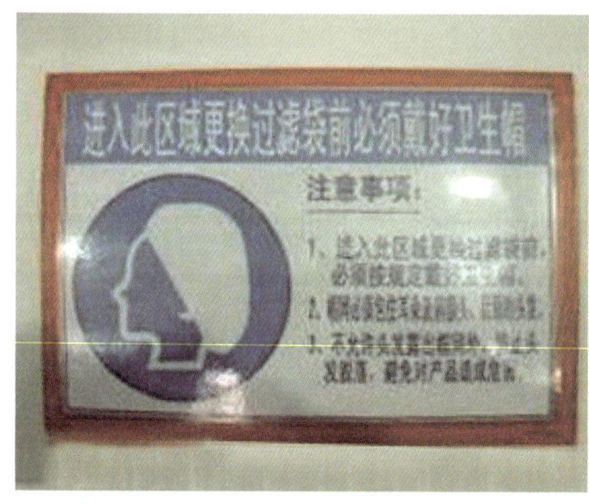

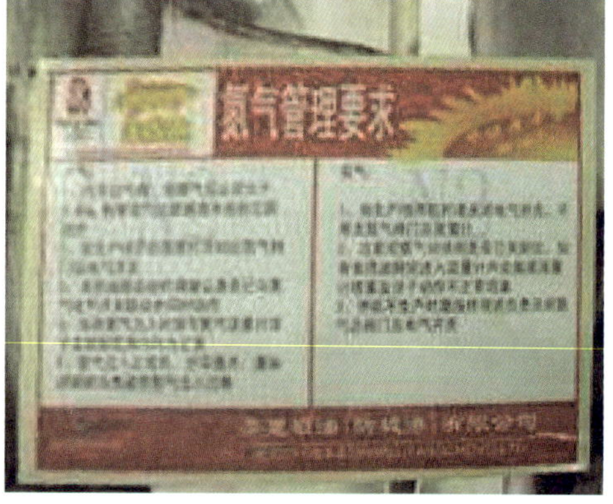

8. 样板区域标识

××车间
6S 责任区
责任人：×××
活动期间：20××.09-20××.12

9. 定制工具架、模具架标识（小型架）

A 车间 1 组 · 1#工具架
责任人：张三
类　别：(1) 图纸、量具（第一层）

10. 定制工具柜、物品柜标识（柜门左上角）

B 车间 1 组 · 1#工具柜
责任人：李五
类　别：(1) 资料用品

11. 工具（物品）定点标识（数量变动时）

品名		规格	
最大库存			
安全库存			
备注			

(1) 资料用品 -1			
品名	修正液	规格	极细型
安全库存	2 支	最大库存	5 支

12. 工具（物品）定点、定量标识（数量固定时）

品名		规格	
数量		备注	

（2）常用工具 -1			
品名	挑口钳	规格	6#
数量	2 把	备注	

某工厂 6S 标识标准如下，读者可参照使用。

【范本 11】

某工厂 6S 标识标准

1. 危险物品保管标识

目的	标明危险物品的保管场所，促进事前预防
适用场所	（1）易燃易爆物品保管场所 （2）对出入人员及环境有致命影响的物品的保管场所
使用方法	附于出入口正面的显眼位置
规格	宽度为 300 毫米，高度为 250 毫米，厚度为 0.5 ～ 1 毫米
示范	300毫米 危 险 危 险 品 存 放 处 250毫米

2. 房间管理责任人标识

目的	明确房间管理责任人，由其对整个房间进行 6S 管理
适用场所	办公室、会议室、复印室、培训室、维修室、仓库、工具室等
规格	（1）双门时，附于出入门上且离地面 1.4 米中央处 （2）单门时，有观察门的，附于玻璃窗下面中央处；无观察门的，附于离地面 1.4 米中央处 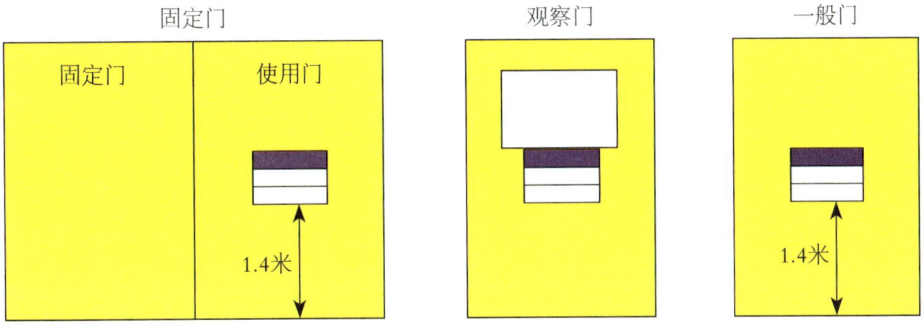 固定门 固定门 使用门 1.4米 观察门 一般门 1.4米
示范	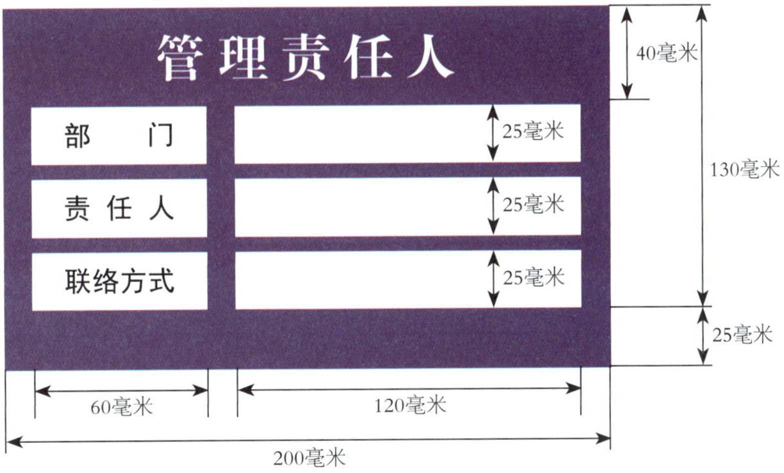 管理责任人 部 门 责 任 人 联络方式 40毫米 25毫米 25毫米 25毫米 130毫米 25毫米 60毫米 120毫米 200毫米

3. 文件柜及办公用品管理责任人标识

目的	明确文件柜、保险柜、办公用具等的管理责任人
标准	（1）在正、副栏中记录管理责任人（共 2 名）的姓名 （2）管理责任人标签附于文件柜、办公用具等的右侧上端 （3）编号标签附于文件柜、办公用具等的左侧上端
规格	管理责任人标签尺寸为 100 毫米 ×60 毫米，编号标签尺寸为 45 毫米 ×50 毫米

（续表）

示范	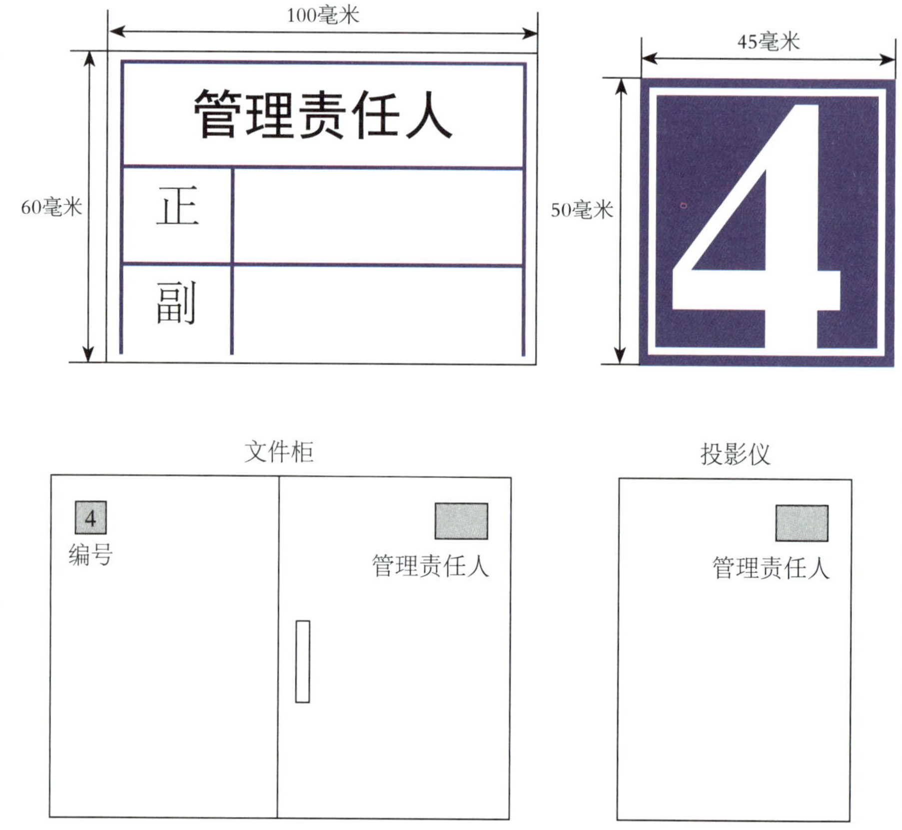 100毫米 60毫米 管理责任人 正 副；45毫米 50毫米 4；文件柜：4 编号，管理责任人；投影仪：管理责任人

4. 门牌

目的	对工厂内的各种门进行管理，方便开门出入
标准	（1）双门 ①固定门上张贴“固定门”门牌，活动门上张贴“出入门”门牌，门牌在门锁中心线上方40毫米处，两个门牌高度要保持一致，左右距离要保持一致 ②在“出入门”门牌正上方40毫米处贴“推”字，在门背面离门锁中心线40毫米处贴“拉”字 （2）单门 在门锁正上方40毫米处贴“推”字，在门背面贴“拉”字，高度与“推”字相同 （3）玻璃门 在玻璃门的红色胶带上方10毫米处，距玻璃门最外沿5毫米处贴“推”字，玻璃背面贴“拉”字，位置相同
规格	“固定门”“出入门”门牌尺寸为60毫米×150毫米，“推”“拉”字尺寸为60毫米×60毫米

（续表）

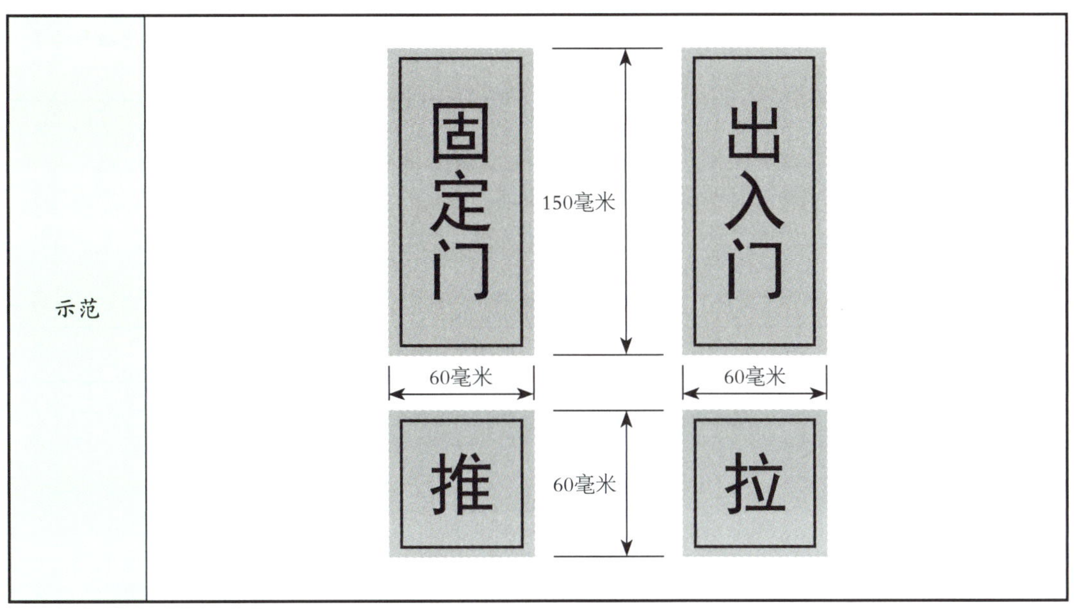

5.“我的设备”标识

目的	把每台设备的日常维护责任落实到员工身上，增强员工“我的设备我管理”的意识
适用范围	主要的生产设备及其附属设备
标准	（1）标明设备名称 （2）确定设备责任人，其照片贴于卡片上 （3）若设备有2名以上使用者，按部位分别确定责任人 （4）明确设备的清扫周期并做好清扫记录 （5）卡片附于设备附近显眼位置
规格	210毫米 ×145毫米
示范	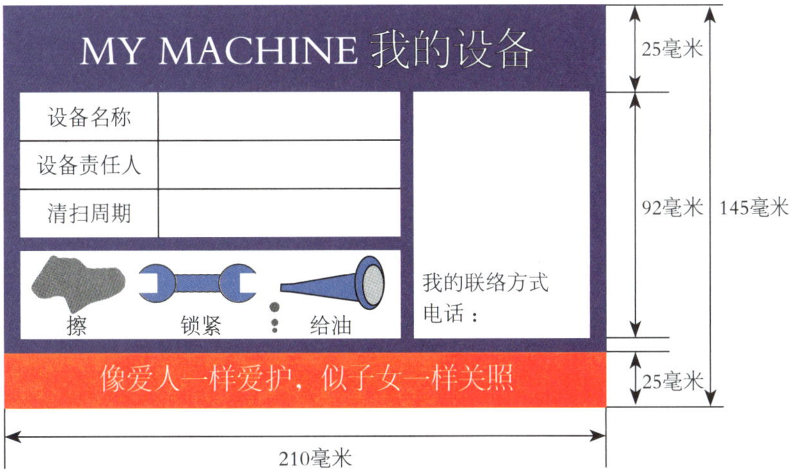 MY MACHINE 我的设备 设备名称 设备责任人 清扫周期 擦 锁紧 给油 我的联络方式 电话： 像爱人一样爱护，似子女一样关照 25毫米 92毫米 145毫米 25毫米 210毫米

6.“我的区域”标识

目的	把区域6S责任落实到个人身上，增强区域责任人的责任感，并且通过定期清扫和检查创造良好的工作环境
标准	（1）标明区域名称 （2）确定区域责任人并在卡片上粘贴责任人照片（50毫米×50毫米） （3）由区域责任人的直接领导担任确认人 （4）记录区域清扫周期，标明清扫工具 （5）由确认人检查并确认6S状态 （6）将标识附于出入门前方人眼平视的高度
规格	绿色，210毫米×145毫米
示范	我的区域 区域名称 区域责任人 清扫周期 清扫日期 下次清扫日期 确认者 “清扫同时检查” 25毫米 95毫米 25毫米 145毫米 210毫米

7. 搁板位置标识

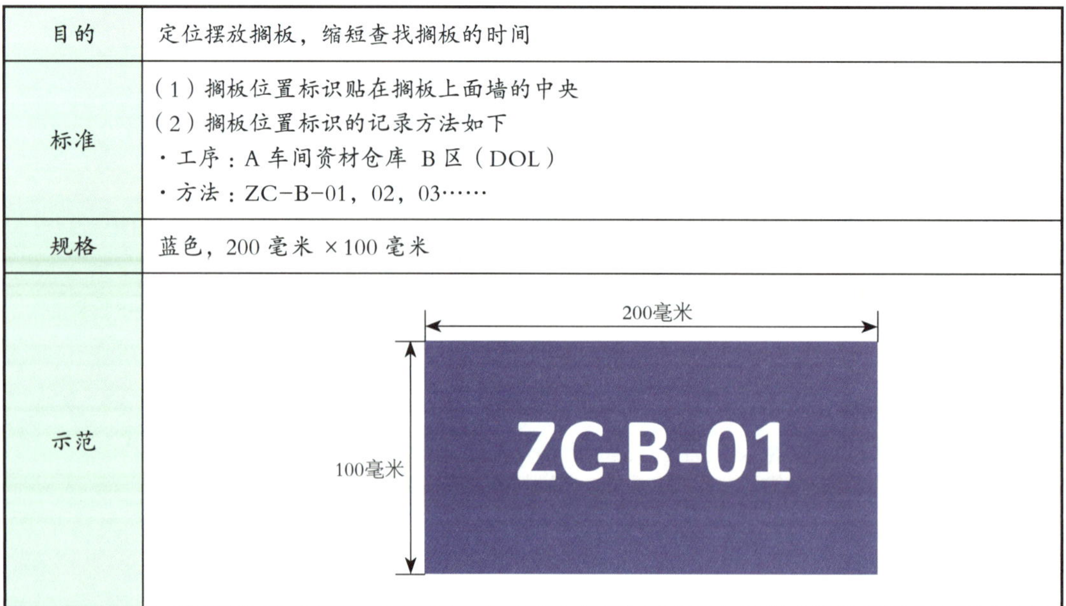

目的	定位摆放搁板，缩短查找搁板的时间
标准	（1）搁板位置标识贴在搁板上面墙的中央 （2）搁板位置标识的记录方法如下 ·工序：A车间资材仓库 B区（DOL） ·方法：ZC-B-01，02，03……
规格	蓝色，200毫米×100毫米
示范	200毫米 100毫米 ZC-B-01

8. 楼梯引导标识

目的	引导员工上下楼梯
适用范围	工厂内部所有楼梯
标准	（1）附于楼梯转弯处 （2）若楼梯转弯处有应急灯（安全灯），则标识位置应该在应急灯（安全灯）上方300毫米处 （3）标识颜色 ·上半部分：白底黑字，蓝色箭头 ·下半部分：蓝底白字，白色箭头 2F 1F 300毫米 应急灯↓
规格	220毫米 ×200毫米
示范	2F 1F 200毫米 220毫米

9. 灭火器位置标识

目的	标明灭火器的位置，在发生火灾或紧急状况时缩短寻找灭火器的时间
适用范围	灭火器配置场所
标准	灭火器配置在显眼的地方并张贴责任人标识，样式如下

责任人	正	
	副	
物品名/编号		
安放位置		
更换周期		
设置时间		

（续表）

示范	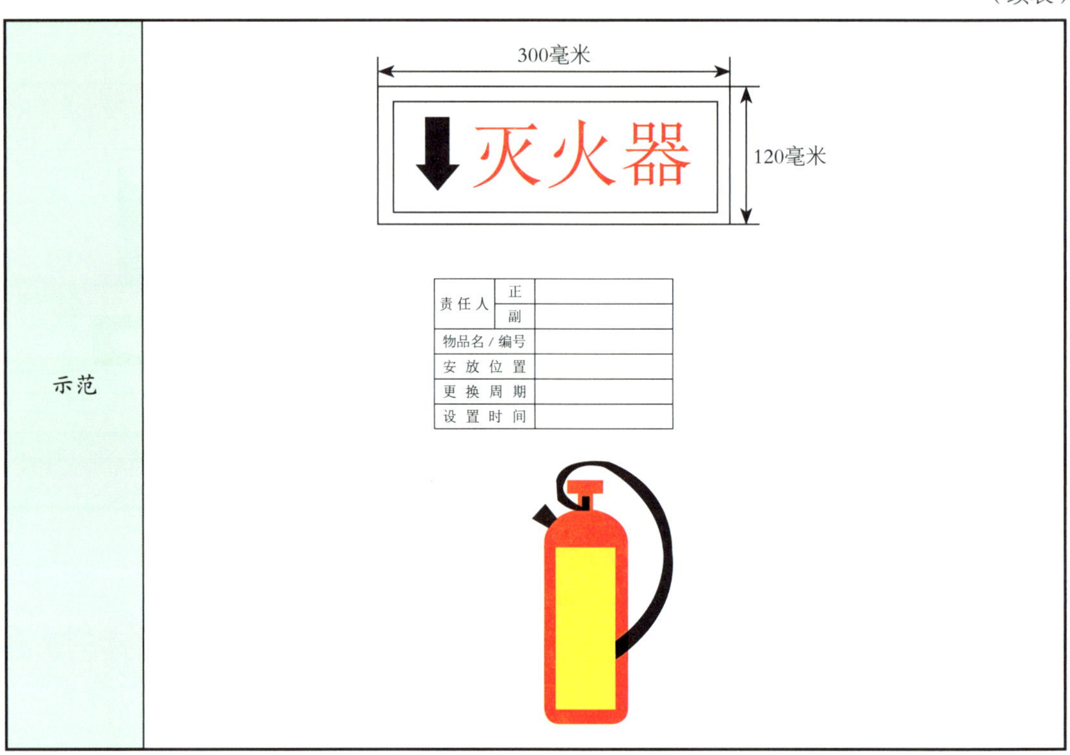

10. 额定电压标识

目的	防止因接错110伏、220伏电源而使设备损坏
使用方法	（1）在各插座上部及插头上张贴额定电压标识 （2）难以区分110伏和220伏的电源时，先委托有关部门确认再张贴标识
规格	直径20毫米
示范	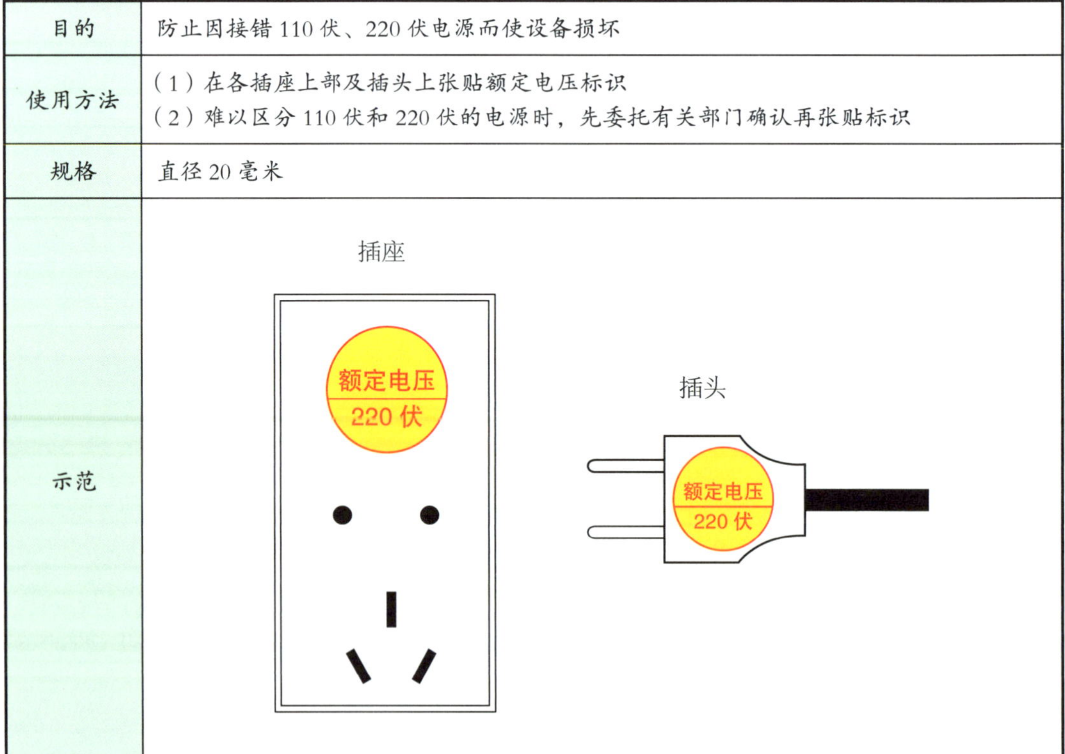

11. 搬运工具标识

目的	明确搬运工具的存放场所及责任人
使用方法	（1）在搬运工具左上端或显眼位置张贴（悬挂）搬运工具标识 （2）在地板或墙上张贴搬运工具标识 （3）在使用量大的工序使用油漆标明搬运工具存放场所，在地板上使用油漆标明存放地
规格	深蓝色，110 毫米 ×60 毫米
示范	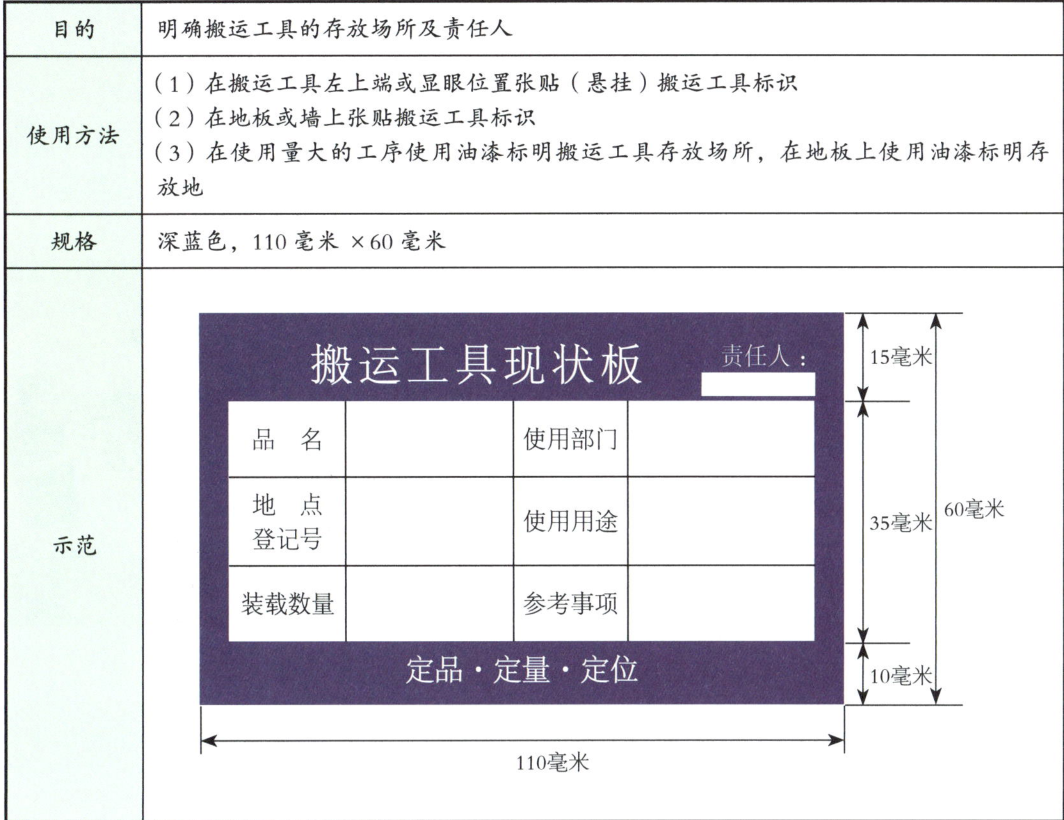

第 4 章　6S 体系的维持——定期内审

4.1　6S 内审概述

4.1.1　6S 内审的含义

6S 内审是指为评价 6S 活动及有关结果是否符合企业的期望和要求并寻求继续改善的可能性而进行的内部审核，具体如图 4-1 所示。

图 4-1　6S 内审

4.1.2　6S 内审的目的

（1）审核 6S 活动结果与企业的期望和要求是否一致。

（2）及时发现现场管理中的问题并加以纠正或预防。

（3）持续保持 6S 活动的有效性并不断地予以改进和完善。

4.1.3　6S 内审的特点

（1）系统性：审核正式、有序。

（2）客观性：审核具有独立性和公正性。

（3）自发性：出于改善的目的而发起的一种有计划的审核。

4.1.4　6S 内审的内容

6S 内审的内容包括 6S 活动及其结果是否符合计划，相关安排能否有效地推行 6S，推行的结果能否达成既定目标等。

4.1.5　6S 内审的范围

企业内部的所有部门都在 6S 内审的范围内。在实际工作中，企业可以按照自身的程序和方法进行 6S 内审。

4.1.6　6S 内审的依据

（1）企业的 6S 手册。

（2）企业的规章制度。

（3）相关法规。

4.1.7　6S 内审的时机和频度

每个部门每半年至少做一次 6S 内审。各部门每个月要做 1 ～ 2 次集中的巡查式内审。发生严重问题或生产场所有较大的整改时，应进行临时性的内审。

4.1.8　6S 内审的流程

6S 内审的流程如图 4-2 所示。

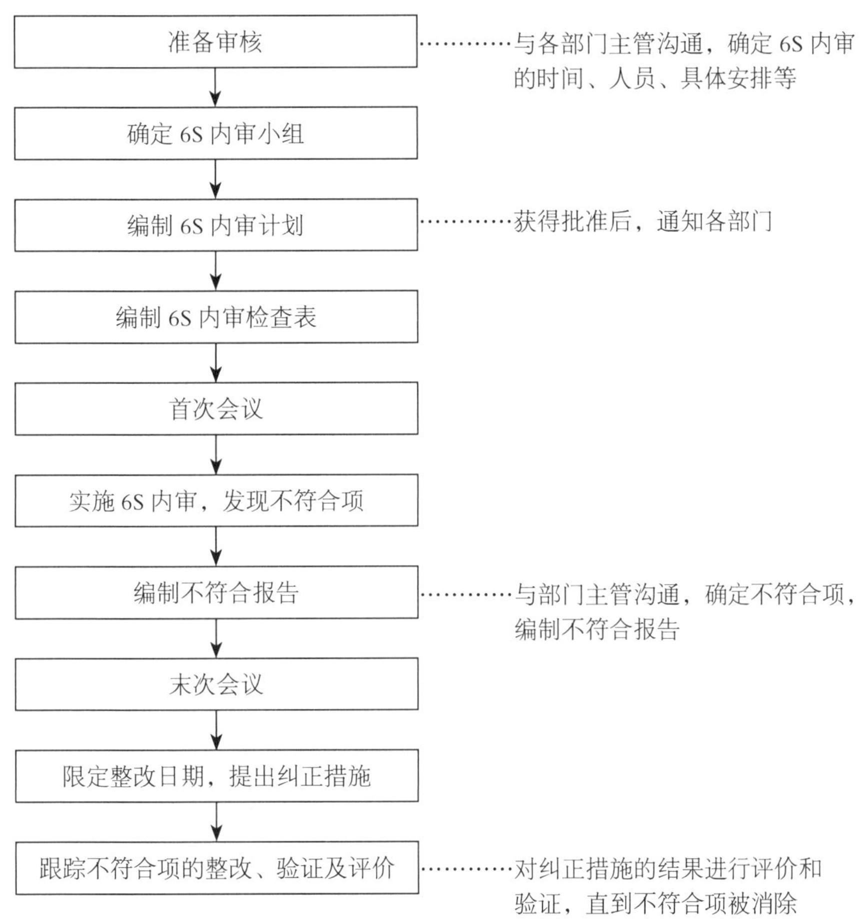

图 4-2　6S 内审的流程

4.2　6S 内审的前期准备

4.2.1　6S 内审的准备工作

实施 6S 内审前要准备好以下物品。

（1）数码相机。

（2）检查表，包括车间6S检查表、仓库6S检查表、办公室6S检查表、宿舍6S检查表等。

4.2.2 组建6S内审小组

1. 确定组长

组长通常由总经理任命。组长一般应满足以下几个条件。

（1）具备较强的组织能力。

（2）具备丰富的管理经验。

（3）熟悉各部门的情况。

（4）具备内审员资格，具有较丰富的内审经验和技巧。

2. 确定小组成员

组长提出小组成员名单，报总经理批准。小组成员一般应满足以下几个条件。

（1）经过相应的培训，具有内审员资格。

（2）熟悉组织的管理业务。

（3）了解各部门的情况。

（4）熟悉掌握6S标准及内审知识与技能。

（5）具备分析判断、独立工作和应变的能力及一定的写作能力。

（6）正直、客观、公正、认真、明断。

企业在确定内审小组成员时，要确保被内审部门（区域）与内审小组成员没有直接的业务关系，以确保内审的客观性和公正性。

4.2.3 制订6S内审计划

6S内审计划的内容主要包括：

（1）内审的目的；

（2）内审的范围（要素或区域）；

（3）内审所依据的文件（标准、手册及程序）；

（4）内审小组成员名单及分工情况；

（5）内审日期；

（6）内审地点；

（7）被内审部门；

（8）首次会议、末次会议及内审过程中，与被内审部门领导或相关主管人员交换意见的会议时间；

（9）每项内审活动的预定日期和持续时间；

（10）内审报告的分发范围及发布日期。

某公司某季度 6S 评比审核计划如下，读者可参照使用。

【范本 12】

××公司____年第____季度 6S 评比审核计划

<table>
<tr><th>序号</th><th>审核区域</th><th>审核班组 / 范围</th><th>审核小组</th><th>受审核区域负责人</th><th>审核方式</th></tr>
<tr><td rowspan="2">1</td><td rowspan="2">配料区域</td><td>食品厂</td><td rowspan="2">A 组
组长：×××
组员：×××</td><td>韩××</td><td rowspan="2"></td></tr>
<tr><td>日化厂</td><td>陈××</td></tr>
<tr><td rowspan="2">2</td><td rowspan="2">分装区域</td><td>食品厂</td><td rowspan="2">B 组
组长：×××
组员：×××</td><td>陈××</td><td rowspan="2"></td></tr>
<tr><td>日化厂</td><td>韩××</td></tr>
<tr><td rowspan="4">3</td><td rowspan="4">物料仓储区域</td><td>日化厂供应组物料管理区域</td><td rowspan="4">C 组
组长：×××
组员：×××</td><td>刘××</td><td rowspan="4"></td></tr>
<tr><td>食品厂供应组物料管理区域</td><td>叶××</td></tr>
<tr><td>物料供应部各区域</td><td>关××</td></tr>
<tr><td>仓储部</td><td>王××</td></tr>
<tr><td rowspan="5">4</td><td rowspan="5">品质检测 / 监控区域</td><td>检测中心</td><td rowspan="5">D 组
组长：×××
组员：×××</td><td>章××</td><td rowspan="5"></td></tr>
<tr><td>微生物室</td><td>范××</td></tr>
<tr><td>来料监控组</td><td>马××</td></tr>
<tr><td>日化过程监控组（含车间 PQC 室）</td><td>颜××</td></tr>
<tr><td>食品过程监控组（含车间 PQC 室）</td><td>童××</td></tr>
<tr><td rowspan="4">5</td><td rowspan="4">工程设施区域</td><td>电工组（电房、污水处理站）</td><td rowspan="4">E 组
组长：×××
组员：×××</td><td>王××</td><td rowspan="4"></td></tr>
<tr><td>设备配件仓</td><td>蔡××</td></tr>
<tr><td>机修组（机修房、车间机修区域）</td><td>祝××</td></tr>
<tr><td>能源供应组（热交换站、空压机房）</td><td>余××</td></tr>
<tr><td colspan="6">审核流程：
（1）审核小组组长与各审核员确认审核时间；（2）到现场审核，进行现场审核沟通、确认；（3）审核小组整理审核结果；（4）受审班组负责人、部门主管确认审核结果；（5）受审核班组（区域）开始对审核发现的问题进行整改；（6）审核小组将最终确认的审核结果评分表及现场审核记录表提交至 6S 推行委员会秘书处；（7）秘书处检查所有审核情况，将审核结果汇报至 6S 推行委员会主任，确认后发出审核结果通知，审核小组跟进受审核班组（区域）的整改情况，确认整改结果；（8）整改完成后，将整改反馈表提交至 6S 推行委员会秘书处。</td></tr>
</table>

4.3 实施 6S 内审

4.3.1 召开首次会议

6S 内审小组与被内审部门负责人召开首次会议（见图 4-3），主持人一般为 6S 内审小组组长。

图 4-3 6S 内审首次会议

1. 首次会议的内容

（1）介绍人员职责及分工。

（2）再次确认 6S 内审内容。

（3）说明和确定修改事项。

（4）内审小组成员向被内审部门收集意见。

2. 首次会议的目的

（1）明确 6S 内审的范围和目的，澄清 6S 内审计划中不明确的内容。

（2）简要介绍 6S 内审所采用的方法和步骤。

（3）确定 6S 内审小组与被内审部门负责人都要参加的末次会议的时间及内审过程中各次会议的时间。

3. 首次会议的要求

（1）准时、简明，时间尽量不超过 30 分钟。

（2）获得被内审部门的理解和支持。

（3）由 6S 内审小组组长主持会议。

4. 参加首次会议的人员

6S 内审小组全体成员、高层管理者、被内审部门负责人及 6S 推进委员会的所有成员。

5. 首次会议的议程

（1）会议开始。会议人员签到，6S 内审小组组长宣布会议开始。

（2）介绍人员。6S 内审小组组长介绍 6S 内审小组成员及其分工。

（3）6S 内审小组组长声明内审的范围、目标、标准及涉及的部门。

（4）现场确认 6S 内审计划。

（5）强调 6S 内审的原则——客观、公正，说明 6S 内审以抽样形式开展，强调 6S 内审小组成员相互配合的重要性，介绍不符合报告的形式。

（6）说明重要问题。被内审部门根据需要对相关问题做出说明。

（7）确定末次会议的召开时间、地点及参与人员。

（8）会议结束。

4.3.2　执行 6S 内审

1.6S 内审主要内容

（1）标准是否得到贯彻落实。

（2）全员意识是否建立。

2. 6S 内审思路

6S 内审思路如图 4-4 所示。

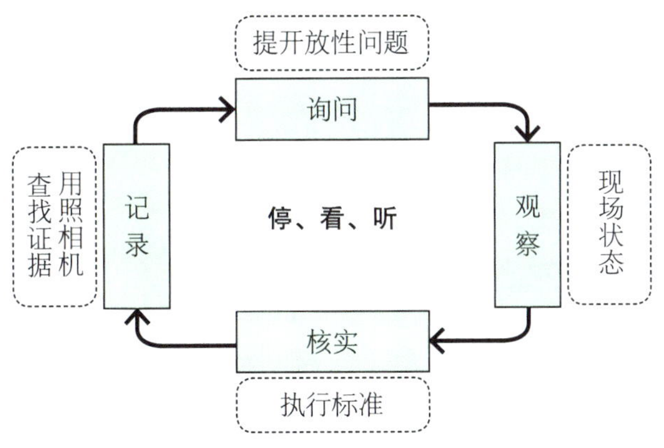

图 4-4　6S 内审思路

3. 6S 内审活动的控制

（1）按计划执行。

（2）按执行标准逐项核查。

（3）注重关键岗位和运行控制的主要问题。

（4）注意收集 6S 体系运行的有效证据。

（5）保持良好的工作气氛。

4.6S 内审执行要点

（1）不要打断回答。

（2）理解和领会被内审部门人员的讲话思路和潜在含义。

（3）保持开放式的交谈。

（4）保持目光交流并不时给予口头鼓励。

（5）表现出浓厚的兴趣，使被内审部门人员拥有足够的信心。

（6）当交谈中出现刺激性的言语时，应保持情绪稳定。

（7）当有不同意见时，应检讨和澄清审核中发现的不符合项。

（8）鼓励被内审部门人员反映问题。

（9）适时解释或归纳。

6S 内审小组进行内审时，发问和现场查看的时间一般分别占 20% 和 80%。

4.3.3 提出不符合项

对于在现场发现的问题，应该拍下照片，用箭头标明不符合项，并且用文字描述不符合的具体情况，具体如图 4-5 和图 4-6 所示。

图 4-5 工具架杂乱

图 4-6 辅助治具凳子偏矮且桌脚有私人物品

4.3.4 出具不符合报告

审核完毕后，6S 内审小组要出具不符合报告，说明不符合项，并且把依据等填写清楚，具体如表 4-1 所示。

表 4-1 不符合报告

被内审部门： 检查员： 检查日期：_____年____月____日

序号	不符合项说明	依据	确认	预计改善完成日期	改善跟进

4.3.5 6S 内审小组会议

一般来说，每天内审结束后及整个现场内审活动结束后，6S 内审小组应该进行内部交流、沟通和协调（见图 4-7），掌握内审进度、互通信息、互相印证，对内审结果加以分析，以确保内审的准确性。

图 4-7 6S 内审小组会议

4.4 纠正和预防措施的跟踪

6S 内审的目的在于彻底纠正所发现的不符合项，因此工厂对在 6S 内审中发现的不符合项应采取纠正和预防措施，并且保证这些措施都得到验证。

4.4.1 纠正和预防措施的跟踪责任

1. 6S 内审小组的责任

（1）找出不符合项。

（2）提出纠正和预防措施及其完成期限。

（3）进行跟踪验证。

2. 被内审部门的责任

（1）确认不符合项并分析其原因。

（2）制定并实施纠正和预防措施。

（3）检查纠正和预防措施的完成情况，并且做好记录。

（4）及时向 6S 内审小组提交不符合报告原件及纠正和预防措施完成情况的证明材料。

4.4.2 纠正和预防措施的实施程序

纠正和预防措施的实施程序如图 4-8 所示。

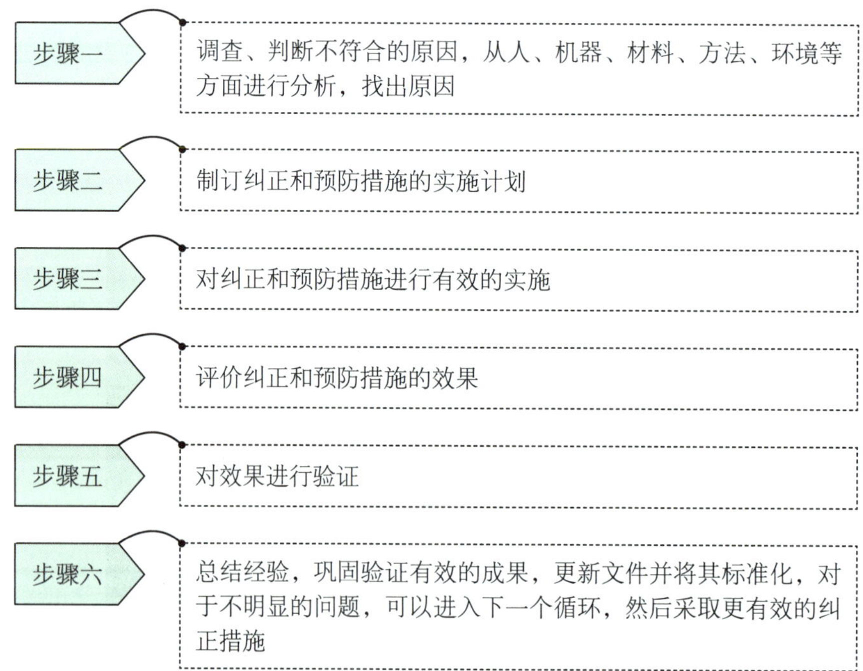

图 4-8 纠正和预防措施的实施程序

4.4.3　纠正和预防措施的实施要点

1. 明确职责

需要明确的职责有：谁负责制订计划，计划中的每项具体工作由谁负责完成，谁负责组织纠正和预防工作，谁负责检查与监督，谁负责验收和评价，谁负责巩固成果。

2. 报告与记录

对于 6S 内审中发现的问题，6S 内审小组应以不符合报告或其他形式通知被内审部门。如果问题较严重，必须由总经理或 6S 推行委员会主任进行决策。

6S 内审小组成员要记录不符合的情况，记录各项纠正和预防措施的主管部门和人员及各阶段工作的进展情况。6S 内审小组组长和 6S 推行委员会主任负责验证、总结纠正和预防措施的状态。

3. 验证与总结

对于纠正和预防措施，要有效地进行验证，及时总结经验和教训。如果发现不足之处，一定要及时报告，必要时采取进一步的行动。

4.4.4　纠正和预防措施实施状况的跟踪

跟踪是指对被内审部门的纠正和预防措施进行评审，验证、判断其实施效果并记录验证结果。

1. 跟踪的形式

6S 内审小组成员到现场进行跟踪、验证后，以书面形式将工作报告提交给跟踪工作负责人。

2. 跟踪职责

（1）证实被内审部门已经找到不符合的原因。

（2）证实目前采取的纠正和预防措施是有效的。

（3）在跟踪过程中，6S 内审小组成员要证实所涉及人员对纠正和预防措施有所认识，并且接受了适当的培训，以适应变化后的情况。

（4）记录被内审部门所采取的纠正和预防措施。

（5）对有关文件进行完善。

（6）向 6S 内审小组组长报告跟踪结果。

3. 跟踪程序

（1）6S 内审小组要识别实际或潜在的不符合项。

（2）6S 内审小组要向被内审部门提出关于纠正和预防措施的建议，并且发出改善通知。

（3）被内审部门提交纠正和预防措施。

（4）6S 内审小组评审纠正和预防措施的可行性。

（5）被内审部门实施纠正和预防措施。

（6）6S 内审小组对实施状况不满意时，可以要求被内审部门采取进一步的行动。

某工厂的 6S 纠正和预防措施通知如下，读者可参照使用。

【范本 13】

某工厂的6S纠正和预防措施通知

不符合项说明　　　　　　　　　　编号：6SCAR091002
审核日期：20××年××月××日　　　　审核员/记录员：李××
审核地点：组装生产线　　　　　　　违反标准：4.11

改善前照片

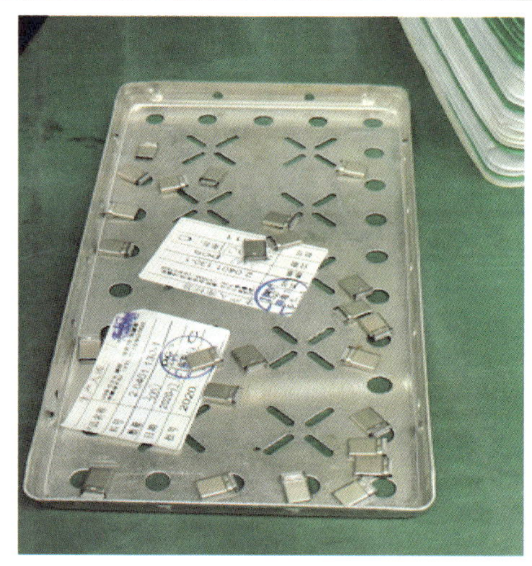	不符合项说明： （1）组装区的不良品周转盒使用铁盒，不符合不合格品管制要求 （2）容易掉落，不符合要求

纠正和预防措施：按照不合格品管制要求摆放不良品
纠正人：王××　　　　　　纠正日期：20××年××月××日

改善后照片

	纠正和预防措施： 生产部组装组用红色胶盒装不良品，并画线定位

跟进结果：第39周。跟进时组装区的不良品摆放较为规范，符合改进要求，结案
跟进者：刘××、郑××　　　　　　日期：20××年××月××日

4. 跟踪要点

如果纠正和预防措施的实施效果不好，就应该重新采取措施加以改善，并且进行更加细致的跟踪与检查；如果纠正和预防措施有效，就应该巩固该措施。

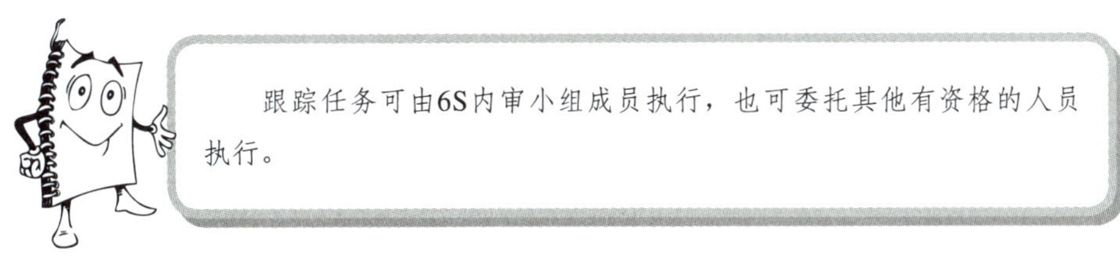

5. 跟踪检查报告

跟踪检查报告是根据跟踪情况形成的书面报告。该报告由跟踪检查人撰写，由跟踪工作负责人如6S内审小组组长、6S推行委员会主任批准。

某工厂的6S跟踪检查报告如下，读者可参照使用。

【范本14】

某工厂的6S跟踪检查报告

序号	不良状况描述	责任部门	部门主管	改善措施或处理结果	改善完成时间	6S内审小组跟踪确认
1	工程部物料仓门开关盒上无标识	工程部	张 ××	已改善		
2	工程部物料仓小材料盒标识不规范	工程部	张 ××	未完全改善		
3	工程部物料仓用超量皱纹胶纸贴电源线	工程部	张 ××	已改善		
4	工程部制板房模具生锈严重（绕线帽）	工程部	张 ××	已浸油		
5	样品摆放在地面上，建议制作样品架	工程部	张 ××	还在焊样品架		
6	工程部饮水处的水桶摆放杂乱	工程部	张 ××	已改善		
7	工程部所有灭火器上有脏物	工程部	张 ××	已改善		
8	品控部产品寿命测试房右侧外墙有裂缝	品控部	李 ××	已改善		
9	品控部产品寿命测试房的一间配电室里，三部正在工作的电箱的内部温度很高，没有排风系统（排风扇已采购回来，待安装）	品控部	李 ××	风扇已装，待接电源		

某工厂的6S改善方案及执行报告如下，读者可参照使用。

【范本15】

某工厂的6S改善方案及执行报告

部门：生产部　　　　日期：____年__月__日

评审区域或项目	部门改善方案	部门自评结果	稽查验收结果
1. 办公区域			
1.1 文件分类摆放	（1）将长期不使用的文件资料按编号分类归档 （2）将常用的文件资料就近分类摆放	待估	
1.2 办公台面及地面整洁	（1）办公台面随时整理、清洁并保持抽屉内6S合格 （2）清洁工每天打扫两次地面，不乱扔纸屑等杂物	待估	
1.3 办公区域看板管理	由专人负责看板管理，保持看板干净、整洁、定时更新，做到内容丰富、新颖	合格	
1.4 办公用品及纸张管理	（1）个人的办工用品放置整齐、有序，常用物品放在随手可取的地方；公用的办工用品做账登记并实行归口管理 （2）纸张管控由专人负责（文员或统计员），注意节约用纸，充分利用再生纸	合格	
2. 加工或装配车间、仓库			
2.1 6S状况	车间： （1）车间每日自控、自检 （2）部门每周检查 （3）管理部不定期稽查 （4）指定6S看板责任人，分区域专人监控	合格	
	仓库： （1）将呆滞物料、暂存物料清理出来并放在固定位置，将常用物料放在易取、显眼的位置 （2）仓管员经常清扫各自管辖的区域，包括纸箱及其上的标签，并且保持干净	合格	
2.2 节约	（1）减少报废量 （2）以经济的人力和时间完成标准产能 （3）提高设备利用率	合格	
	修改报废领料程序，提高退料处理速度，从而节约大量时间；控制来料，有效降低库存，节约库存成本	有待改善	
2.3 车间及仓库环境的改善状况	对于膜类物品，每周进行一次洁净度测试	要求工程部配合检测并公布结果	

（续表）

评审区域或项目	部门改善方案	部门自评结果	稽查验收结果
2.3 车间及仓库环境的改善状况	对无尘车间进行不定期检测	合格	
	仓库明确6S责任人，建立相应的制度，确保整个仓库环境美观	合格	
2.4 车间及仓库区域标识区分	统一区域标识，每月由统计员检查一次，及时更换不适应或破损的标识	合格	
	物料分类放置并做标识	合格	
2.5 车间及仓库物品管理状况	（1）根据本部门物流、产品管理细则及其他指导文件实施 （2）做账登记，做到定位、定品、定量 （3）库存物料按储存要求保质保量，实行每月盘点，以保证数量的准确性；每日记录温湿情况，以确保其品质在储存过程中不受影响	合格	

4.5 6S 内审报告

6S 内审小组组长负责编写 6S 内审报告，并且对报告的准确性和完整性负责。在 6S 内审结束后的会议上，由 6S 内审小组组长向 6S 推行委员会主任报告情况，具体如图 4-9 所示。

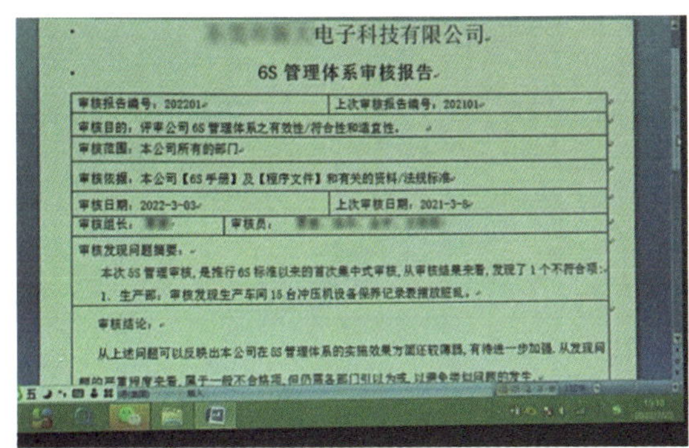

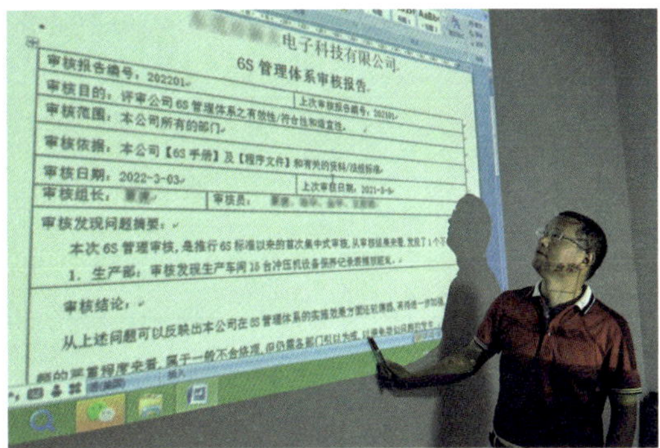

图 4-9 6S 内审报告会

4.5.1 6S 内审报告的内容

（1）确认被内审部门的 6S 状况是否符合标准。

（2）注明 6S 内审的时间、地点、范围、方式及参与人员。

（3）指出 6S 内审中发现的不符合项、改进措施及其实施效果跟踪情况等。

4.5.2 6S 内审报告的发出

6S 内审报告发出之前必须得到 6S 内审小组组长和 6S 推行委员会主任的审批认可。6S 内审报告应该在规定时间内按照清单发出，被审核方或接收部门必须书面签收并按要求进行改进。

某工厂的 6S 内审报告如下，读者可参照使用。

【范本 16】

某工厂的 6S 内审报告

日期：____年__月__日

<table>
<tr><td>发出小组</td><td colspan="2"></td><td colspan="2">内审小组组长</td><td></td><td>日期</td><td></td></tr>
<tr><td>被内审部门</td><td colspan="2"></td><td colspan="2">内审范围</td><td colspan="3"></td></tr>
<tr><td>依据、标准</td><td colspan="7">6S 检验标准</td></tr>
<tr><td>内审类型</td><td colspan="7">□定期（月份内审）　□不定期</td></tr>
<tr><td colspan="8">不符合项：</td></tr>
<tr><td>内审员</td><td></td><td>日期</td><td></td><td>部门代表</td><td></td><td>日期</td><td></td></tr>
<tr><td colspan="8">原因分析：</td></tr>
<tr><td colspan="4"></td><td>部门代表签名</td><td></td><td>日期</td><td>____年__月__日</td></tr>
<tr><td colspan="8">改善行动：</td></tr>
<tr><td colspan="4"></td><td>部门代表签名</td><td></td><td>完成日期</td><td>____年__月__日</td></tr>
<tr><td colspan="8">预防行动：</td></tr>
<tr><td colspan="4"></td><td>部门代表签名</td><td></td><td>完成日期</td><td>____年__月__日</td></tr>
<tr><td colspan="8">跟进结果：</td></tr>
<tr><td>实际完成日期</td><td colspan="3"></td><td>评审组长签名</td><td></td><td>日期</td><td>____年__月__日</td></tr>
</table>

2

第二部分

实施篇

第5章　1S——整理的实施

整理是指将工作场所中（或负责的范围内）的物品清楚地区分为有用物品与无用物品，对前者加以妥善保管，对后者加以处理或报废。

开展整理活动可以避免以下问题。

（1）工厂变得十分拥挤。

（2）箱子、料架、杂物等堆积成山，阻碍员工交流。

（3）花费大量时间寻找零件和工具。

（4）过多的现场物品掩盖了生产中的问题。

（5）不需要的零件和设备给正常生产造成困难。

（6）对客户的响应慢。

整理可以发挥分类的作用，具体如图 5–1 所示。

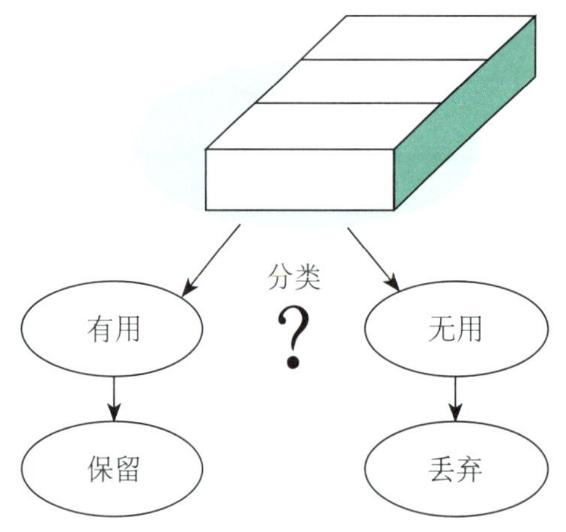

整理不是仅仅将物品打扫干净后摆放整齐，而是“处理”我们持怀疑态度的所有物品

◆不扔，保管麻烦

◆扔，舍不得

◆如何选择？好好考虑吧

图 5–1　整理

整理的执行流程如图 5-2 所示。

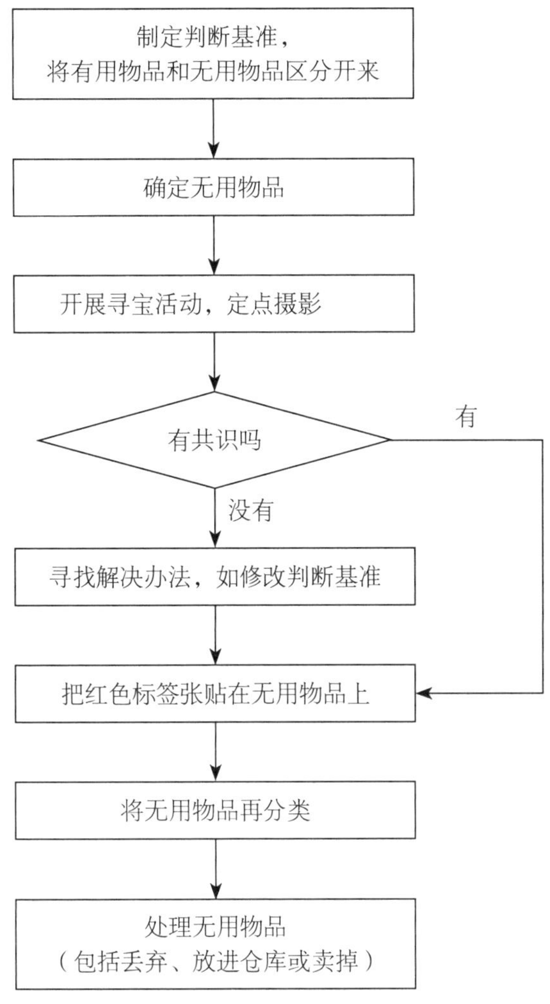

图 5-2　整理的执行流程

5.1　整理的三大基准

5.1.1　有用物品与无用物品的判断基准

“全都有用，全都不能扔”是推行 6S 的一大阻力。这种阻力在工程技术人员身上比较明显，因为他们认为某些物品不管存放多久，总有一天会用到，所以他们把这些无用物品藏的藏、盖的盖，完全违背了 6S 的原则。其实，无用物品的摆放所造成的浪费远远大于其潜在的利用价值，所以必须对看得到和看不到的地方进行全面彻底的整理。工厂需要制定有用物品与无用物品的判断基准，让员工清楚知道哪些是有用物品，哪些是无用物品（见表 5-1）。

表 5-1　有用物品与无用物品的判断基准

<table>
<tr><th>有用物品</th><th colspan="2">无用物品</th></tr>
<tr><td rowspan="4">（1）正常运行的机器设备、电气装置
（2）工作台、板凳、材料架
（3）台车、推车、拖车、堆高机
（4）正常使用的工装夹具
（5）尚有使用价值的消耗品
（6）原材料、半成品、成品和样本
（7）栈板、图框、防尘用具
（8）办公用品、文具
（9）使用中的清洁工具、用品
（10）使用中的海报、看板
（11）有用的文件资料、表单记录、书报杂志
（12）其他必要的私人用品</td><td>地板上</td><td>（1）废纸、杂物
（2）不能或不再使用的机器设备、工装夹具
（3）不再使用的办公用品
（4）破烂的栈板、图框、塑料箱、纸箱、垃圾桶
（5）呆滞料和过期品</td></tr>
<tr><td>工作台和架子上</td><td>（1）过时的文件资料、表单记录、书报杂志
（2）多余的材料
（3）损坏的工具、样品
（4）私人用品、破压台玻璃、破椅垫</td></tr>
<tr><td>墙壁上</td><td>（1）蜘蛛网
（2）过期和老旧的海报、看板
（3）破烂的信箱、意见箱、指示牌
（4）旧挂历、损坏的时钟、没用的挂钉</td></tr>
<tr><td>天花板上</td><td>（1）不再使用的各种管线
（2）不再使用的吊扇、挂具
（3）老旧无效的指导书、工装图</td></tr>
</table>

5.1.2　保管场所基准

保管场所基准是指物品到底放在什么地方的判断基准。工厂可以根据物品的使用频率判定物品常用程度（见表 5-2），然后确定其保管场所。

表 5-2　物品常用程度判断基准

<table>
<tr><th>常用程度</th><th>使用频率</th></tr>
<tr><td rowspan="2">低</td><td>过去一年内都没有使用（不能用或不再用）的物品</td></tr>
<tr><td>在过去的 6 ～ 12 个月中只使用过 1 次的物品</td></tr>
<tr><td>中</td><td>（1）在过去的 2 ～ 6 个月中只使用过 1 次的物品
（2）1 个月使用（可能使用）1 次以上的物品</td></tr>
<tr><td>高</td><td>（1）每周使用（可能使用）1 次的物品
（2）每天都使用（可能使用）的物品
（3）每小时都使用（可能使用）的物品</td></tr>
</table>

确定保管场所时尽量不要按照个人经验判断，否则无法体现 6S 的科学性。表 5-3 所示是某工厂的保管场所基准。

表 5-3 保管场所基准

物品类别	使用频率	处理方法	建议保管场所
不用物品	全年一次也未使用过	废弃或特别处理	待处理区
少用物品	平均 2 个月至 1 年使用 1 次	分类管理	集中保管场所（工具室、仓库）
普通物品	1 ~ 2 个月使用 1 次或以上	置于车间内	摆放区
常用物品	（1）每周使用数次 （2）每日使用数次 （3）每小时都使用	工作区内随手可取	机台旁、 流水线旁、 个人工具箱

注：视工厂具体情况划分物品类别并确定相应的保管场所。

5.1.3 废弃处理基准

工作失误、市场变化、设计变更等因素中有许多是企业或个人无法控制的。因此，无用物品永远都会存在。无用物品通常按照以下两个原则处理：

· 区分申请部门与判定部门；

· 由指定部门处理无用物品。

例如，品质部负责无用物料的判定和档案管理；设备部负责无用设备、工具、仪表、计量器具的判定和档案管理；6S 推行委员会负责无用物品的审核、判定和申报；销售部负责无用物品的处置；财务部负责无用物品处置资金的管理。

无用物品处理审批单如表 5-4 所示。

表 5-4 无用物品处理审批单

部门： 日期：____年__月__日

物品名称	规格 / 型号	单位	数量	处理原因	所在部门意见	6S 推行委员会意见	备注

制表人： 审核人： 批准人：

5.2 实施现场检查

对生产现场进行全面检查，检查内容包括各种有形和无形的东西、看得见和看不见的地方，特别是不引人注意的地方，如设备内部、桌子底部、文件柜顶部等。各部门的检查重点如表 5-5 所示。

表 5-5　各部门的检查重点

部门	区域或部位	检查重点
生产部门	地面	（1）是否有死角或凌乱不堪的地方 （2）是否有闲置或不能使用的输送带、机器、设备、台车等 （3）是否有存在品质问题的待修品或报废品 （4）是否有散置于各生产线的清扫用具、垃圾桶等 （5）是否有作业场所不该有的物品，如衣服、拖鞋、雨伞、皮包等
	架子、柜子或工具箱	（1）是否有扳手、铁锤、钳子等工具杂放于工具箱或柜子内 （2）是否有散置于架子或柜子上的破布、手套、剪刀
	办公桌、事务柜	（1）是否有随意放在桌子上的报表、文件、记录 （2）是否有档案资料毫无规划地陈列于事务柜内
	模具、治具架	（1）是否有不用或不能使用的模具、治具 （2）是否有不必要的物品杂放于架上
行政部门	公文、资料	（1）是否有不用或过期的公文、资料随意摆放 （2）是否有私人文件、资料杂放于工作资料内 （3）公文、资料是否定期或定时归档
	办公桌、办公室	（1）办公桌上是否摆放与工作无关的物品 （2）办公室内是否有无用物品
	档案夹、事务柜	（1）档案夹是否随意放置于办公桌上或事务柜中 （2）档案夹或事务柜是否已经破旧不堪 （3）是否定期清理已经过期的文件、资料
仓储部门	储存区域	（1）储存区域是否规划妥当、有无空间浪费 （2）是否直接将物品放在地上
	材料架	（1）材料架上是否有多年未使用的材料 （2）是否有多种材料混放在一起

5.3　无用物品的清理与判定

5.3.1　清理无用物品——寻宝活动

寻宝活动是指把无用物品彻底找出来。寻宝活动是专门针对各个场所中的死角、容易被人忽视的地方进行的整理活动，目的明确、针对性强，容易取得实效。要想让寻宝活动顺利进行，就要制定明确的规则，消除大家的顾虑。

（1）只寻找无用物品，不追究责任。

（2）找到越多的无用物品，奖励越多。

（3）交叉互换区域寻宝，便于更多地发现无用物品。

（4）有争议的物品交给 6S 推行委员会裁决。

（5）奖励充分重视寻宝活动的部门。

1. 寻宝活动计划

寻宝活动计划由 6S 推行委员会制订并组织实施。寻宝活动计划的内容如图 5–3 所示。

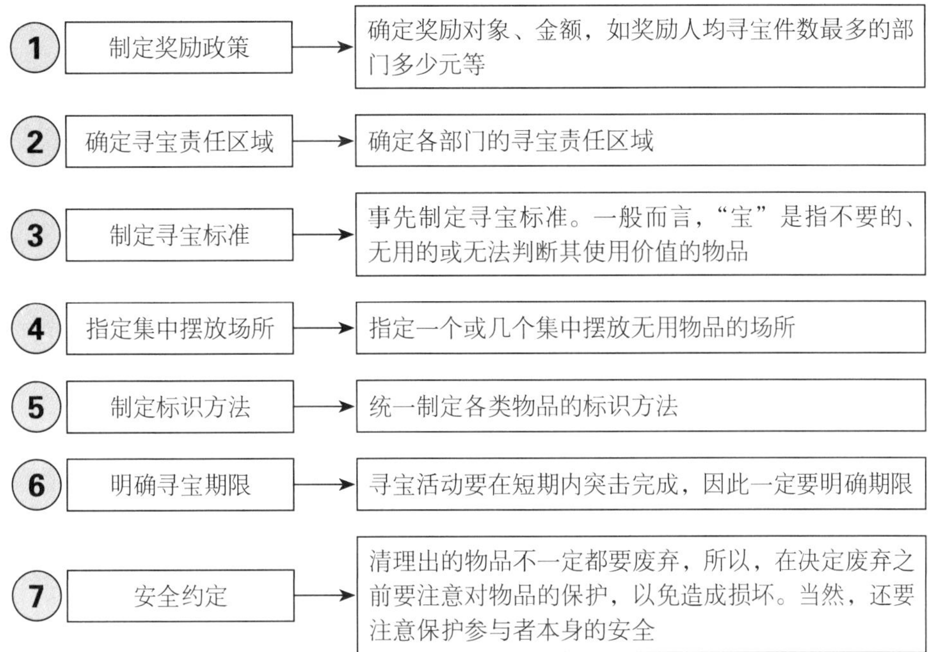

图 5–3　寻宝活动计划的内容

寻宝活动计划经相关领导批准后，要在相关会议、内部网络、宣传栏等进行传达和宣传，积极营造活动氛围，激发员工的积极性。

2. 实施寻宝活动

各部门按寻宝活动计划清理物品，将其统一摆放到指定场所，分类后列出清单，在清单中记录物品的出处和数量，提出处理意见，按程序报相关部门审核批准。

整理暂时不需要的物品时，当不能确定这些物品今后是否还有用时，可根据实际情况确定保留期限，先保留一段时间，等过了保留期限再将其清理出现场。

5.3.2　无用物品的判定——张贴红牌

判定物品是否有用并没有绝对的标准。有些物品很容易判定，如破烂不堪的桌、椅等；而有些物品则很难判定，如一些零部件的长期库存。

1. 无用物品的判定步骤

（1）把无用物品摆放在指定场所，在这些物品上张贴红牌。

（2）由指定的判定者对待判定物品进行最终判定，决定将其卖掉、挪用、修复或修理等（见图 5-4）。

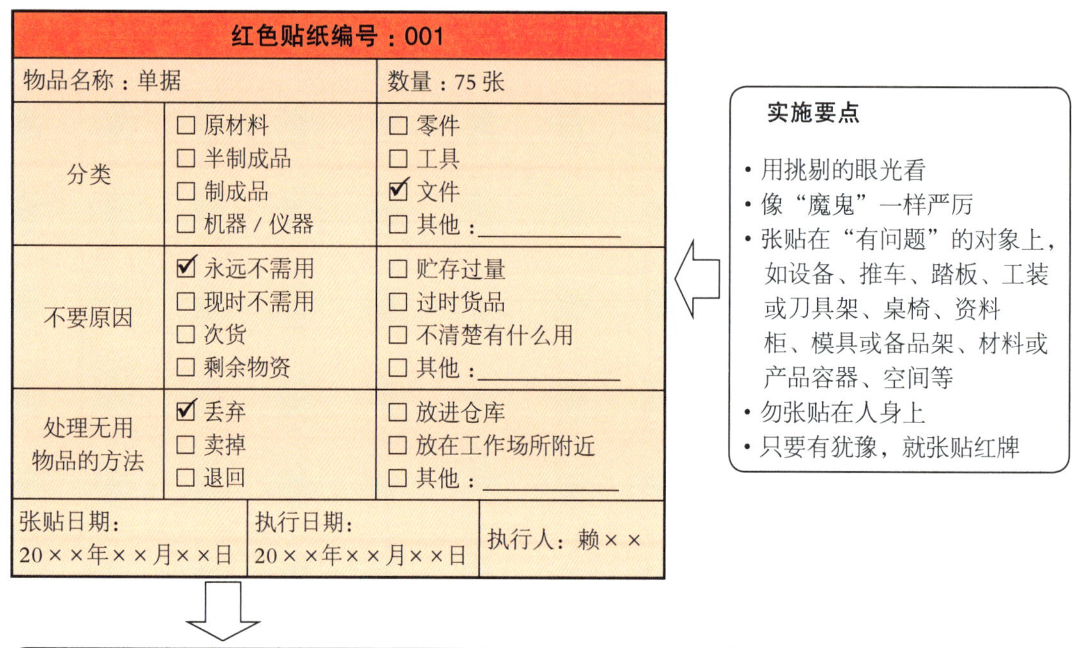

红色贴纸编号：001			
物品名称：单据		数量：75 张	
分类	☐ 原材料 ☐ 半制成品 ☐ 制成品 ☐ 机器 / 仪器	☐ 零件 ☐ 工具 ☑ 文件 ☐ 其他：________	
不要原因	☑ 永远不需用 ☐ 现时不需用 ☐ 次货 ☐ 剩余物资	☐ 贮存过量 ☐ 过时货品 ☐ 不清楚有什么用 ☐ 其他：________	
处理无用物品的方法	☑ 丢弃 ☐ 卖掉 ☐ 退回	☐ 放进仓库 ☐ 放在工作场所附近 ☐ 其他：________	
张贴日期： 20××年××月××日	执行日期： 20××年××月××日	执行人：赖××	

实施对象

- 任何不满足“三定”“三要素”要求的
- 工作场所的无用物品
- 需要改善的事、地、物
- 超出期限的（含过期的标语、通告）
- 物品可疑的（不明之物）
- 物品混杂的（合格品与不合格品、规格或状态混杂）
- 不使用的物品（不用又舍不得扔的物品）
- 物品变质的（含损坏物）
- 过多的物品（虽要使用但过多）
- 有油污、不清洁的设备
- 卫生死角

图 5-4　红牌的使用要点

2. 无用物品判定者

工厂里需要进行判定的物品有很多，有的物品容易判定，有的物品难以判定。为了高效地完成判定工作，可以为不同的物品指定判定者，具体如图 5-5 所示。

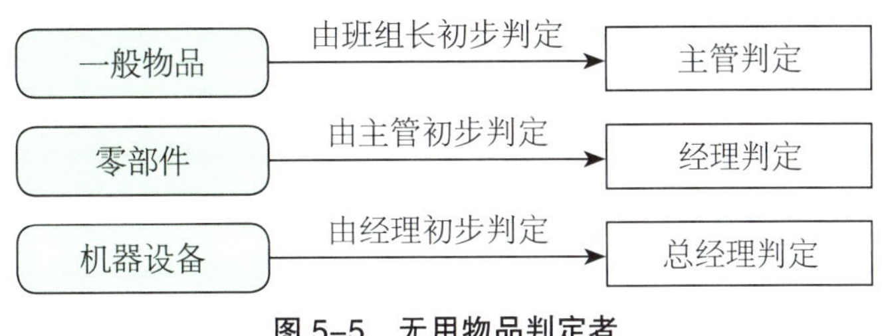

图 5-5　无用物品判定者

无用物品可以统一由 6S 推行委员会判定，也可以设计一个判定流程，由各部门对各类物品进行判定。

3. 判定的注意事项

（1）对于张贴红牌的物品，要约定判定期限。判定的拖延将影响 6S 活动的进行，因此，要迅速对这些物品进行判定，以便推进后续处理工作。

（2）当张贴红牌的物品被判定为有用时，要及时向物品所属部门说明判定依据或理由，并且及时重新安置和摆放物品。

5.4　无用物品的处理

5.4.1　无用物品的处理方法

一般来说，无用物品的处理方法如图 5-6 所示。

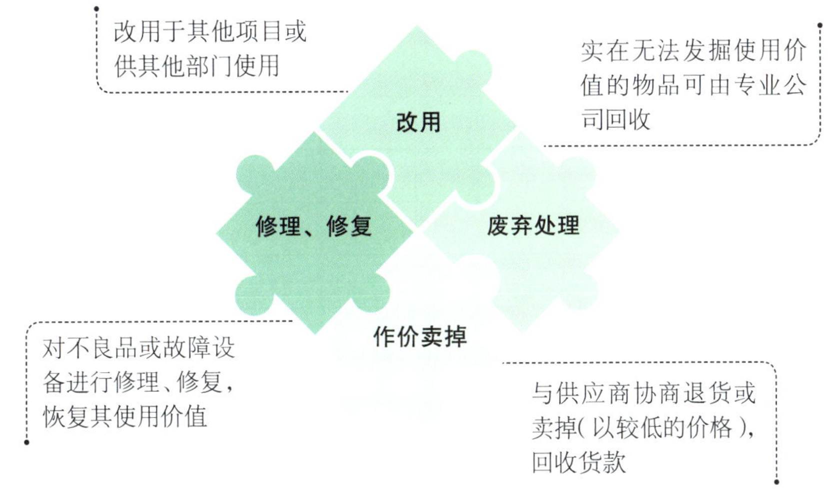

- 若物品有使用价值，但可能涉及专利或商业机密，应按相关规定进行处理
- 如果物品只是一般废弃物，经过分类后可将其出售
- 若物品没有使用价值，可根据具体情况予以折价出售或作为培训、教育员工的工具

图 5-6　无用物品的处理方法

5.4.2 建立无用物品废弃程序

为了保持整理活动的成果，最好建立无用物品废弃程序，为整理的实施提供制度上的保证。生产现场的许多无用物品，尤其是大件物品，即使大家都认为其应该废弃，往往也不清楚该如何废弃，只好任由它们摆放在现场。

一般来说，无用物品废弃程序如下。

（1）物品所在部门提出废弃申请。

（2）技术或主管部门确认物品的利用价值。

（3）相关部门确认物品再利用的可能性。

（4）财务部确认。

（5）高层负责人批准废弃。

（6）由指定部门填写“废弃单”，实施废弃，保留“废弃单”备查。

（7）财务部做销账处理。

5.5 对整理进行评估

整理进行到一定程度时必须对其进行评估。整理评估表如表 5-6 所示。

表 5-6 整理评估表

工厂：　　　　批次：　　　　部门：　　　　日期：____年__月__日

分数：4表示100%，3表示75%～99%，2表示50%～74%，1表示25%～49%，0表示0～24%			
序号	需要整理的物品	分数	如果分数低于 4，应指出对策时间安排和负责人
1	无用的盒子、货架和物料箱		
2	废弃的工具、备件和设备		
3	不需要的工具箱、手套和橱柜		
4	剩余的维修用品		
5	个人物品		
6	过量存货		
7	无用的文件		
8	“一就是最好”：一套工具或文具		
9	“一就是最好”：一页纸的表格或备忘录		
10	“一就是最好”：文件放在一处共享		
……	……		

对于没有做好的事项，要发出纠正和预防措施通知并进行跟踪，具体如图 5-7 所示。

不合格项说明：

编号：BL00123

审核日期：20××年××月××日

审核员/记录员：刘××

审核地点：一楼仓存区

违反标准：3.2

改善前照片

	不合格项说明：
	闲置木柜、铁柜、传送带、包装机、垫模板、超音波洗缸等放置较乱，未定位存放及标记状态
	（第 43 周）

纠正及预防措施：按照仓存区管理要求存放物品

纠正人：张××　　纠正日期：20××年××月××日

改善后照片

	纠正及预防措施：
	划分区域，分类摆放，明确责任人

跟进结果：合格。××月××日跟进时，该区域已重新划分，机器及物料均摆放整齐、标识清楚

跟进者：杨××　　审核日期：20××年××月××日

图 5-7　纠正和预防措施通知

第6章　2S——整顿的实施

整顿是指对整理后保留下来的物品或腾出来的空间做整体规划（如定位、贴标识）。其目的是给物品找一个固定的位置，当需要使用物品时，就能在最短时间内取用。

6.1　整顿的作用

在杂乱无序的工作环境中，如果不做好整顿工作，就会找不到物品，造成时间和空间的浪费，使一些品质优良的物品沦为废品，使废品堂而皇之地“躺在”重要的位置（见图6-1）。

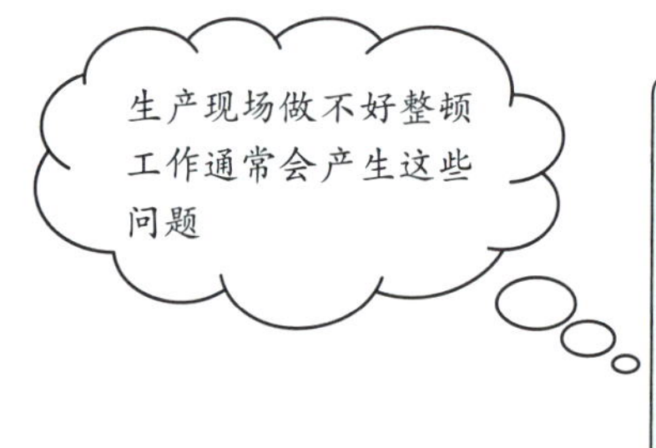

- 材料移动的浪费
- 动作的浪费
- 寻找的浪费，例如，没有人能找到开柜子的钥匙，正巧柜子里放着要使用的工具
- 次品的浪费
- 不安全的环境

图6-1　做不好整顿工作所产生的问题

为消除以上浪费，必须实施整顿。整顿能带来以下好处。

（1）创造一目了然的现场，就算不是本岗位的员工，也能明白相应的要求和做法。

（2）出现异常情况如丢失、损坏等时，能马上发现、及时处理。

（3）提高工作效率，减少浪费和非必需的作业。

（4）缩短寻找物品的时间。

（5）不同的作业人员去做，结果都一样，实现了标准化。

（6）缩短换线、换工装夹具的时间。

6.2　整顿的执行流程

整顿的执行流程如图6-2所示。

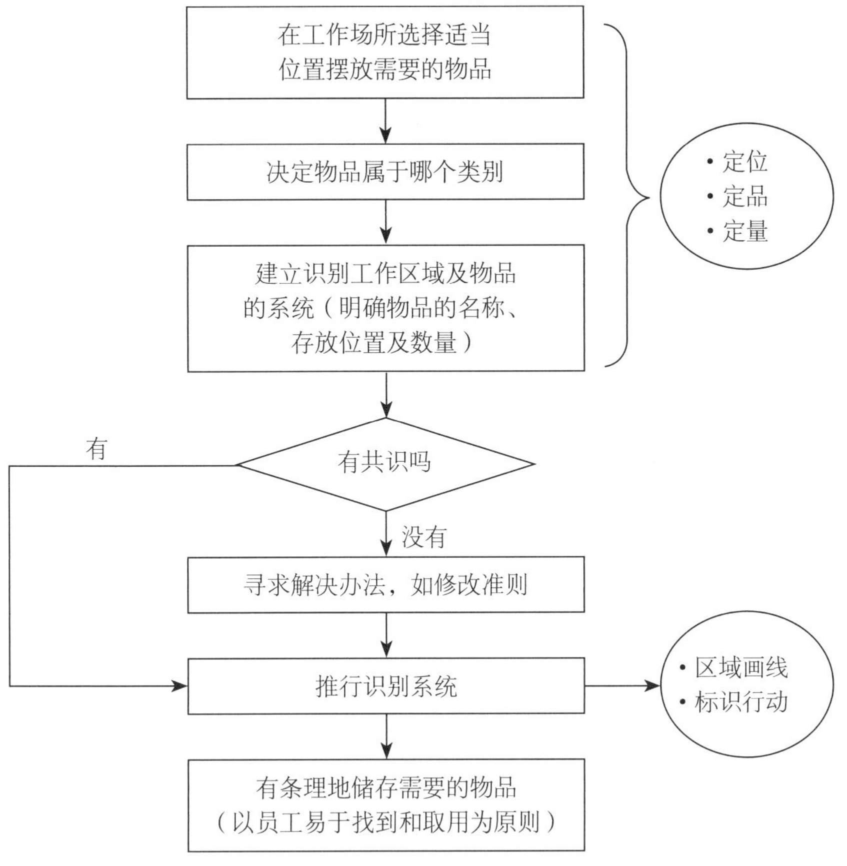

图 6-2 整顿的执行流程

6.3 整顿的关键在“三定”

整顿的关键在“三定”——定位（何处，场所标识）、定品（何物，品目标识）、定量（多少，数量标识）。“三定”的具体方法之一是实施看板作战。

6.3.1 定位

1. 定位的要点

定位的要点如下。

（1）该定位的地方要有区域标识和编号标识。

（2）区域标识可用英文字母（如 A、B、C）或数字（如 1、2、3）表示（见图 6-3）。编号标识用数字表示较理想，最好由上而下排序。

图 6-3　区域标识

2. 定位的原则

物品定位须遵循两个原则：一是位置要固定，二是根据物品的使用频率和使用的便利性确定物品的放置场所，具体如图 6-4 所示。

图 6-4　设备、桌台都有固定的位置

3. 定位的类别

根据物品的特点，定位主要分为以下几种。

（1）设备和作业台的定位。设备和作业台通常被固定在指定位置，除非特殊情况或需要进行区域再规划，原则上物品与位置的关系是固定的（见图 6-5）。

图 6-5 生产流水线及员工位置都固定下来

（2）工具、夹具、量具、文件等的定位。生产过程中经常使用的这些物品通常被存放在各式各样的柜、台、架等固定位置，使用时可以从其存放处取出，使用完毕后再放回原处（见图 6-6）。

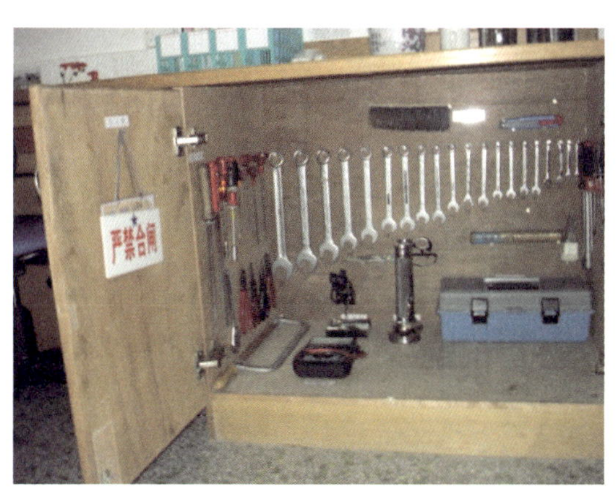

图 6-6 工具放在柜子中的固定位置

（3）原材料、半成品、成品的定位。这些物品在生产过程中是流动的，没有固定的存放位置。为了明确这些流动物品在每一工序的存放位置，必须在工序附近指定存放区域（见图 6-7）。

图 6-7　原材料、半成品、成品的定位

（4）票据、样品等的定位。一些使用频率很低但确需保管的重要物品，如财务票据、实物样品等，可放在固定场所或仓库的一角。

6.3.2　定品

定品的目的是让所有人甚至新员工一眼就能看出哪个地方放的是什么物品，具体如图6-8所示。定品的要点如下。

（1）物品品目标识：要标明放置的物品的类别，取下即可具备看板的功能。

（2）棚架品目标识：要标明放置的物品是什么，要能轻易地变换位置。

图 6-8　材料的品种、颜色标识

6.3.3　定量

定量的目的是保证一眼就能看出库存量有多少，不是大概数量，而是精确数量。定量的要点如下。

（1）要限制物品放置场所或棚架的大小。

（2）要明确地显示最大库存量和最小库存量（见图 6-9）。最大库存量一般使用红色标识，最小库存量一般使用黄色标识。

图 6-9 最大库存量及量小库存量标识

（3）少用数字，多用标识。

（4）不用算，看一眼就可以说出数量（见图 6-10）。

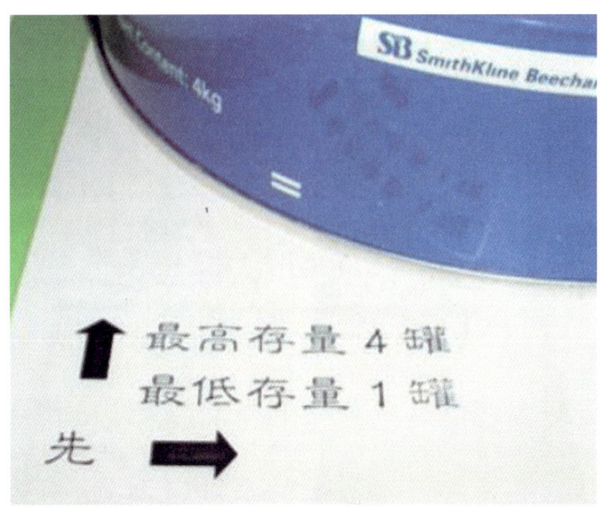

图 6-10 库存量标识

6.4 识别工作区域

识别工作区域包括两个方面的工作，一是在划定的区域画线，二是设立标识。

区域画线和设立标识的方法参见第3章中关于油漆作战和标识行动的内容。

对于画线和标识，工厂最好制定统一的标准，使各生产现场按标准规范地进行。

6.5 实施整顿

6.5.1 工具的整顿

1. 工装、夹具等频繁使用的工具的整顿

生产现场应重视并遵守“使用前能立即取得，使用后能立刻归位”的原则。

（1）考虑能否尽量减少工具的种类和数量，利用油压、磁性、卡标等代替螺丝，使用标准件，将螺丝共通化，以便可以使用同一件工具；或者想想能否改用兼容多种工具的螺母，即使主工具突然坏了，也可使用另一件工具；还可以把螺母共通化，只需使用一件工具。

（2）考虑能否将工具放在离作业场所最近的地方，避免取用和归位时过多地步行和弯腰。

（3）在取用和归位之间，要特别重视归位。需要不断地取用、归位的工具，最好吊挂或放置在双手展开的范围之内。采用插入式或吊挂式归位的工具，要尽量使插入距离最短或吊挂既方便又安全。

（4）要使工具准确归位，最好用复印图、颜色、标识、嵌入式凹模等进行定位（见图6-11）。

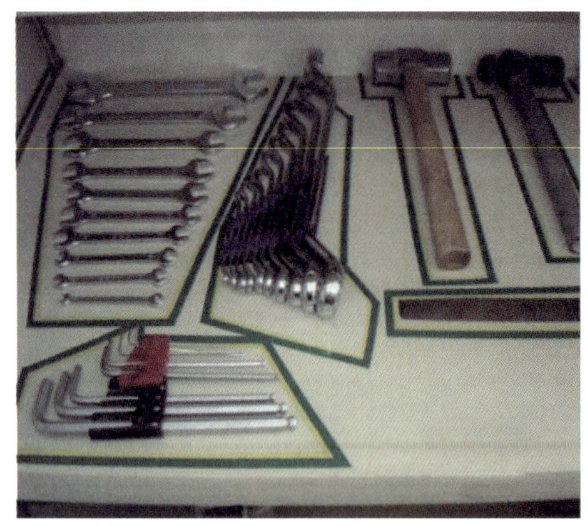

图6-11 工具的定位

2. 切削类工具的整顿

这类工具需重复使用，搬动时容易发生损坏，在整顿时应格外小心。

（1）经常使用的由个人保存，不经常使用的尽量减少数量，尽可能实现通用化。先确定必需的最少数量，再将多余的收起来集中管理。

（2）刀锋是刀具的生命，所以在存放刀具时要保证方向一致，以前后方向直放为宜。最好采用分格保管或波浪板保管，避免堆压。

（3）多支刀具可采用插孔方式存放，好像蜂巢一样，即把每支刀具分别插入与其大小相适应的孔内，这样可以保护刀锋，节省存放空间，而且不会放错位置（见图 6-12）。

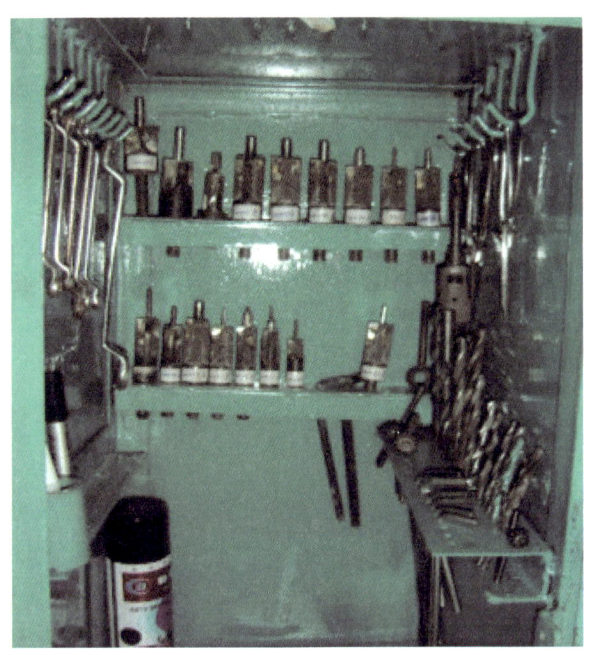

图 6-12　刀具以插孔方式存放

（4）锯片等刀具可以按类型、大小、用途等叠挂起来，然后勾画形迹，以便归位。

（5）注意防锈，在抽屉或容器底层铺上吸油的绒布。

6.5.2　设备的整顿

设备的整顿的原则是"容易清扫、操作和检修"，但最重要的还是安全。

（1）设备旁必须挂有设备操作规程、设备操作注意事项等标识（见图 6-13）。维修保养设备时应该做好相关记录。这不仅能给员工正确的操作指导，而且可以让客户对企业产生信心。

（2）设备之间的距离不宜太近，近距离摆放虽然可以节省空间，但会给清扫和检修带来麻烦，并且会相互影响操作，甚至导致意外发生。如果空间有限，就要先考虑是否整理做得不够彻底，再考虑物品是否有整顿不合理的地方以致浪费了空间。

（3）对容易相互影响操作的设备与不容易相互影响操作的设备做合理的位置调整。例如，在设备的下面加装滚轮，就可轻松地把它们推出来清扫和检修了。

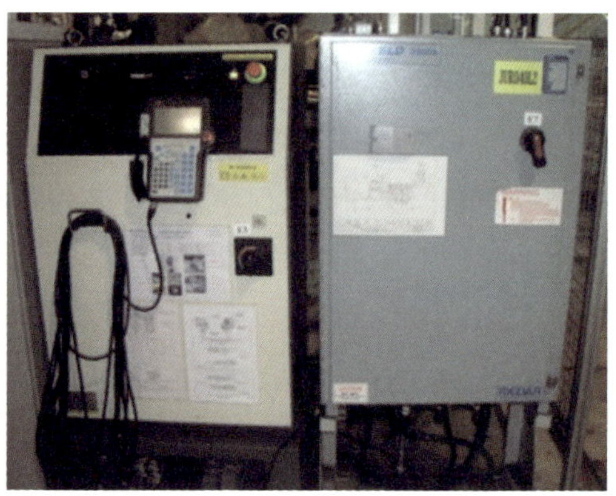

图 6-13　设备定位和标识

6.5.3　台、架的整顿

整顿台、架时应注意以下几点。

（1）减少台、架的数量。以“必需的台、架留下，其他的丢弃或加以整理”为原则，让现场不堆积过多的台、架。

（2）台、架的高度不齐时，可在下方加垫，垫至高度平齐。为台、架加装车轮，使之移动方便，并且制作能搭载作业必要物品的台车。在换模、换线或替换零件时，可对台车做整组更换。

（3）台、架等不可直接放在地面上，应置于架高的地板上，以便清扫，具体如图 6-14 所示。

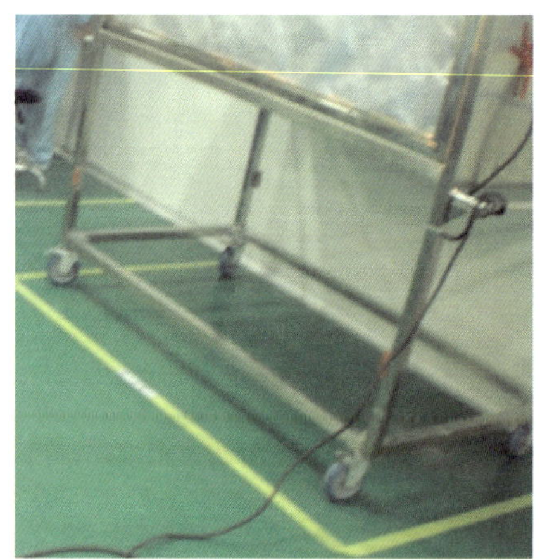

图 6-14　作业台定位和标识

6.5.4　配线、配管的整顿

在现场可能会有如蜘蛛网般的配线或杂乱无章的配管，它们可能会造成刮破、磨耗或错误甚至导致受伤或故障。要想解决这些问题，就要注意以下几点。

（1）配线、配管采取直线、直角安装，以防松脱。

（2）配线要加束套，以防止擦伤、震动。

（3）将地底下的配线全部架设在地面上并垫高脚架，给每一条线路标上名称、编号，进行颜色管理，防止造成错误。

图 6-15 所示为配线整顿前后对比。

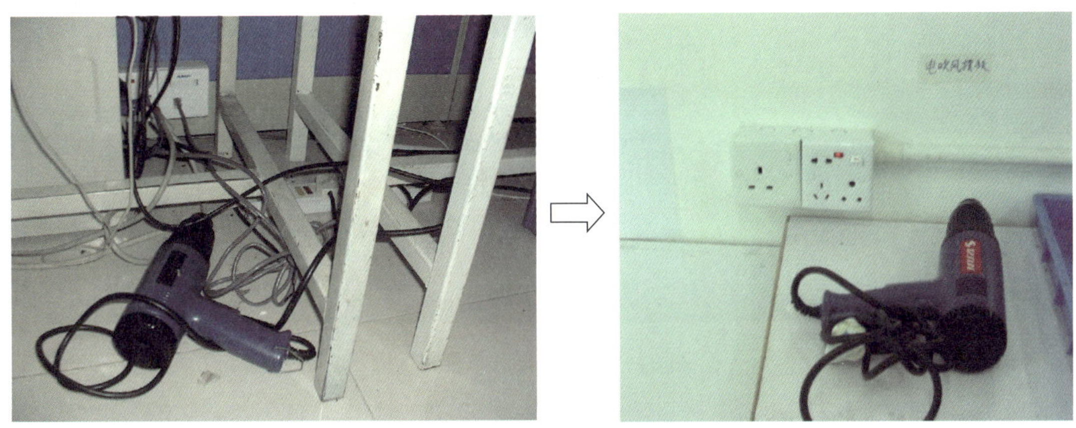

图 6-15　配线整顿前后对比

6.5.5　材料的整顿

1. 材料的整顿要点

（1）定量定位存放。先确定材料的存放位置，再决定工序交接点、生产线之间的中继点所能允许的标准存量和最高存量，设定标准存量的放置界限（如长、宽、高或占用台车数、面积）并做标识。

（2）确保先进先出。现场摆放材料的各类周转箱、台车等要保证边线相互平行或垂直于区域线，保持材料堆放整齐，以便清点及确保材料先进先出，具体如图 6-16 所示。

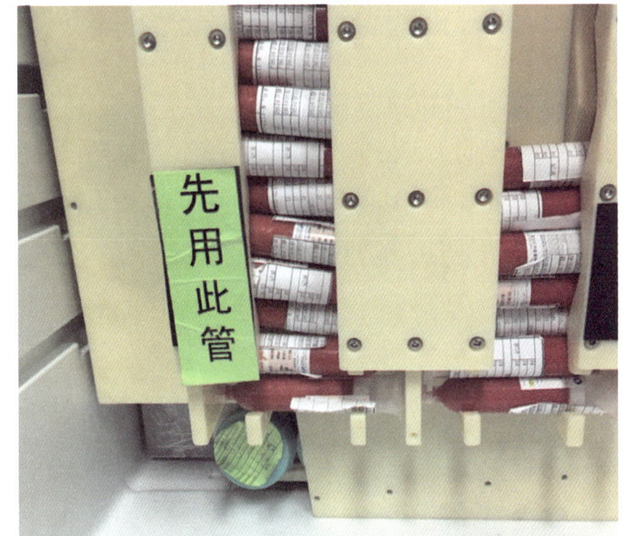

图 6-16　红胶先进先出装置

（3）搬运、储存要合理。要防止加工中搬运或装箱时发生撞击、异品混入等情况。

（4）不良品要有标识。要为不良品指定放置场所，用不同的箱装好，一般用红色箱或黄色箱，以便区分。不良品装箱宜选用小箱子，这样能较快地装满箱并搬离生产现场，具体如图 6-17 所示。

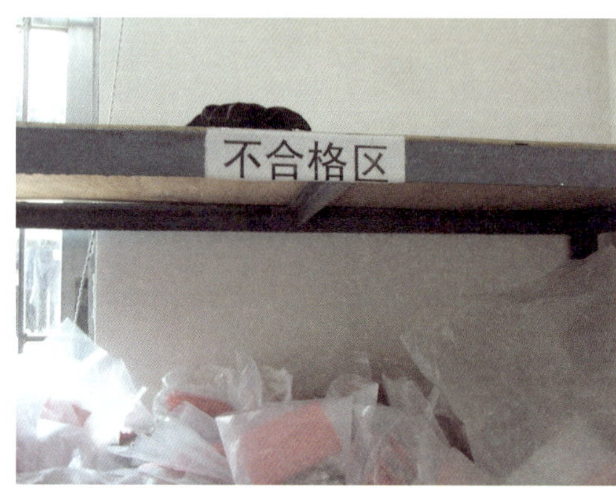

图 6-17　不合格区与废料区

2. 备品、备件的整顿要点

平常就要保持正确的状态，尤其注意脏污、伤痕、锈蚀等。

3. 油类的整顿要点

（1）尽量减少油的种类。

（2）标明油的名称及加油周期，任何人都能通过颜色或标识轻松分辨。

（3）油类最好集中保管，可在生产线附近设置加油站，确定位置、数量、容器、架子及加油规定等。

（4）依加油口的形状配备道具。

（5）考虑防火、公害、安全等问题，严格防止漏油及灰尘、异物混入。

（6）做好加油方法及延长加油周期的改善工作。

整顿后油桶的位置如图 6-18 所示。

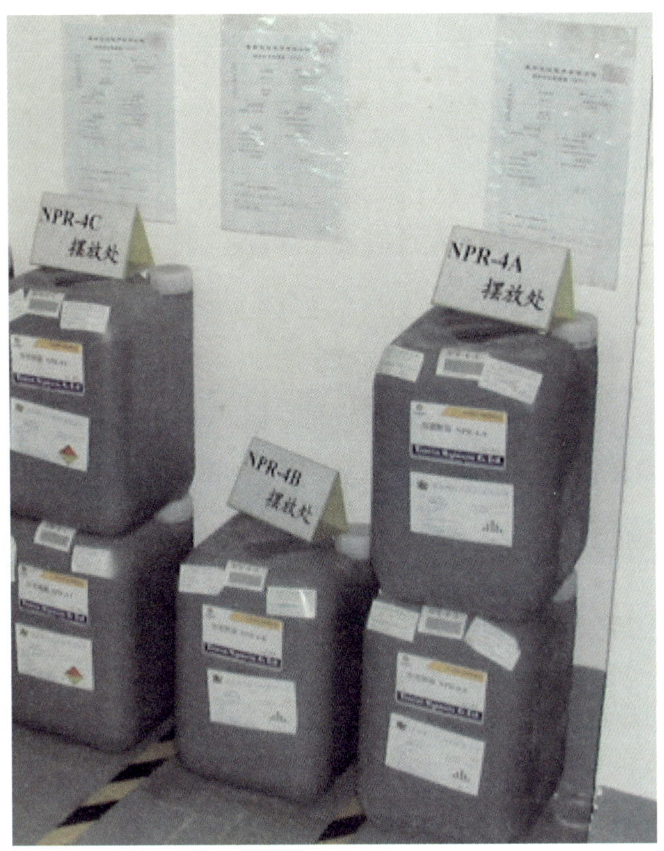

图 6-18 整顿后油桶的位置

6.5.6 清扫工具的整顿

1. 放置场所

（1）扫把、拖把一般让人感觉比较脏，不应放在明显处。

（2）清扫用具勿放在配电房或主要出入口处。

2. 放置方法

（1）长柄清扫工具如扫把、拖把等应以悬挂方式放置，下设滴水接盘，具体如图 6-19 所示。

（2）簸箕、垃圾桶等要定位放置且放平稳，具体如图 6-20 所示。

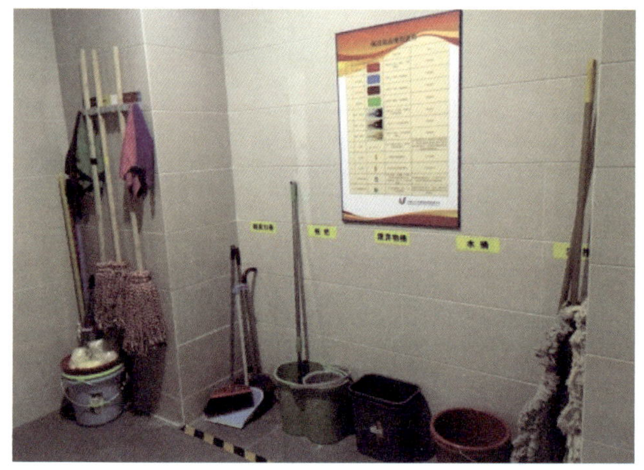

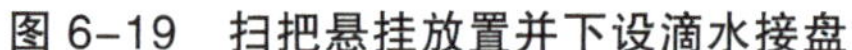

图 6-19　扫把悬挂放置并下设滴水接盘

图 6-20　清扫工具定位

6.5.7　消耗品的整顿

为了防止消耗品到处散落，可用较小的盒子将其装好，但不要装满。存放消耗品时一定要加封盖，不要混入其他物品。

弹簧等容易纠缠在一起的物品、垫圈等不易抓取的物品及金属轴承等严禁出现破损、变形。这类小型物品应以模组成套方式存放，以便拿取。

电气胶带、电线等物品的摆放也应以便于拿取为原则。

作业台物料整顿前后对比如图 6-21 所示。

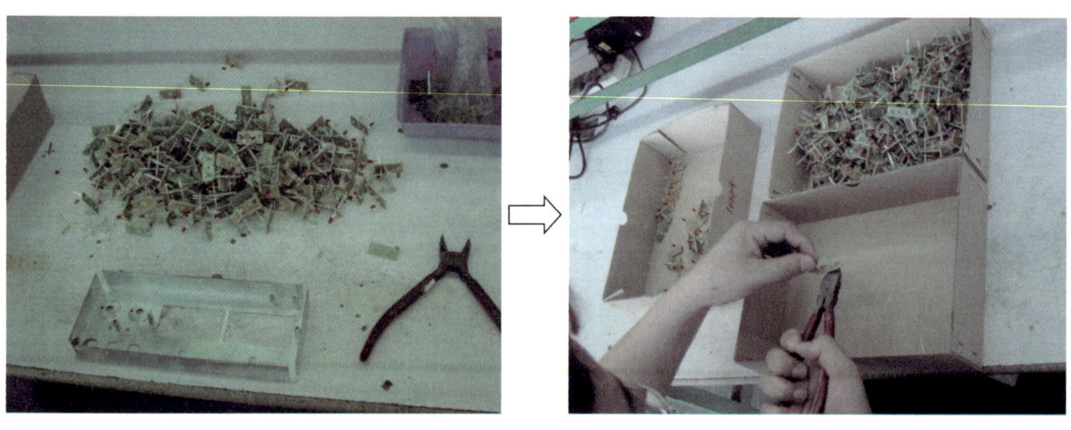

图 6-21　作业台物料整顿前后对比

6.5.8　危险品的整顿

1. 危险品的存放

危险品一定要存放在固定区域并按照危险品存放标准存放，具体如图 6-22 所示。例如，某些化学品必须存放在阴凉的地方，不能与其他物品一起存放，相关要求必须事先了解清楚。

图 6-22 化学品容器及定位标识

2. 张贴说明、标语等

化学品存放处应张贴使用规定、使用方法或注意事项等，附近应设置相关的救护设施并张贴警示标语。

3. 化学品标识

化学品标识应该注明化学品的类型、名称、危险情况及安全措施等。

4. 穿戴防护用品

使用有毒、有害、有腐蚀性、有刺激性的化学品时必须穿防护衣、戴手套。万一不慎沾及身体，应立即清洗，如感到不适，须马上就医。

6.5.9 在制品的整顿

在生产现场，除了设备和材料，在制品是占据生产用地最多的物品，因此也是生产现场整顿的主要对象。整顿在制品时应注意以下问题。

（1）严格规定在制品的存放数量和存放位置。确定工序交接点、生产线之间的中继点所能允许的在制品标准存量和最高存量，设定标准存量的放置界限（如占据的台车数或面积等），并且设置清晰的标识。

（2）在制品堆放整齐，保证先进先出。在生产现场堆放的在制品，包括相关的各类载具、搬运车、栈板等（见图 6-23），要始终保持堆放整齐，边线相互平行或垂直于主通道，这样既能使现场整洁美观，又便于随时清点，确保在制品先进先出。

（3）合理搬运。放置垫板（见图 6-24）或容器时应考虑搬运的方便，尽量利用传送带或有轮子的容器搬运。

（4）存放和移动在制品时要慎防碰坏刮损，应使用缓冲材料防止碰撞。堆放时间长的要加盖防尘罩，不可将在制品直接放在地上。

（5）不良品放置场地应使用红色标识。如果随意堆放不良品，就容易发生误用，所以要让员工养成习惯，只要出现不良品，就立即将其放在指定场所。

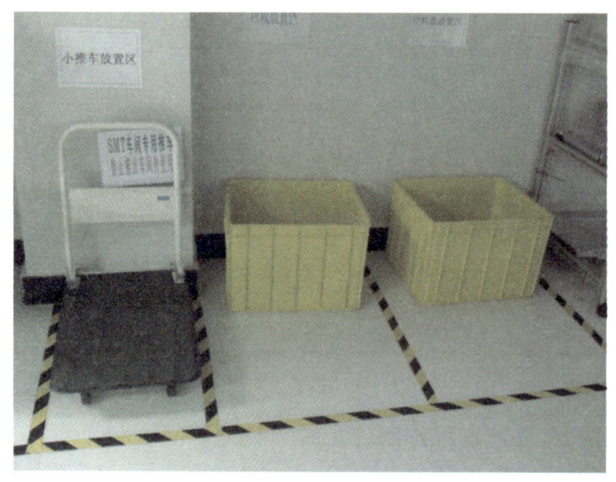

图 6-23　在制品及推车定位存放

图 6-24　垫板定位存放

6.5.10　公告物的整顿

1. 海报、公告等的整顿要点

（1）不能随处张贴海报、公告等，要在规定区域张贴。

（2）超过期限的海报、公告等不可张贴。

（3）胶带遗留的痕迹一定要擦掉。

（4）公告物上端要取一定的高度平齐张贴，这样显得整齐划一，具体如图 6-25 所示。

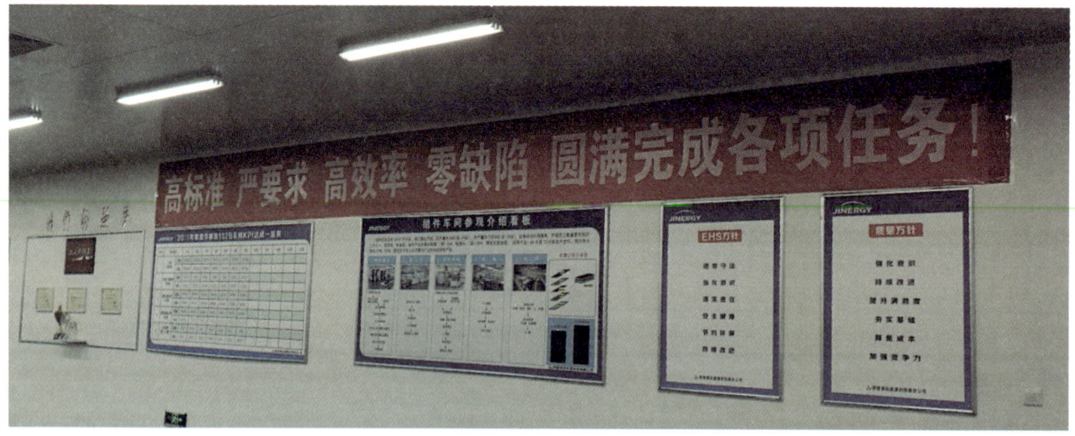

图 6-25　公告物

2. 看板的整顿要点

（1）垂吊式看板的高度要统一。

（2）要固定看板，以免被风吹动或掉落。

3. 查检表等的整顿要点

查检表、标准书、图画等必须能从通道或稍远处看到。

6.5.11　仓库的整顿

仓库的整顿以定位、定量、定容为原则。

1. 定位

（1）以分区、分架、分层为原则区分材料及成品，具体如图 6-26 所示。

（2）设置仓库总看板，使现状一目了然。

（3）做好搬运工具定位，缩短寻找时间。

（4）严格遵守仓库的门禁和发放时间。

图 6-26　仓库分区、分架、分层

2. 定量

（1）相同物品的包装方式和包装数量应尽量一致。

（2）设置标准量具。

（3）设定库存限量基准。

物品最高库存量和最低库存量的设置如图 6-27 所示。

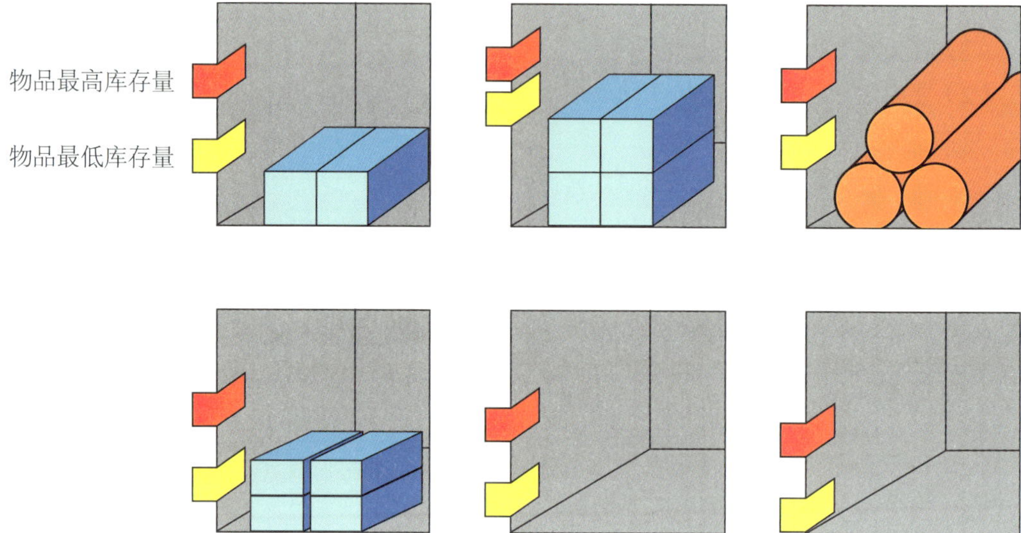

图 6-27 物品最高库存量和最低库存量的设置

3. 定容

各种材料、成品的规格不一，因此要使用不同的容器装载。对于同类物品，容器大小应尽量相同（见图 6-28）；否则，大小不一的容器不仅显得不整齐，还会造成空间浪费。此外，选择容器时必须考虑搬动是否方便。

图 6-28 标准化容器

6.5.12 办公室的整顿

1. 工作区域的整顿要点

（1）有隔间的，在门口处标明部门名称。

（2）有隔屏的，在隔屏下面标明部门名称。

（3）无隔屏的，在办公桌上设标识。

（4）办公设备应定位放置。

（5）桌垫底下放置的物品最好统一，保持整洁。

（6）长时间离位及下班时，桌面物品应归位，锁好抽屉，逐一确认后方可离开。

2. 资料档案的整顿要点

（1）整理所有资料，并且依大小进行分类。

（2）对不同类别的资料档案进行颜色管理。

（3）文件内引出纸或色纸，以便索引。

3. 看板、公告栏的整顿要点

（1）看板、公告栏要有分区标识，如“公告”“教育培训信息”“资料”等。

（2）及时更新信息。

4. 会议室、培训室的整顿要点

（1）室内物品如椅子、投影仪、笔、橡皮擦等均应定位放置。

（2）设定责任人，定期凭查核表逐一点检。

办公桌及桌上物品定位如图 6–29 和图 6–30 所示。归档文件的整顿效果如图 6–31 所示。悬挂式文件的整顿效果如图 6–32 所示。

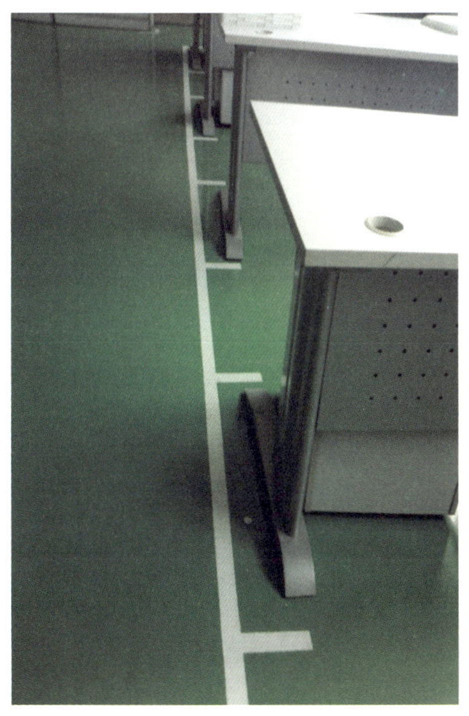

图 6–29　办公桌定位

图 6–30　桌上物品定位

图 6-31　归档文件的整顿效果

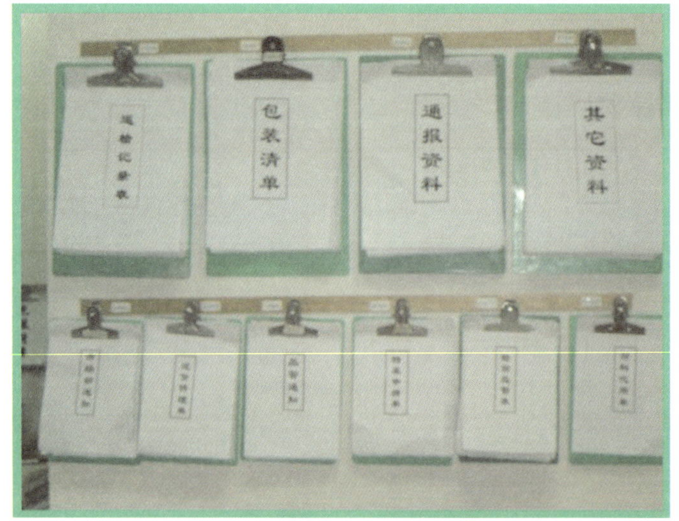

图 6-32　悬挂式文件的整顿效果

第 7 章 3S——清扫的实施

清扫是指将工作场所、设备彻底打扫干净，使工作场所保持干净、宽敞、明亮，使不足、缺点显露出来（见图 7–1），其目的是保证生产安全，防止事故，提升产品质量。

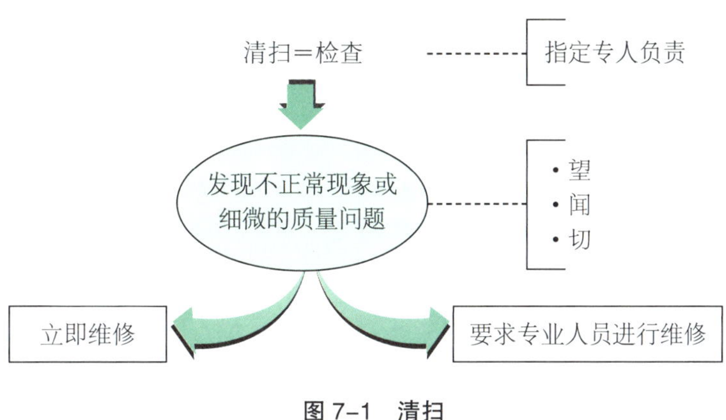

图 7–1 清扫

7.1 清扫的执行流程

清扫的执行流程如图 7–2 所示。

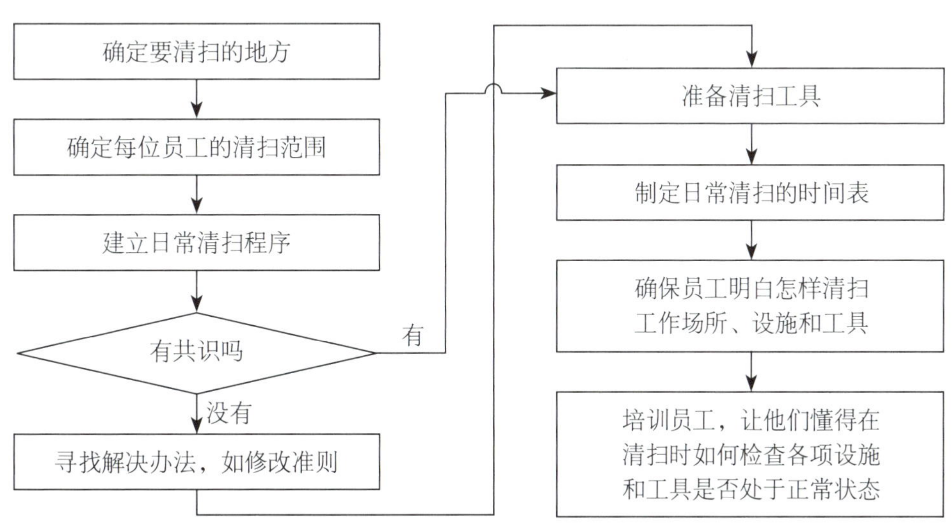

图 7–2 清扫的执行流程

7.2　确定清扫的对象

清扫的对象主要包括物品放置场所、设备、空间等。

7.2.1　物品放置场所

物品有各式各样的，其放置场所也有很多，所以在清扫之前必须了解要清扫什么。物品放置场所的清扫对象包括制品仓库、零件仓库、材料仓库、半成品放置处、零件放置处、生产线内放置处、机械工程内放置处、治具和工具棚架等。

7.2.2　设备

与设备有关的清扫对象包括机器、设备、焊具、工具、刀具、量具、模具、车辆、搬运工具、作业台、橱柜、桌子、椅子、备品等。

7.2.3　空间

空间的清扫对象包括地面、作业区、通道、墙壁、梁柱、天花板、窗户、房间、电灯等，具体如图 7-3 所示。

图 7-3　开展清扫

7.3　清扫前的准备工作

7.3.1　确定清扫责任区域与责任人

清扫前必须确定清扫责任区域、责任人、清扫频率（每天清扫或隔日清扫）并注意以下几点。

1. 清扫责任区域分配

以平面图的形式把清扫责任区域划分给各部门，再由各部门划分给个人。公共区域可采用轮流值日和门前承包的方式。具体步骤如下。

（1）绘制工作场所位置图。

（2）根据位置图划分清扫责任区域。

（3）为各个清扫责任区域分配责任人。

（4）将清扫责任区域图（见图 7-4）张贴至显眼的地方。

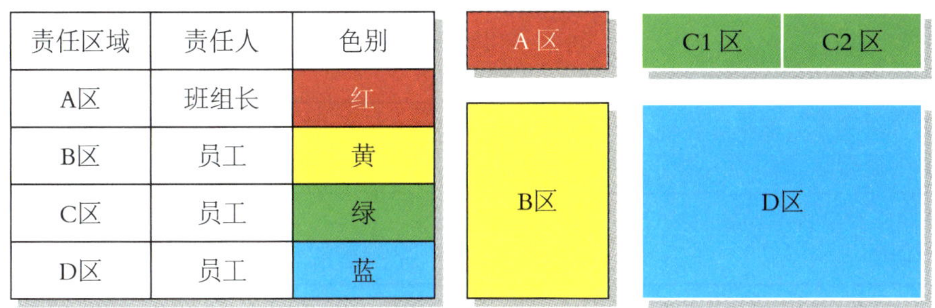

图 7-4 清扫责任区域图示例

2. 清扫责任区域描述、责任人及清扫频率安排

划分清扫责任区域并确定责任人后，还要进一步描述清扫责任区域并确定清扫频率，这样可以防止一些边界地带变成无人管理区。某工厂的清扫责任区域、责任人及清扫频率安排如表 7-1 所示。

表 7-1 某工厂的清扫责任区域、责任人及清扫频率安排

代号	责任区域	区域描述	重点	方法	责任人	清扫频率
A区 A1	11号缸至19号缸缸身、四周墙壁及窗户、地面、天花板、接口设备、大办公室玻璃及控制设备	以10号缸边沿为界，直到墙边、大办公室玻璃及墙内外自动控制全套设备	略	略	张××、李××	每天1次
A区 A2	1号缸至10号缸缸身、生产天车、加料天车、窗户、走道、地面	从1号缸至10号缸及从大门口至大办公室墙壁边沿	略	略	王××、赵××	每天1次
B区 B1	设备、周边物品、墙、窗、照明灯管架及地面	以大区交界为准	略	略	彭××	每天1次
C区 C1	2个镍缸、墙面、柱子、地面、过滤泵、窗户、照明灯	以1号镍缸与回收缸中线为界，直到外墙面	略	略	段××、杨××	每班1次
C区 C2	回收缸及上下板架、地面、柱子、整流器、风扇	从1号镍缸与回收缸中线到上下板架	略	略	罗××、柳××	每班1次
C区 C3	夹板区信道柱子、控制柜、金缸整流器及风扇	从上下板架到手动镍缸旁水沟下边	略	略	周××、毛××	每班1次

（续表）

代号	责任区域	区域描述	重点	方法	责任人	清扫频率
D区 D1	9号机周边物品、小办公室所有水沟周边的墙、风扇及天花板	以9号、10号机中线为界，其他以D区范围为准	略	略	黎××、南××	每天1次
D区 D2	10号机周边物品、地面周边柱墙、风扇及10号机对应天花板	同上	略	略	彭××、陈××	每天1次
E区	计算机控制室、小办公室	计算机控制室加小办公室的地面	略	略	唐××	每天1次
F区	车间外墙及其他未完善地方的窗户、轧辊区	以轧辊区隔离墙为界	略	略	赵××	每天1次
备注：天花板和壁扇每10天清扫1次，设备每周清扫2次，其他每天清扫1次；每次清扫必须彻底，并且做好日常维护。						

7.3.2 公共区域清扫日程化

公共区域清扫最好日程化，可采用轮流值日的方式。制定日程表的步骤如下。

（1）确定公共区域，包括会议室、休息室、厕所、图书室等。

（2）依程序逐日分配清扫任务。

（3）编制清扫值日一览表（见表7-2）并公告，责任人之间相互传阅。

表7-2 清扫值日一览表

6S区	责任人	值日检查内容
计算机区		
检查区		
计测器区		
休息区		
治具区		
不良品区		
零件规格书放置区		
文件柜及其他		
……		
说明：（1）此表的6S区由责任人每天进行维护，目的是保证清扫质量，实现清扫工作标准化； （2）下班前15分钟开始； （3）其他包括清洁器具放置柜、门窗、玻璃等。		

7.3.3 确定清扫部位、要点、重点

确定由谁执行经常性的清扫后，接下来要考虑清扫部位、要点、重点，具体如表 7-3 所示。

表 7-3 清扫部位、要点、重点

清扫部位	清扫要点	清扫重点
接触原材料（制品）的部位，影响品质的部位（如传送带、滚子面、容器、配管内、光电管、测定仪器）	有无堵塞、摩擦、磨损等	（1）清除因长年放置而堆积的灰尘、垃圾、污垢 （2）清除油脂、原材料的飞散、溢出、泄漏所造成的脏污 （3）清除涂膜卷曲、金属面锈迹
控制盘、操作盘内外	（1）有无不需要的物品、配线 （2）有无劣化部件 （3）有无螺丝松动、脱落等	略
设备驱动机械、部件（如链条、链轮、轴承、马达、风扇、变速器等）	（1）有无过热、异常声音、震动、缠绕、磨损、松动、脱落等 （2）润滑油泄漏、飞散 （3）点检润滑作业的难易度	略
仪表类（如压力、温度、浓度、电压、拉力等的指针）	（1）指针摆动 （2）指示值不正常 （3）有无管理界限 （4）点检难易度	略
配管、配线及配管附件（如电路、液体、气体等的配管、开关阀门、变压器等）	（1）有无内容、流动方向、开关状态等标识 （2）有无不需要的配管器具 （3）有无裂纹、磨损	略
设备框架、外盖、通道、立脚点	点检作业难易度（如明暗，是否阻挡、狭窄）	略
其他附属机械（如容器、搬运机械、叉车、升降机、台车等）	（1）液体或粉尘泄漏、飞散 （2）原材料投入时的飞散 （3）搬运器具点检	略
工具、夹具及工具柜、工装架等	（1）有无标识及乱摆放 （2）保管方法等	（1）规定位置以外放置的物品 （2）超出正常需求的物品 （3）应急时可替代使用的物品 （4）乱写乱画、乱摆乱放
原材料、半成品、成品（含存放架、台）	（1）有无标识及乱摆放 （2）保管方法等	略
地面（如通道、作业场地及其区划线等）	（1）有无区划线，是否模糊不清 （2）无用物品、指定物品以外的物品 （3）通行与作业的安全性	略

（续表）

清扫部位	清扫要点	清扫重点
保养时用的机器、工具（如点检或检查器械、润滑器具或材料、保管棚、备品等）	（1）放置、取用 （2）计量仪器类的脏污、精度等	略
墙壁、窗户、门	（1）脏污 （2）破损	略

7.3.4 准备清扫工具

整理后的清扫工具应放在容易取用、归位的地方。常用的清扫工具主要有以下几种。

（1）扫帚。对于切屑或粉末散落满地的现场，要先用扫帚清扫地面。

（2）拖把。主要用于擦拭地面。

（3）抹布。作业台、办公桌、机械等原则上使用抹布清扫。灰尘或尘埃多的地方使用湿抹布，需要磨光或除去油污的地方使用干抹布。

图 7-5 所示为准备好的清扫工具。

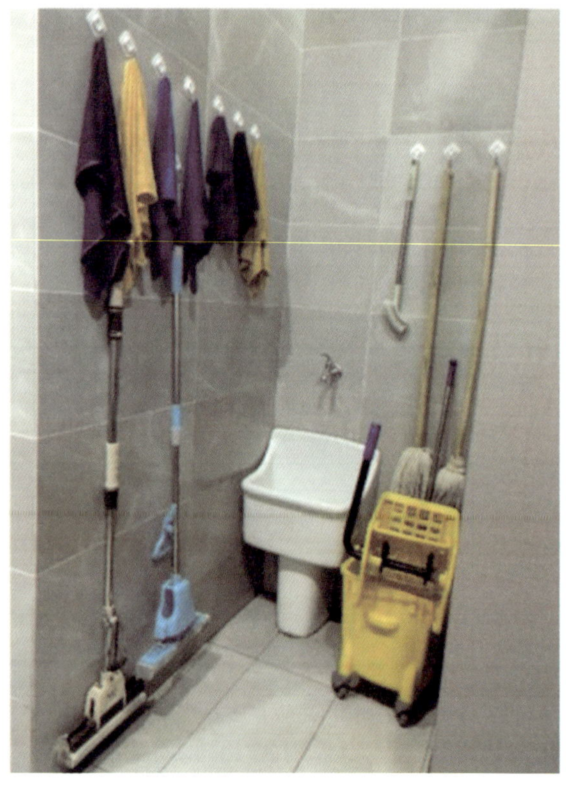

图 7-5 准备好的清扫工具

7.4 实施清扫

7.4.1 扫除工作岗位的垃圾和灰尘

6S 活动要求作业人员自己动手清扫而不是让清洁工来清扫，清除常年堆积的灰尘、污垢，不留死角，将地板、墙壁、天花板甚至灯罩里面都打扫得干干净净。在工作岗位内设置一个区域，该区域内所有看得到的和看不到的地方及所有物品都要进行清扫（见图 7-6）。清扫的目的是扫除一切垃圾和灰尘。

- 不仅要清扫设备本身，其附属、辅助设备也要清扫
- 容易发生跑、冒、滴、漏部位要重点检查
- 油管、气管、空气压缩机等看不到的内部结构要特别留心
- 核查注油口周围有无污垢和锈迹
- 表面操作部分有无磨损、污垢和异物
- 操作部分、旋转部分和螺丝连接部分有无松动和磨损

图 7-6 清扫注意事项

7.4.2 清扫、检查机器设备

工厂应把设备的清扫与检查、保养结合起来。常言道，清扫就是点检。要通过清扫把脏污、灰尘、加工原材料时剩余的东西清除。这样磨耗、瑕疵、漏油、松动、裂纹、变形等问题就会彻底地暴露出来，相关人员就可以采取合理的措施，使设备处于完好整洁的状态。

为了使操作者能胜任设备点检工作，工厂应对操作者进行专业技术及设备原理、构造、机能知识的培训教育。这项工作可由技术人员完成，并且要尽量采取轻松的形式进行。

日常点检的内容包括以下几个方面。

1. 对开关和设备控制系统进行点检

显示设备运行状态的各类仪表及控制设备运行状态的开关是确保设备正常运行的关键，日常点检时要多加注意。

（1）对各类仪表进行点检时要注意液位是否清晰、表针是否归零、指示灯是否正常工作等。

（2）对开关进行点检时要检查转换开关、行程开关、限位开关等有无灰尘、接触不良、老化损坏等现象。

（3）对机械传动部分进行点检时要注意是否有异常声音、发热、漏油、异味及螺钉松动偏移、床身震动等现象。

2. 对润滑、油压系统进行点检

（1）润滑系统的检查。对于润滑系统，按照供油门、油箱、输油管、注油点的顺序检查，具体如图 7-7 所示。

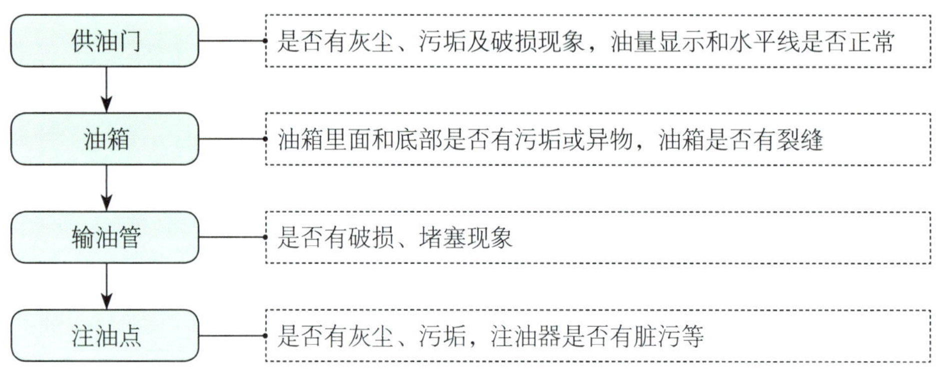

图 7-7　润滑系统的检查顺序

（2）油压系统的检查。对于油压系统，按照供油口、压力油箱、油泵、控制阀、油压缸的顺序检查，具体如图 7-8 所示。

图 7-8　油压系统的检查顺序

3. 对电气控制和空气压缩系统进行点检

（1）电气控制系统的检查。对于电气控制系统，按照控制台、限位开关、配电线、驱动系统、伺服系统的顺序检查，具体如图 7-9 所示。

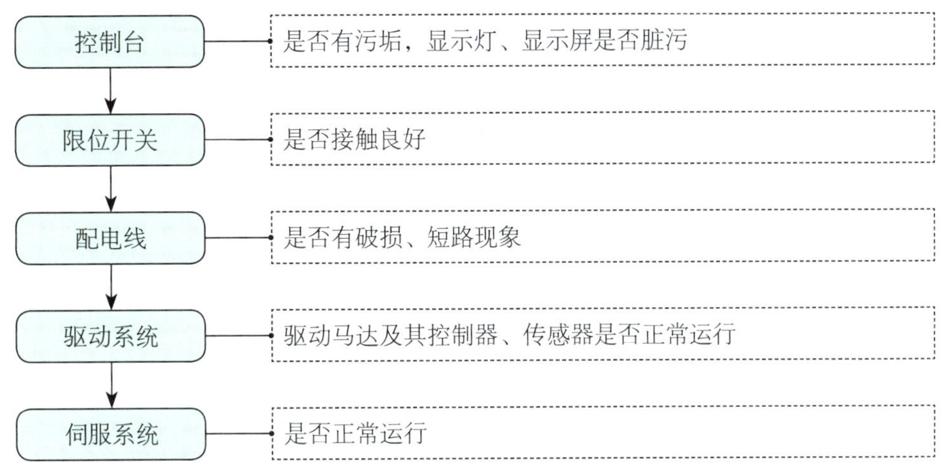

图 7-9　电气控制系统的检查顺序

（2）空气压缩系统的检查。对于空压压缩系统，按照空气过滤器、控制阀、汽缸、排气装置的顺序检查，具体如图 7-10 所示。

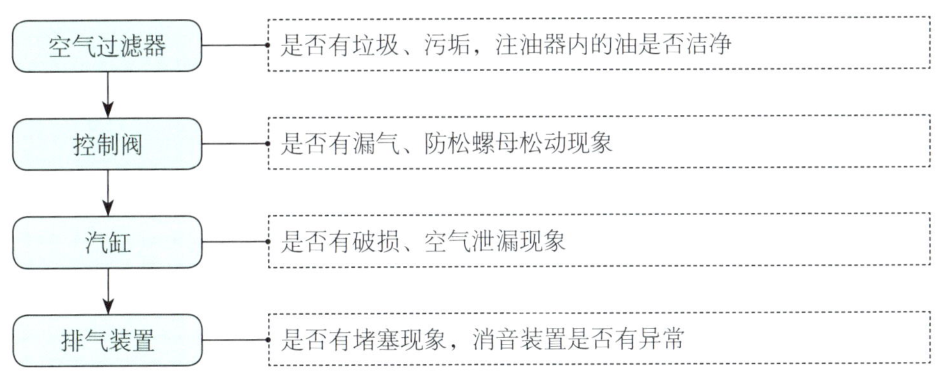

图 7-10　空气压缩系统的检查顺序

7.4.3　整修

清扫中发现的问题要及时解决。例如，地面凹凸不平，搬运的车辆行驶在上面就会使物品摇晃甚至发生碰撞，这样的地板一定要及时整修。松动的螺栓要马上紧固，补上丢失的螺丝、螺帽等配件。需防锈保护、润滑的部位要按照规定及时保养或加油。要及时更换老化的或可能破损的水、气、油等管道。防电的鞋、绝缘手套等要及时更换绝缘层；已经老化或被老鼠咬坏的导线要及时更换。只有彻底清扫，才能及时发现工作场所中的机器设备或一些不容易看到的地方需要维修或保养，从而添置必要的安全防护装置（见图 7-11）。

图 7-11　齿轮上方加防护罩

7.5　检查清扫结果

7.5.1　检查项目

清扫结束后要检查清扫结果。检查项目如下。

（1）是否清除了污染源。

（2）是否对地面、窗户等地方做了彻底的清扫和破损修补。

（3）是否对机器设备做了从里到外的清洗和打扫。

清扫部位和清扫要求都要以表格的形式固定下来，如生产部 6S 区域清扫检查表（见表 7-4）。每日按照要求进行检查，把检查结果记录下来，作为部门或员工 6S 考核的依据。

表 7-4　生产部 6S 区域清扫检查表

区域位置：　　　　　　　　　　　　　　　　　　　　　　　　　值日人员：

项目	清扫部位	清扫周期	要求	日期					
				1	2	3	4	…	31
机器设备	内外部污垢、周边环境	停机时	目视干净，手摸无积压灰尘						
			地面无明显废屑。正在生产的设备周围地面上不能有两种材料的废屑						

（续表）

项目	清扫部位	清扫周期	要求	日期					
				1	2	3	4	…	31
地面	表面	每天	保持清洁，无污垢、碎屑、积水等						
	通道		无堆放物，保持通道通畅						
	摆放物品		定位、无杂物，摆放整齐、不压线						
	清洁工具		归位摆放整齐，保持工具本身干净						
墙、天花板	墙面	每天	干净，无蜘蛛网，所挂物品无灰尘						
	消防设施		灭火器指针指在绿色区域，定期点检						
	开关、照明		部门人员清楚每一个开关所控制的设备						
			标识清楚，干净无积尘，下班时关闭电源						
	门、窗		玻璃干净、无破损，框架无积尘						
	公告栏	每周 1 次	无灰尘，内容及时更新						
	天花板	有脏污时	保持清洁，无蛛网、无剥落						
工作台、办公桌	桌面	每天	摆放整齐，无多余垫压物						
	抽屉		物品分类存放，整齐清洁，公私物品分开放置						
	座椅、文件		及时归位，文件架有分类标识						
箱、柜	表面		目视干净，手摸无尘，没有无用物品						
	内部		分类摆放，整齐、干净						
茶桌	茶杯、茶瓶		摆放整齐，茶瓶表面干净、无污渍						
	表面		保持清洁，无污垢、积水等						
工具设备	表面		不使用时归位放置，摆放整齐、稳固，无积尘、无杂物，放在设备上的物品整齐						
组长或区域负责人签字									

注：（1）每天 9：00 由值日员工确认，合格在相应栏内打“○”，不合格应立即整改；不能立即整改的，先打“△”，整改后打“√”。

（2）每天 9：00 以后，区域负责人检查确认（生产车间由组长检查确认）并在“确认”栏签字，检查情况记入“6S 个人考核记录表”。

（3）6S 推行委员会主任和副主任每天对各区进行不定时检查，对不符合项按评分表进行扣分。

（4）各区域负责人要监督自身管辖区域的 6S 状况，确保所辖区域清洁，及时制止其他部门的同事在本区域内做出不符合 6S 的行为。

7.5.2 检查方法

现场管理人员应该如何快速检查清扫效果呢？在人多事杂的部门，如果逐道工序、逐个项目检查，既耗时又费力。这里推荐一种轻松简便的方法——白手套检查法。

1. 白手套检查法简介

检查清扫效果时，检查人员双手都戴干净的白色手套（尼龙、纯棉质地均可）。在检查相关对象之前，先向责任人展示手套是干净的，然后在检查对象的相关部位来回刮擦数次，再次向责任人展示手套，由责任人自己判定清扫结果是否良好。如果手套有明显脏污，就说明清扫工作没有做到位，反之则说明清扫符合要求，具体如图 7-12 所示。

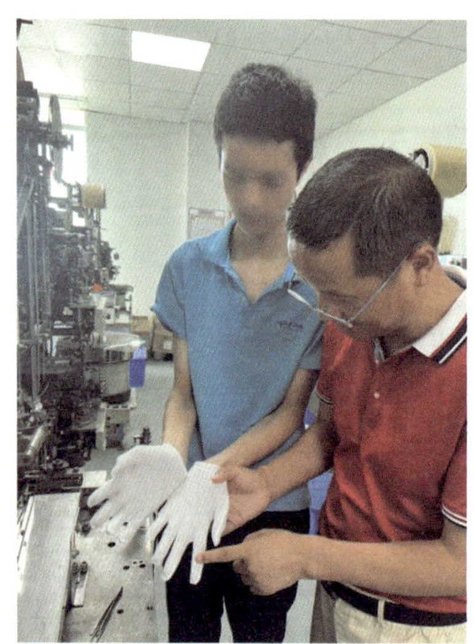
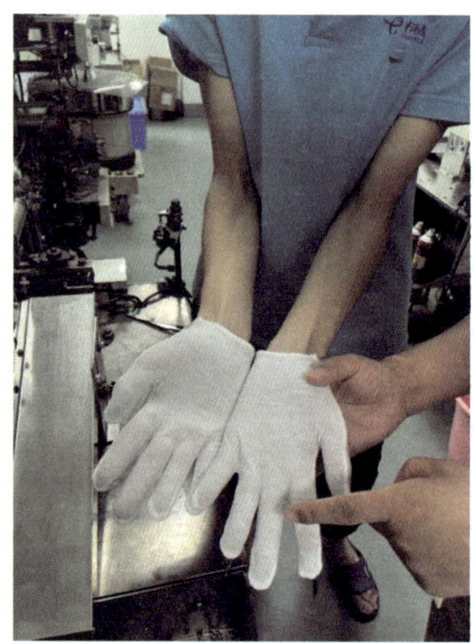

图 7-12 白手套检查法

这种方法简单明了，反映的结果客观、公正，具有极强的可操作性。在绝大多数情况下，当事人都乐于接受手套所反映的结果，不会产生抵触情绪。检查结束后，当事人都会积极配合改善。

2. 注意事项

运用白手套检查法时要注意以下事项。

（1）多准备几双手套。对于长流水线的工序，只用一双白手套往往是不够的。擦脏的手套要另外摆放，事后要及时清洗，这本身也是清扫的一部分。

（2）每次只用 1 根手指的正面或背面检查。如果每次都用手掌面检查，手套肯定不够用，但是分开 10 根手指的话就不同了：10 根手指的正反面，加上手掌面和手背面，一双手套就能检查 22 道工序。如果将手指与工序一一对应，只要看一下最终结果，就知道哪些工序有问题。

（3）可将白纸、白布切成小块后刮擦。检查有油脂、油墨的工序时，手套接触油脂、油墨后就会报废，因此要改用白纸、白布之类的东西进行检查。

（4）让当事人自己判定。绝大多数作业人员都有不愿输给他人的心理，管理人员只要把 10 根手指一亮，作业人员自然就会比较自己负责的工序与前后道工序的检查结果，有比较就会有进步。

（5）擦拭部位要不断变换。如果每次检查都针对固定部位，久而久之，大家都会误以为检查只是流于形式，从而日渐松懈。个别不自觉的人甚至会趁机偷懒，只清扫每次检查的部位。

第 8 章　4S——清洁的实施

清洁是指将整理、整顿、清扫进行到底，并且将其制度化、公开化、透明化。清洁包含以下三个要素：

（1）干净；

（2）高效 ；

（3）安全。

清洁的环境如图 8-1 所示。

清洁的执行流程如图 8-2 所示。

图 8-1　清洁的环境

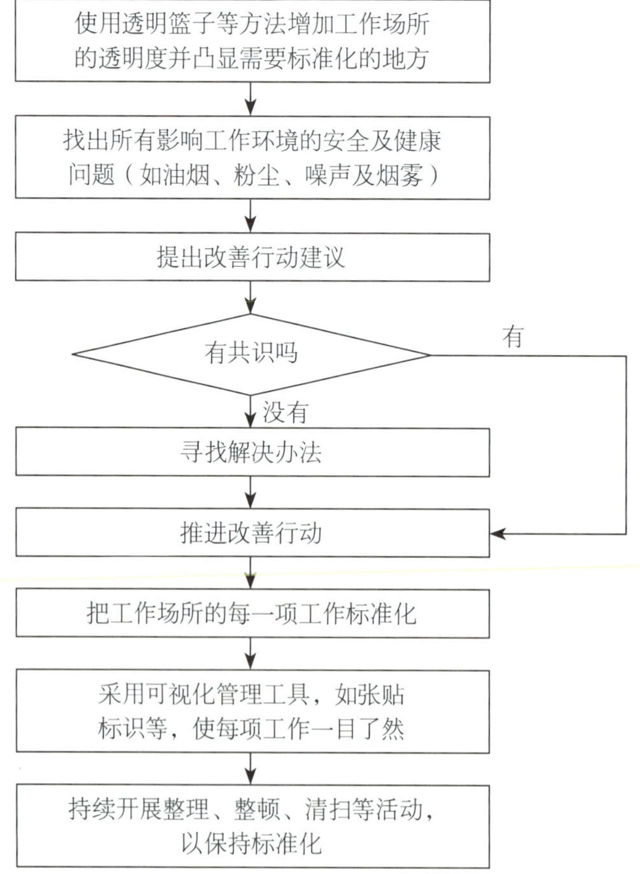

图 8-2　清洁的执行流程

8.1 3S 检查

工厂在实施清洁时要对清洁度进行检查，制定详细的检查表，以明确清洁的状态与标准。

8.1.1 3S 检查的重点

3S 检查的重点如下。

（1）周围是否有不需要的东西。

（2）工具是否可以立即使用。

（3）每天早上是否做了扫除工作。

（4）工作结束时是否做了收拾整理工作。

8.1.2 不符合项的改善

检查时如果发现不符合项，责任人一定要在发现问题处张贴红牌，将不符合项拍下来，提出改善建议，填写“3S 问题改善单”（见表 8-1）并进行跟踪，直至改善到位。

表 8-1 3S 问题改善单

责任单位：　　　　　　　　编号：

项目区分		□物料 □产品 □电气 □作业台 □机器 □地面 □墙壁 □门窗 □文件 □档案 □看板 □办公设备 □运输设备 □更衣室 □厕所
张贴红牌原因	问题现象描述	
	理由	
发出人		
改善期限		
改善责任人		
处理方案		
处理结果		
效果确认		□可（关闭） □不可（重对策） 确认人：

纸一定要用红色的，以起到警示作用

8.2 设定责任人，加强管理

责任卡一般使用较厚的卡片和较粗的字体，张贴或悬挂在责任区最显眼的地方（见图 8-3 和图 8-4）。

6S 管理区责任卡	编制人	
	日期	

打扫要求	负责区域	五金库、外购件库
■库区地面干净，无油渍、污渍，无杂物、垃圾 ■标识、标签完整、清晰，货架整洁 ■员工着装整洁 ■物品定置定位摆放整齐 ■看板外观干净无破损，数据准确、字迹清晰 ■物品分类摆放整齐，不堆放	第一负责人	
	第二责任人	
	区域范围：五金库、外购件库、冲压临时库区	

图 8-3　6S 管理区责任卡（一）

6S 管理区责任卡	编制人	
	日期	

打扫要求	负责区域	半成品区、待检区
■半成品区、待检区地面干净，无油渍、污渍，无杂物、垃圾 ■人员着装整齐，办公室卫生整洁，办公用品定置摆放 ■看板外观干净无破损，数据准确、字迹清晰 ■产品、器具分类摆放整齐，地面洁净，地标完好清晰（区域内消防器材、立柱及各角落卫生）	第一负责人	
	第二责任人	
	区域范围：半成品区，待检 1、2、3 区	

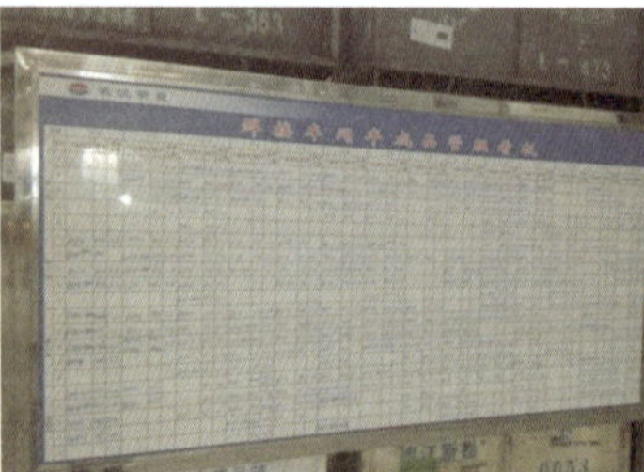

图 8-4　6S 管理区责任卡（二）

8.3 坚持实施下班前 5 分钟 3S 活动

每天下班离开工作岗位前，花 5 分钟对工作场所进行整理、整顿、清扫（见图 8-5）。无论是生产现场还是办公室，都要开展 3S 活动。

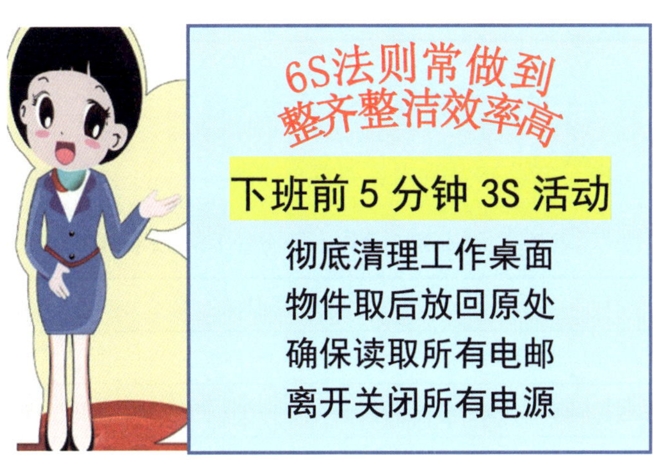

图 8-5 下班前 5 分钟 3S 活动提示

8.3.1 生产现场 5 分钟（10 分钟）3S 活动内容

生产现场 5 分钟（10 分钟）3S 活动内容如表 8-2 所示。

表 8-2 生产现场 5 分钟（10 分钟）3S 活动内容

活动	活动内容
5 分钟 3S 活动	检查着装状况和清洁度
	检查是否有物品掉落在地上，将掉落在地上的物品拾起来，如零件、产品、废料等
	用抹布擦干净仪表、设备、机器的主要部位及其他重要部位
	擦干净溅落或渗漏的水、油或其他脏污
	重新放置那些放错位置的物品
	将标识擦干净，保持字迹清晰
	确保所有工具都放在指定位置
	处理所有无用物品
10 分钟 3S 活动	完成上述 5 分钟 3S 活动
	用抹布擦干净仪表、设备机器的关键部件及其他部位
	固定可能脱落的标识

（续表）

活动	活动内容
10 分钟 3S 活动	清洁地面
	扔掉废料箱内的废料
	整理个人工具柜或文件资料、记录

8.3.2 办公室 5 分钟（10 分钟）3S 活动内容

办公室 5 分钟（10 分钟）3S 活动内容如表 8-3 所示。

表 8-3 办公室 5 分钟（10 分钟）3S 活动内容

活动	活动内容
5 分钟 3S 活动	检查着装状况和清洁度
	检查是否有物品掉落在地上，将掉落在地上的物品拾起来，如回型针、文件等
	整理并彻底清洁桌面
	检查文件存放位置，将文件放回指定位置
	处理无用物品，包括抽屉内的私人物品
	检查档案柜、书架等，将放得不恰当的物品放好
10 分钟 3S 活动	完成上述 5 分钟 3S 活动
	用抹布擦干净计算机、传真机及其他办公设备
	固定可能脱落的标识
	清洁地面
	倒垃圾
	检查电源开关、门窗、空调等是否已关闭

8.4 3S 可视化

8.4.1 透明化

在 3S 活动中，整理、整顿、清扫做得最差的地方，往往是看不到的地方，如藏在铁架或设备护盖背后的东西，此时可采用可视化管理。例如，取下护盖，实现透明化（见图 8-6）；或者在外部护盖上加装视窗，使里面的电气控制盘可见。

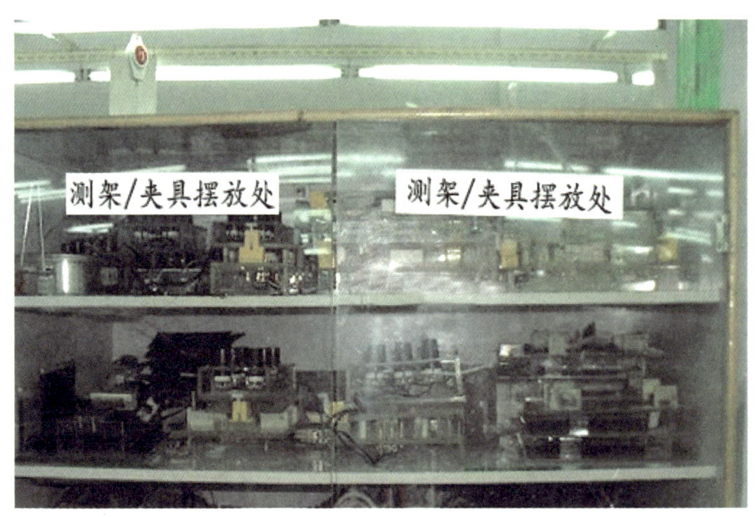

图 8-6 拆掉门并加上透明玻璃

8.4.2 状态定量化

安装各种量测仪器，实现状态定量化，并且使用不同颜色标明管理界限。一旦发生异常，便可立即了解。

8.4.3 状态可视化

在空调扇叶上绑红布条就可以了解其送风状况（见图 8-7），将配水管的一部分换成透明管道并装上浮标就可以实现水流状态的可视化。

图 8-7 空调扇叶上绑红布条

8.5 适时加强培训

3S 活动开展初期，作业人员接受的是大众化的培训，将 3S 与自身工作结合起来有时不太容易。这就要求培训人员（或管理人员）深入每一道工序，与作业人员交换意见，加强培训并优化 3S 活动，具体如图 8-8 所示。

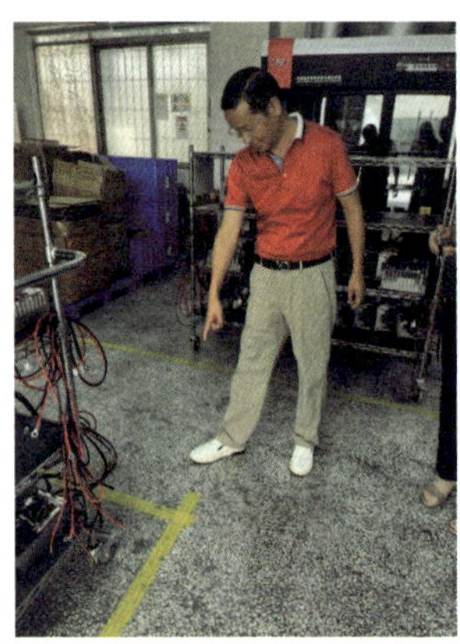
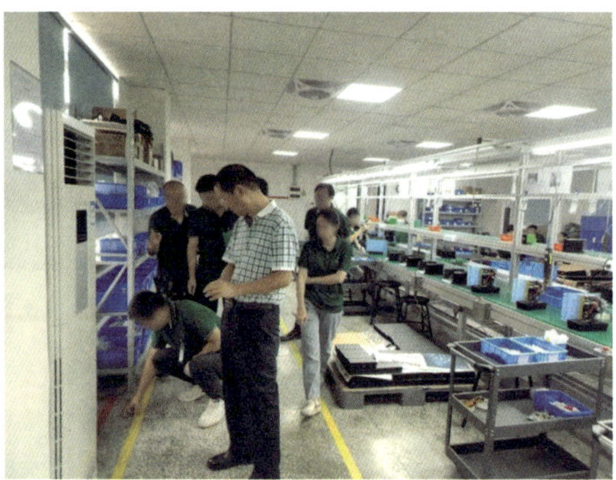

图 8-8　现场指点

8.6 3S 标准化

前面 3S 推进到一定程度，就进入了标准化的阶段。在生产现场，标准可以理解为做事情的最佳方法。

如果不将整理、整顿、清扫的程序和要求标准化，员工就只会按自己的理解去做，实施的深度就会很有限，就只能做扫地、擦灰尘、把物品摆放整齐之类的事情。

要想彻底地实施整理、整顿、清扫，就必须将 3S 活动的维持方法及异常状况的处理方法标准化，将 3S 活动维持在必要的水准，避免作业方法不正确导致实施水准不高、工作效率低下及可能对设备和人身造成伤害的安全事故。

第 9 章 5S——安全的实施

开展安全活动的目的是消除隐患、排除险情、预防事故发生，减少经济损失，保障员工的人身安全和生产的正常运行。

9.1 安全的作用

（1）让员工放心，更好地投入工作。

（2）防止安全事故，让生产更顺畅。

（3）防止伤害，减少经济损失。

（4）让员工有责任、有担当，一旦发生事故，就能迅速应对。

（5）管理更到位，让客户更信任、更放心。

图 9-1 所示为车间风险告知书。

<table>
<tr><td>风险点名称</td><td colspan="3">等离子切割作业</td><td rowspan="3">危险源或潜在事件（标准）</td><td rowspan="3">1. 擅自启动电源开工，触电危险
2. 工装放置，切割，触电危险，高温灼伤
3. 工件打磨，磨光机防护罩缺失
4. 作业后整理现场时断电，触电危险，落物伤人</td></tr>
<tr><td>风险点编号</td><td colspan="3">—</td></tr>
<tr><td>风险级别</td><td colspan="3">蓝色</td></tr>
<tr><td>当心飞溅</td><td>当心爆炸</td><td>当心中毒</td><td>当心压手</td><td>可能发生事故的类型及后果</td><td>触电、火灾</td></tr>
<tr><td>必须穿防护鞋</td><td>必须戴安全帽</td><td>必须戴防毒面具</td><td>注意通风</td><td rowspan="2">管控措施</td><td rowspan="2">1. 未检查设备，严禁开工
2. 定期对员工进行设备保养培训
3. 设备可靠接地，劳保用品符合国家标准
4. 作业前检查磨光机防护罩是否牢固，不得使用有缺口的打磨片
5. 不得随意拆除设备安全防护装置
6. 作业后及时清理现场，排除触电隐患</td></tr>
<tr><td>119 火警电话119</td><td>120 急救电话</td><td colspan="2">110 报警电话</td></tr>
<tr><td>责任单位</td><td colspan="3">壳体车间</td><td rowspan="3">应急处置措施</td><td rowspan="3">定期进行触电演练，按照《车间安全事故应急救援预案》进行处置</td></tr>
<tr><td>管控责任人</td><td colspan="3">—</td></tr>
<tr><td>检查人</td><td colspan="3">—</td></tr>
</table>

图 9-1 车间风险告知书

9.2 开展安全教育

9.2.1 安全教育的内容

安全教育的内容如表 9-1 所示。

表 9-1 安全教育的内容

安全教育的类别	安全教育的内容
知识教育	(1)了解所使用的机器设备的结构、功能、性能 (2)理解事故发生的原因 (3)学习与安全有关的法规、标准 (4)不仅理解知识，还要掌握运用的方法
解决问题的教育	(1)找出原因，解决问题。以过去或目前存在的问题为例，学习发现问题、查明原因、确认事实、采取对策的方法 (2)培养观察问题的能力
技术教育	(1)掌握作业方法和机器设备操作方法，掌握程序与重点 (2)培养适应能力，以实际操作为主进行
态度教育	(1)思想上重视并落实安全作业 (2)遵守工作场所的纪律和安全要求 (3)提高工作积极性

9.2.2 安全教育的方法

1. 反复进行

反复地讲，做给员工看，员工多看就能记住。安全教育要从各个方面开展（见图 9-2）；技术教育要直观，使员工领会并掌握关键点；做态度教育时可以多举几个例子，使每位员工在思想上接受，改变过去的认识和态度。

2. 强化印象

不能采用抽象的、概念性的教法，而要基于事实具体地教，让员工记在心里。

3. 利用五感

利用形、声、闻、味、触这五种感官教授不同的内容。

4. 理解结构和功能

通俗地教授机器设备的结构和功能，加深员工的理解。

5. 利用专栏、板报等开展安全教育

将安全教育内容以专栏、板报等形式展示出来，具体如图 9-3 所示。

图 9-2　安全生产管理培训

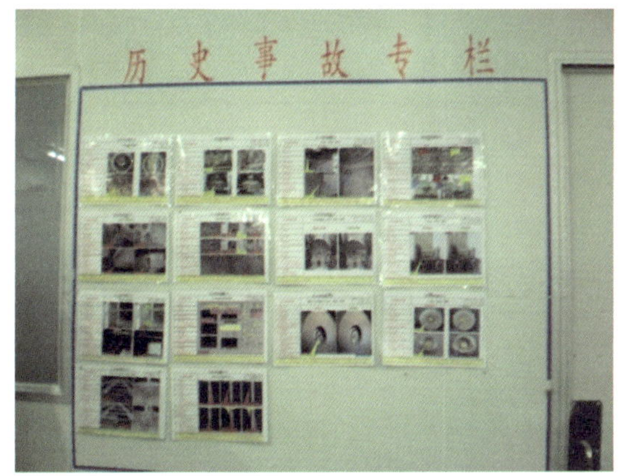

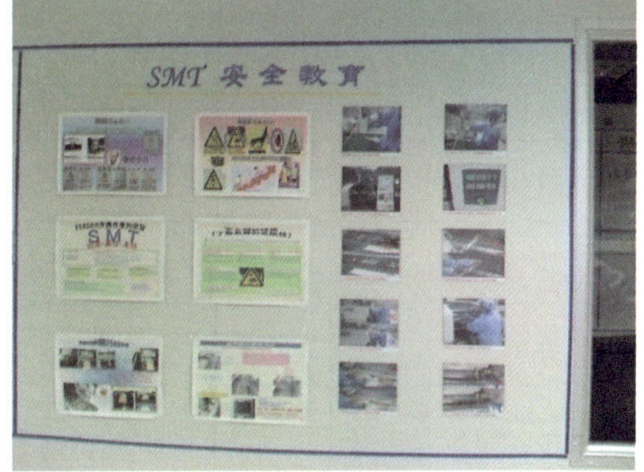

图 9-3　安全教育专栏

9.3　做好安全识别

安全识别是指利用颜色刺激人的视觉，以达到警示的目的。在工厂中发生的大部分事故都是由人为疏忽造成的，因此，有必要追究到底是什么原因导致人为疏忽及如何预防人为疏忽。其中，利用颜色是很有效的一种手段，只要把包含醒目颜色的安全警示标识张贴在需要特别注意的部位（见图 9-4），就能发挥警示作用。

图 9-4　机器设备上的安全警示标识

9.3.1　安全色

安全色的意义及使用说明如表 9-2 所示。

表 9-2　安全色的意义及使用说明

颜色	色卡	意义及使用说明
红色		红色表示禁止、停止、消防、危险
黄色		黄色表示警示。需要警示人们注意的器件、设备或环境应使用黄色
蓝色		蓝色表示指令，即必须遵守的规定
绿色		绿色表示可以通行、安全
红色和白色相间的条纹		使用红色与白色相间的条纹比单独使用红色更醒目，表示禁止通行、禁止跨越，主要用于防护栏杆和隔离墩
黄色和黑色相间的条纹		使用黄色与黑色相间的条纹比单独使用黄色更醒目，表示特别注意，主要用于起重吊钩、平板拖车排障器、低管道等。相间的条纹宽度相等，一般为 10 毫米。在较小的面积上，其宽度可适当缩小，每种颜色不应少于两条，斜度一般为 45 度。在设备上使用黄色与黑色相间的条纹时，其倾斜方向应以设备的中心线为轴，呈对称形
蓝色与白色相间的条纹		使用蓝色与白色相间的条纹比单独使用蓝色更醒目，主要用于指示方向
白色		标识中的文字、图形、符号和背景色及安全通道、一般通道上的标线使用白色。标线的宽度不小于 60 毫米
黑色		禁止、警告和公共信息标识中的文字、图形使用黑色

9.3.2 安全标识

安全标识是由安全色、边框、图形符号、文字构成的标识，用于传达特定的安全信息。安全标识可分为禁止标识、警告标识、命令标识和提示标识四大类。

1. 禁止标识

禁止标识用于禁止或制止人们做某种动作。禁止标识的基本形式是带斜杠的圆形，其常用颜色如表 9–3 所示。常见的禁止标识如图 9–5 所示。

表 9–3 禁止标识的常用颜色

部位	颜色
带斜杠的圆形	红色
图形符号	黑色
背景	白色

图 9–5 常见的禁止标识

2. 警告标识

警告标识用于提醒人们提防可能发生的危险。警告标识的基本形式是正三角形，其常用颜色如表 9–4 所示。常见的禁止标识如图 9–6 所示。

表 9–4 警告标识的常用颜色

部位	颜色
正三角形、图形符号	黑色
背景	黄色

图 9-6　常见的警告标识

3. 命令标识

命令标识用于提醒人们必须遵守规定。命令标识的基本形式是圆形，其常用颜色如表 9-5 所示。常见的命令标识如图 9-7 所示。

表 9-5　命令标识的常用颜色

部位	颜色
图形符号	白色
背景	蓝色

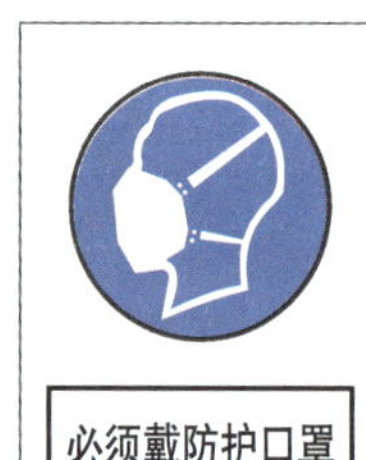

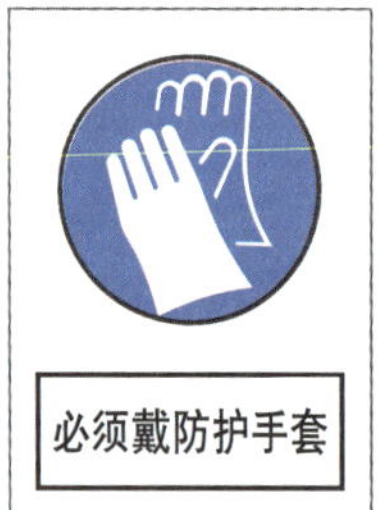

图 9-7　常见的命令标识

4. 提示标识

提示标识用于提供目标所在位置及方向信息。提示标识的基本形式是矩形，其常用颜色如表 9-6 所示。常见的提示标识如图 9-8 所示。

表 9-6　提示标识的常用颜色

部位	颜色
图形符号、文字	白色
背景	一般的提示标识使用绿色，消防设备的提示标识使用红色

图 9-8 常见的提示标识

9.3.3 补充标识

补充标识是安全标识的文字说明，必须与安全标识同时使用，其基本形式是矩形。

补充标识与安全标识同时使用时可以连在一起，也可以分开。当横写时，应位于安全标识上方；当竖写时，应位于安全标识上方。补充标识的写法如表 9-7 所示。设备上的补充标识如图 9-9 所示。

表 9-7 补充标识的写法

补充标识的写法	横写	竖写
背景颜色	· 禁止标识的补充标识用红色 · 警告标识的补充标识用白色 · 命令标识的补充标识用蓝色	白色
文字颜色	· 禁止标识的补充标识用白色 · 警告标识的补充标识用黑色 · 命令标识的补充标识用白色	黑色
字体	黑体	黑体

图 9-9 设备上的补充标识

9.4 配备劳保服装和劳保用品

劳保服装和劳保用品的作用是防止员工在工作过程中受伤或患上职业病。但在实际生产中，不少员工对此理解不够，认为劳保服装和劳保用品妨碍工作。这就要求管理者持续开展教育，严格要求员工，使之形成穿劳保服装、使用劳保用品的习惯。

9.4.1 劳保服装

一般来说，劳保服装包括表 9-8 所示的物品。

表 9-8 劳保服装

类别	说明
作业帽	作业过程中即便没有飞来的物品或掉落下来的危险物品，为了保持作业场所的纪律，也要戴作业帽
作业服	作业服要合身、轻快、清洁。作业服不仅要适应温度变化，还必须符合安全要求
鞋	鞋要轻快，便于行动，不能容易绊倒或打滑。根据作业内容或作业场所，有时需要穿安全鞋或防电鞋
手套	戴手套是为了防止手变脏、保护手指，进行有被机器卷入危险的作业时不得戴手套

图 9-10 所示为穿劳保服装作业的场景。

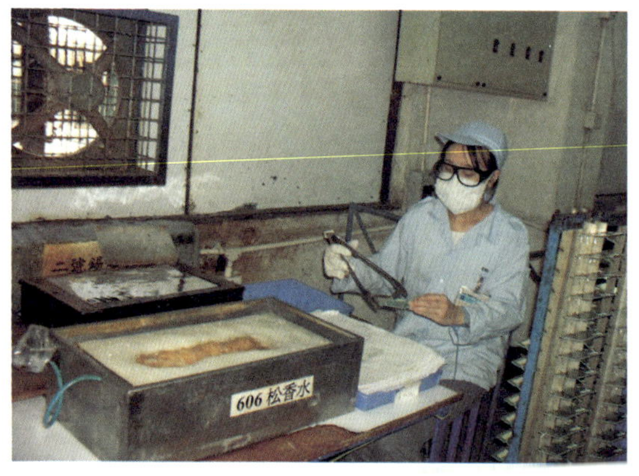

图 9-10 穿劳保服装作业的场景

9.4.2 劳保用品

劳保用品主要有安全帽、保护眼镜、防噪声耳塞、安全鞋、安全带、防尘和防毒面具、绝缘保护用具等。管理劳保用品时应注意如下事项。

（1）选用适合作业的劳保用品。

（2）定额标准要够用。

（3）指定劳保用品的管理者。

（4）明确管理（修理、检查）方法。

（5）教会员工劳保用品使用方法。

（6）向员工强调必要的劳保用品一定要用。

图 9-11 所示是使用劳保用品作业的场景。

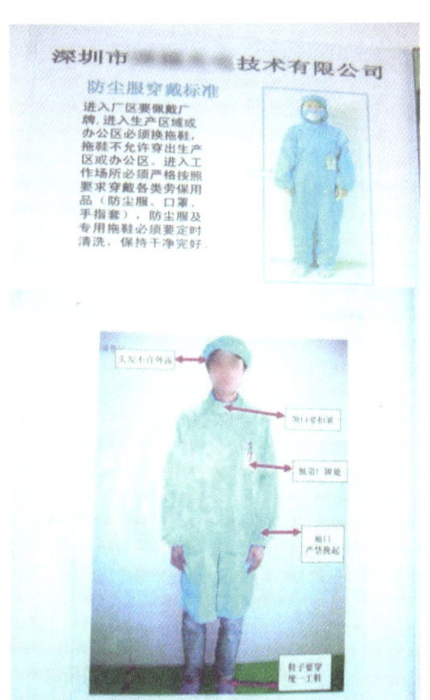

图 9-11　使用劳保用品作业的场景

工厂在选择劳保用品时，不仅要注意其防护效果，还要考虑其是否符合作业人员的生理特点、是否便于使用。在员工使用劳保用品时要加强管理和检查维护，这样才能使其发挥应有的防护效果。

9.5　确保机器设备的安全

9.5.1　机器设备的安全化

工作是人与物的结合，人可能会马虎或判断错误，因此要想法让物弥补这个缺陷。例如，作业人员的行为不安全时，机器设备可以及时防止。机器设备上的危险部位可以安装保护装置，出现身体接触等异常时，机器就会停止运行。

9.5.2　从根本上实现安全化

（1）表面上的安全性。机器设备安全的基本条件是消除表面上的危险性。

（2）强度上的安全性。考虑使用过程中的各种异常情况，在设计和制造时充分考虑保险系数。

（3）功能上的安全性。机器设备最好像防止错误装置或安全装置那样，即使操作错误或动作错误，也不至于发生大的事故，常常能转危为安。

（4）操作性。机器设备应该是作业人员能够安全、轻松操作的。

（5）维护性。机器设备需要定期拆卸、维修、检查和注油，因此其结构应具备安全、便于拆卸等特点，以便顺利完成这些作业。

9.5.3 安全装置

（1）安装可靠的安全装置。

（2）保持安全装置的有效性。

9.5.4 实现安全化的要点

（1）设备本身的安全化。可为设备安装罩或盖、围子、动力隔断装置、安全装置等，具体如图 9-12 所示。

（2）电气设备的安全化。

（3）防止爆炸和火灾的设备安全化。

（4）防止坠落事故的设备安全化。

（5）防止崩溃的设备安全化。

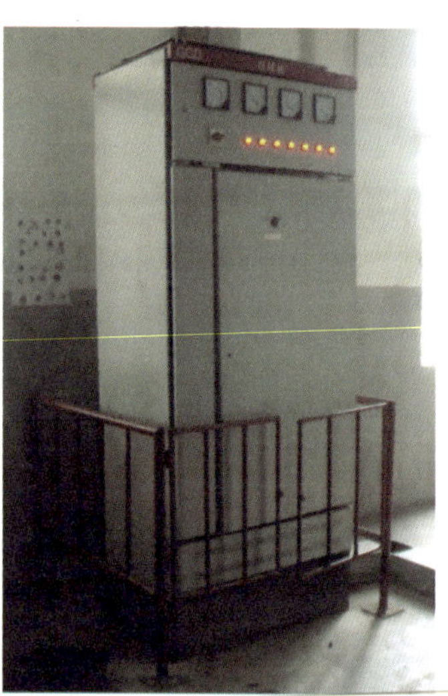

图 9-12 保障设备本身安全的装置

9.6 作业环境安全

9.6.1 创造舒适的作业环境

（1）经常通风换气。

（2）确保通道畅通。

（3）修整好地面。

（4）彻底整理、整顿。

（5）改进照明条件。

（6）改进温度条件。

9.6.2 颜色和标识

作业环境中使用的颜色（见图 9-13）应满足以下要求。

（1）使作业环境看起来舒适。

（2）可缓解眼睛疲劳。

（3）有助于作业人员集中注意力。

（4）提示危险。

（5）使整理、整顿容易开展。

图 9-13 作业环境中使用的颜色

9.6.3 灯光

（1）根据作业要求确定灯光亮度。

（2）灯光不能晃眼。

（3）光源不动摇。

（4）作业表面和非作业面的亮度不能有很大的差别。

（5）灯光颜色要符合作业性质。

9.7 消防安全

9.7.1 管理要点

（1）保持消防通道畅通。

（2）禁止在消火栓前面放置任何物品。

（3）灭火器应放在指定位置并处于可使用状态。

（4）易燃品的持有量应在允许范围内。

（5）所有消防设施应处于正常状态。

（6）空调、电梯等大型设备的开关及使用应指定专人负责或制定相关规定。

（7）电源、线路、开关应指定专人负责或制定相关规定。

（8）动火作业要采取充分的消防措施，作业完成后要确保没有遗留火种。

9.7.2 配备基本的消防设施

基本的消防设施如表 9-9 所示。

表 9-9　基本的消防设施

名称	照片
室内消火栓  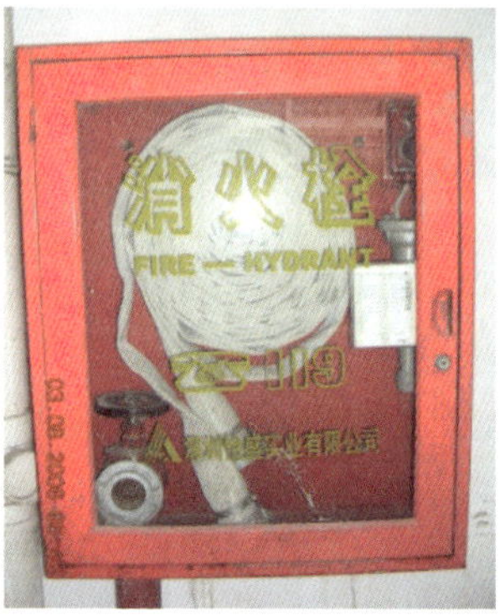	
室外消火栓（用于消防车紧急供水，任何人不得私自使用）  	
灭火器（手提式、推车式、悬挂式）  	
防毒面具、应急手电筒  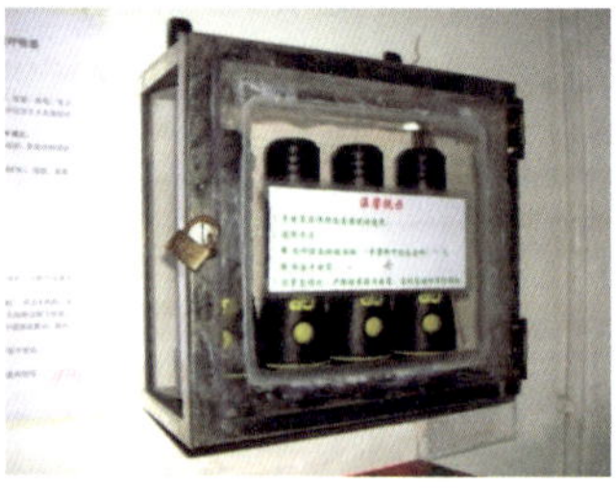	

（续表）

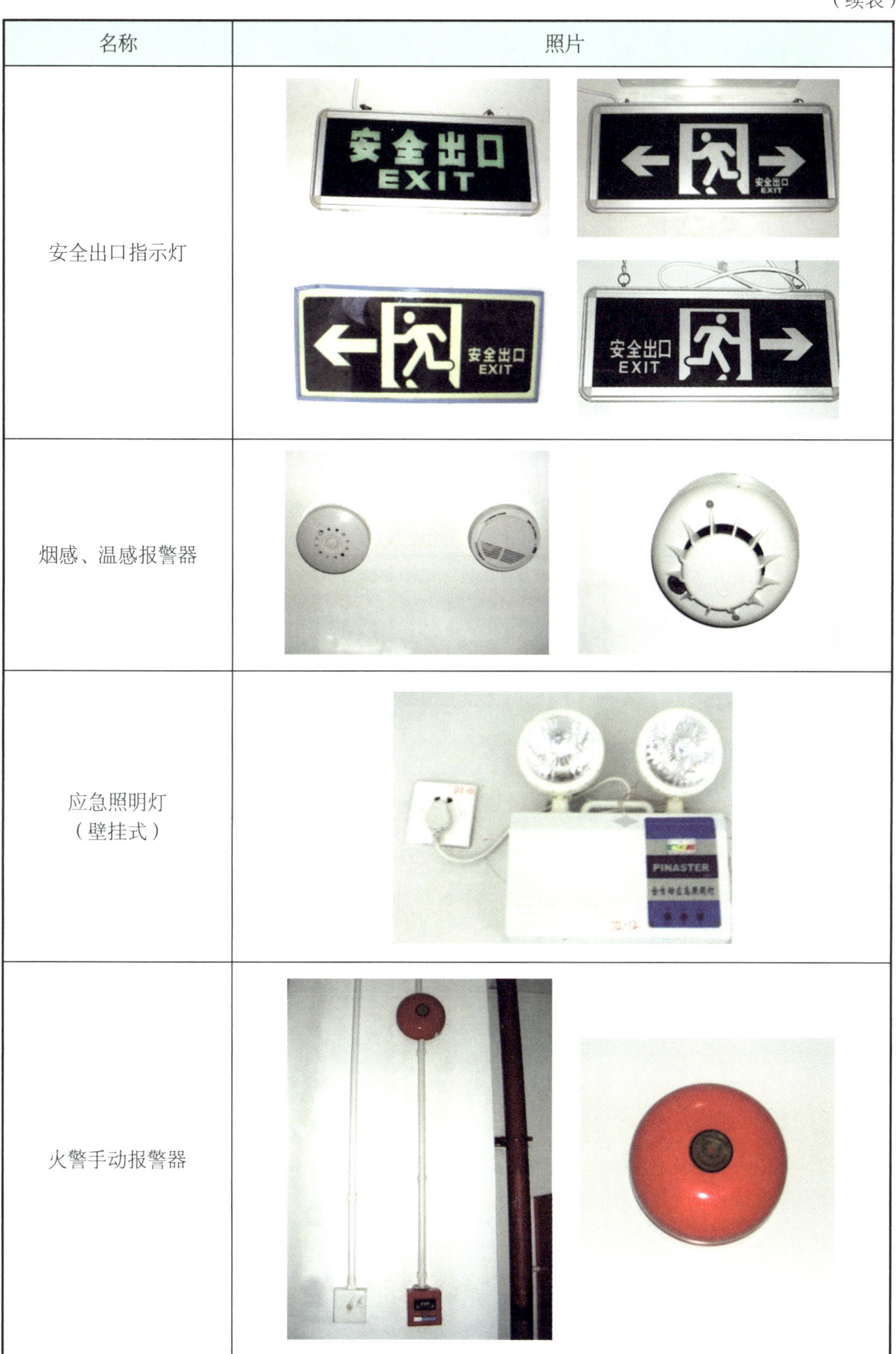

名称	照片
安全出口指示灯	
烟感、温感报警器	
应急照明灯（壁挂式）	
火警手动报警器	

（续表）

名称	照片
事故广播	 
禁止标识	 
消防服、隔热服	 
消防宣传栏	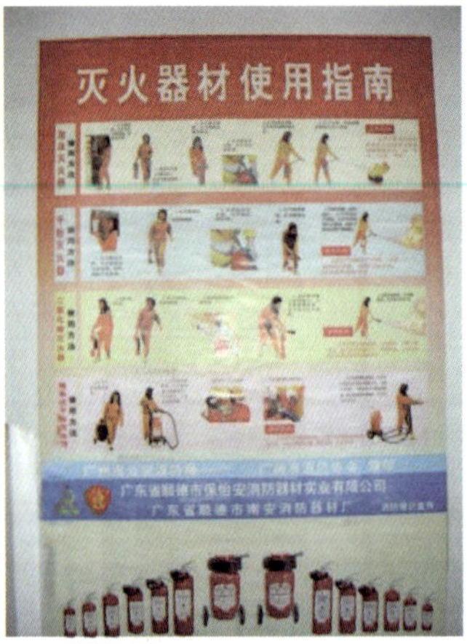 

9.7.3 对消防器材进行定位与标识

1. 定位

灭火器等消防器材要放置在固定场所（见图 9–14），这样当意外发生时，人们才能立刻找到它们。若灭火器可悬挂在墙壁上，当灭火器重量超过 18 千克时，其高度应小于 1 米；当灭火器重量在 18 千克以下时，其高度不得超过 1.5 米。

图 9–14 消防器材定位放置

2. 标识

消防器材常被其他物品遮住，这势必延误取用，因此要严格规定消防器材前面或下面禁止放置任何物品。

3. 禁区

消防器材前面的通道一定要保持畅通，这样才不会给取用造成障碍。消防器材前面一定要设置安全区并画线，具体如图 9–15 所示。

图 9–15 消防器材整顿前后对比

4. 放大的操作说明

只有在非常紧急的时候才会用到消防器材，这时人们难免慌乱，很可能忘记其使用方法。所以，最好在消防器材附近张贴一张放大的操作说明（见图 9-16），供使用者参考。

图 9-17 所示为灭火器上方张贴的放大的使用说明和火警疏散图。图 9-18 所示为消防栓操作说明。

图 9-16　灭火器箱上有灭火器操作说明

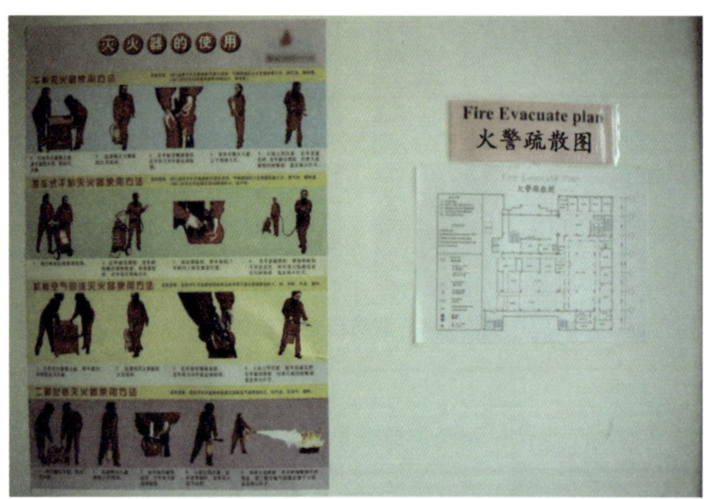

图 9-17　灭火器的上方有放大的使用说明和火警疏散图

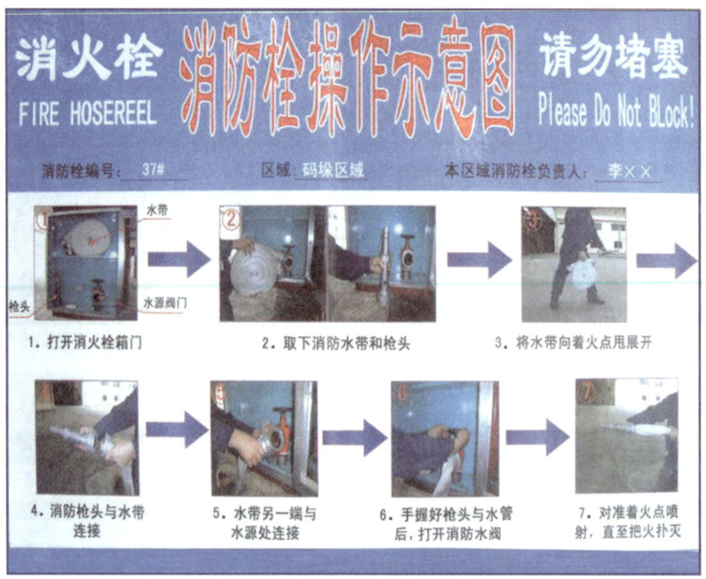

图 9-18　消防栓操作说明

5. 标明换药日期

注意灭火器内的药剂是否过了有效期，一定要按时更新，以确保灭火器的可用性。可在灭火器上标注下一次换药时间。

9.8 配备安全药箱

安全药箱最好永远不要用到，万一需要使用，不仅要分秒必争，还要让每个人都知道它放在哪里。

安全药箱上一般会有一个很明显的红十字，大家很容易就能找到它。安全药箱内一定要备有常用药物，并且要经常检查药的有效期，具体如图 9-19 所示。

图 9-19 安全药箱内备有常用药物

第 10 章　6S——素养的实施

素养是 6S 的关键。

提升素养不仅是推行 6S 的最终结果，更是企业各级管理者期待实现的最终目标。如果企业里的每一位员工都有良好的习惯，并且都能遵守规章制度，那么管理者一定会非常轻松，工作指令、现场工作纪律、各项管理工作都会很容易落实并取得成效（见图 10–1）。

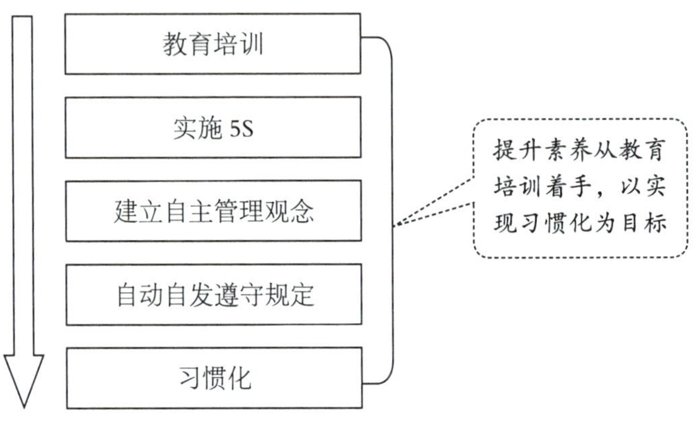

图 10–1　素养的提升

10.1　素养的执行流程

素养的执行流程如图 10–2 所示。

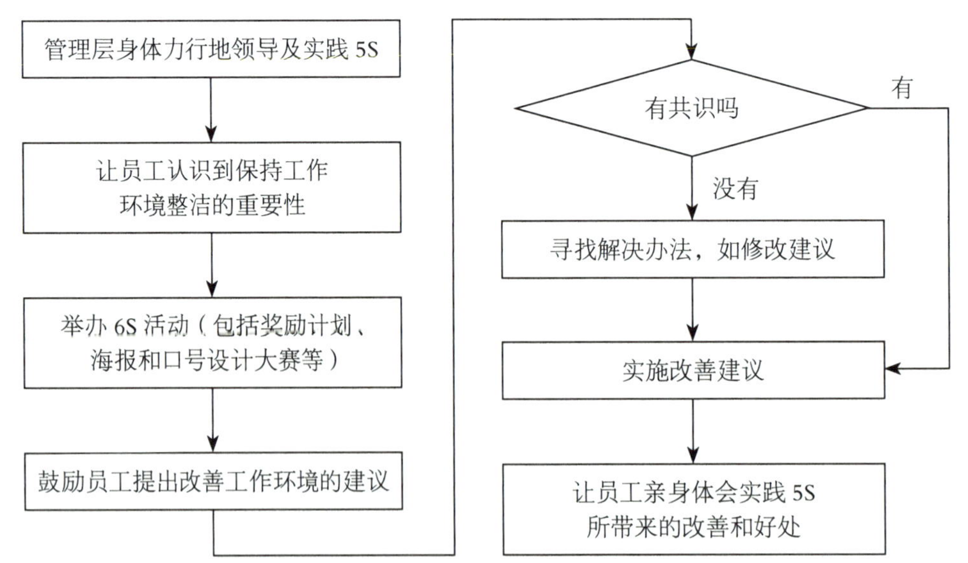

图 10–2　素养的执行流程

10.2 素养的实施方法

10.2.1 继续推行 5S

5S 是基本活动，也是手段。工厂通过 5S 使员工在无形中养成良好的习惯。通过持续实践 5S，工厂可以创造理想的作业场所。如果 5S 没有落实，那么第 6 个 S（素养）也无法达成。一般而言，5S 推行 6 ~ 8 个月即可达到“定型”的程度，但必须继续推行。另外，5S 推行一段时间之后，工厂必须进行总结。

10.2.2 建立规章制度

常见的规章制度如下。

（1）厂规、厂纪。

（2）各项现场作业标准。

（3）工序控制要点。

（4）安全卫生守则。

（5）服装仪容规定（见图 10-3）。

图 10-4 所示为 5S 信息看板。

图 10-3 服装统一

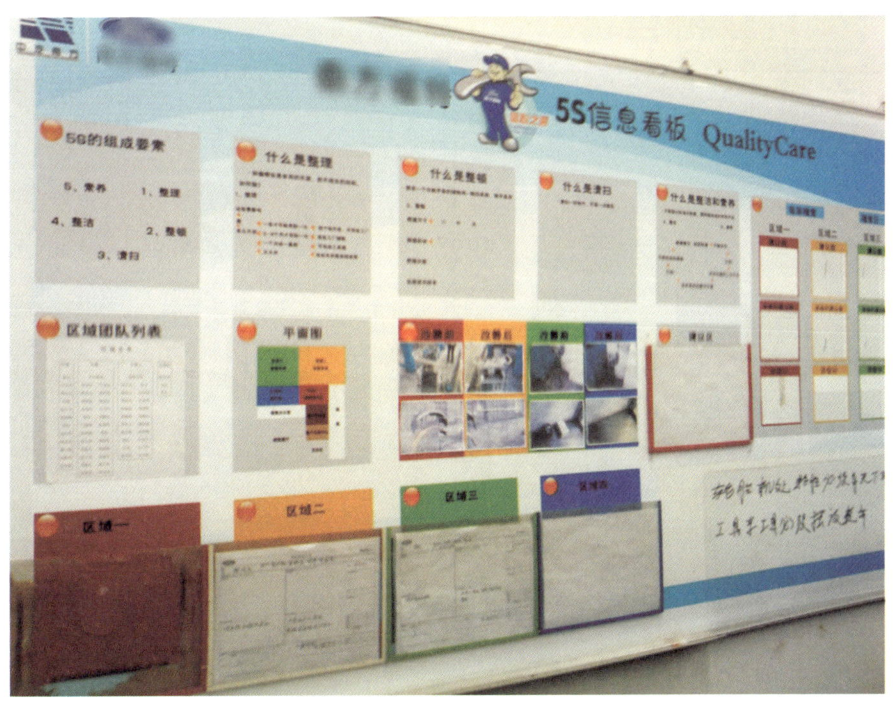

图 10-4 5S 信息看板

10.2.3　制度上墙

制度上墙的目的在于让所有人都能看到、理解并遵守制度（见图 10-5）。制度上墙不仅仅是把规章制度贴到墙上，还可以制作以下材料：

（1）管理手册；

（2）图表；

（3）标语、看板；

（4）卡片。

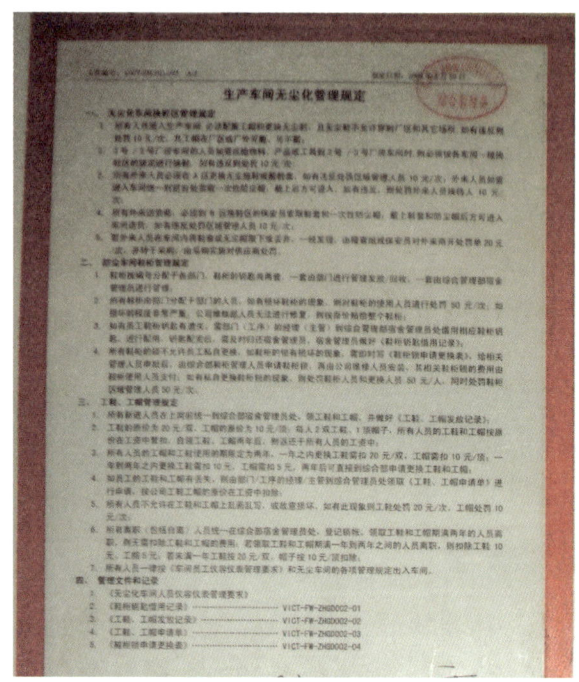
生产车间无尘化管理规定

图 10-5　制度上墙

10.2.4　实施各种教育培训

（1）对新员工进行教育培训，讲解各种规章制度。

（2）向老员工讲解新的规章制度。

（3）各部门利用早会、晚会时间进行 6S 培训。

通过各种形式的教育培训做思想动员，使员工建立正确的认识。

员工仪容仪表展示如图 10-6 所示。

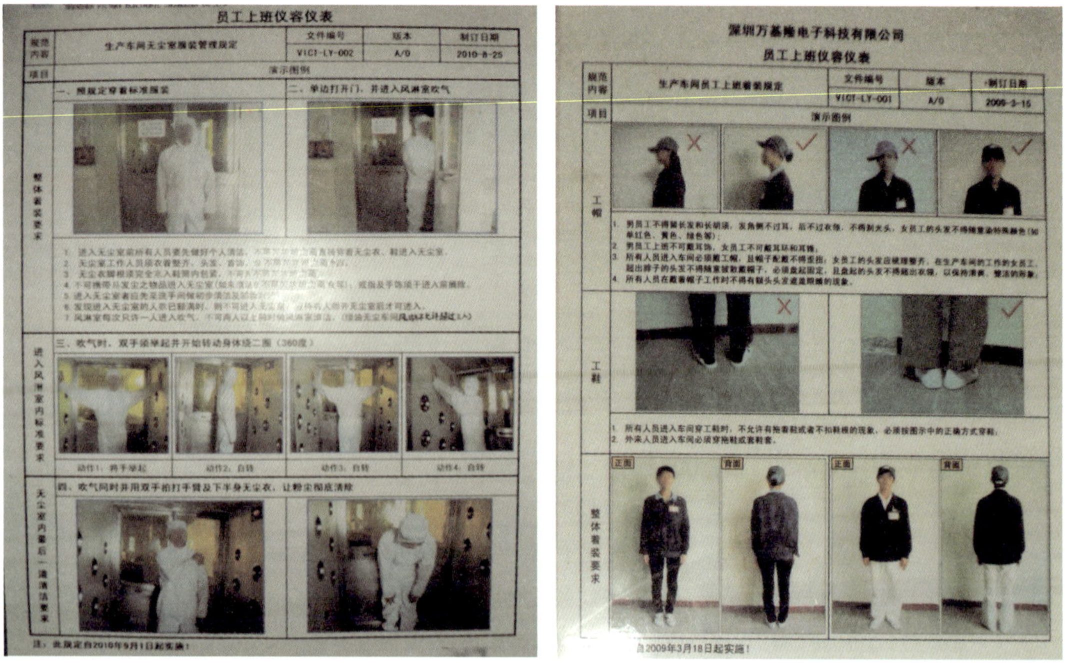

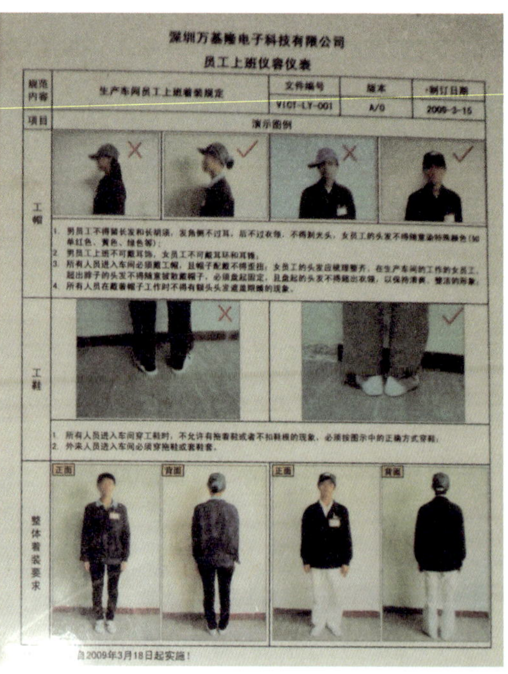

图 10-6　员工仪容仪表展示

10.2.5 及时纠正违反规章制度的行为

管理者发现下属违反规章制度时要当场予以指正，否则下属可能把错误行为延续下去。在纠正时要强调事情，不针对人。

10.2.6 跟进错误改正情况

管理者应要求被纠正者立即改正或限时改正，杜绝任何借口，如“现在正在作业，所以无法……”等；改正之后，管理者必须再次检查，直到完全改正为止。

10.2.7 开展各种形式的活动

（1）开早会、晚会。

（2）推动目标管理（见图 10-7）。

（3）开展宣传教育（见图 10-8 和图 10-9）。

（4）实施适合本工厂的自主改善活动。

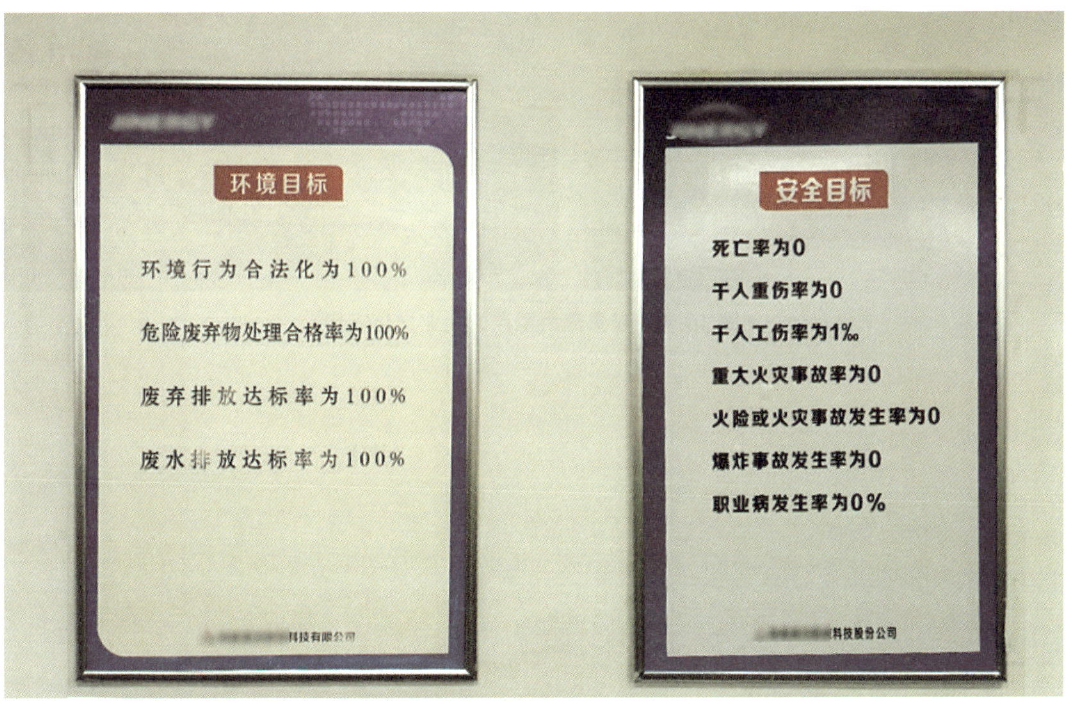

图 10-7 目标管理

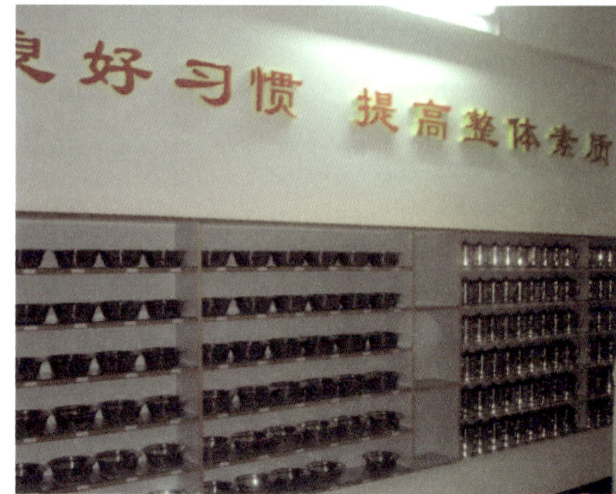

图 10-8　用标语激励员工养成良好习惯

图 10-9　以素养为重点的企业文化宣传

3 第三部分 应用篇

第 11 章　识别管理应用示例

识别管理的对象包括人员、环境、设备、物料、不合格品等，下面进行详细介绍。

11.1　人员识别

人员识别主要包括内部员工与外来人员的识别、新员工与老员工（熟练工与非熟练工）的识别（见图 11-1）、职务与资格的识别、不同岗位（工种）的识别（见图 11-2）等。例如，白色工服代表办公室人员，蓝色工服代表生产人员，红色工服代表维修人员。例如，无肩章代表普通员工，一杠代表组长，二道杠代表班长，三道杠代表主管，四道杠代表部门经理。此外，胸章、臂章、肩章、厂牌也可用于识别。例如，取得焊锡、粘接、仪器校正等特殊技能资格认证的人员要佩戴相应的“认证章”（见图 11-3）。再如，厂牌（见图 11-4）上要粘贴本人照片，标明人事编号，必要时加注部门、职务或资格等信息。

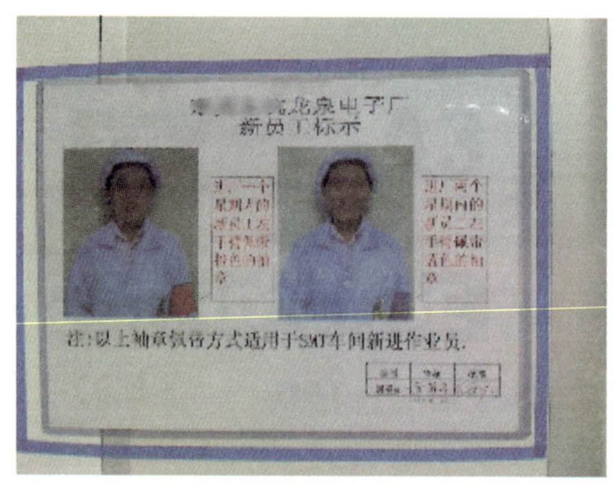

图 11-1　新员工标识

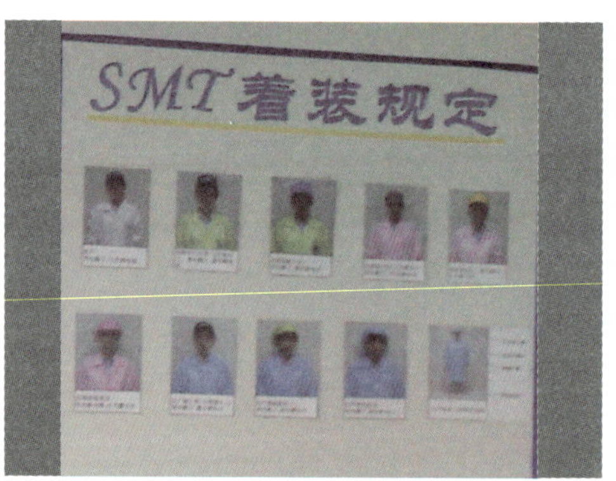

图 11-2　不同岗位有不同的着装规定

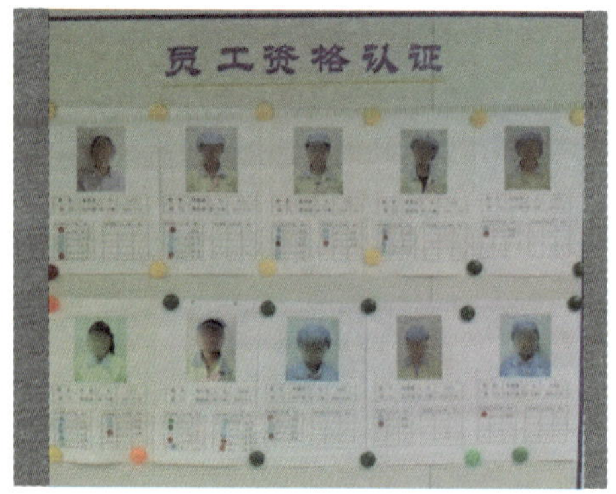

图 11-3　展示员工获得的资格认证

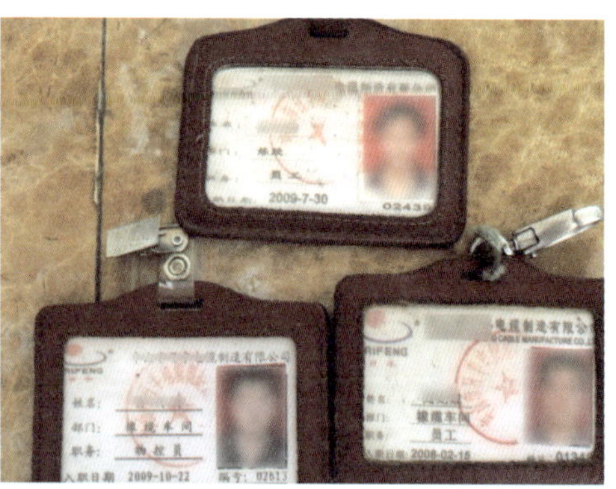

图 11-4　厂牌标明必要的个人信息

11.2　环境识别

环境识别的主要内容如下。

（1）厂区平面分布，如建筑物、通道、外运车辆、停车场、禁烟区等，具体如图 11-5 所示。

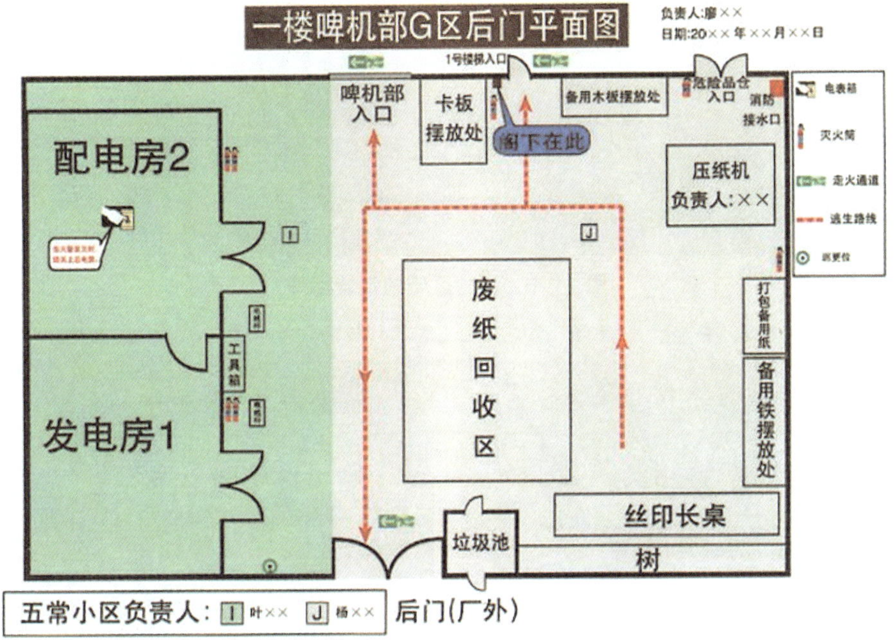

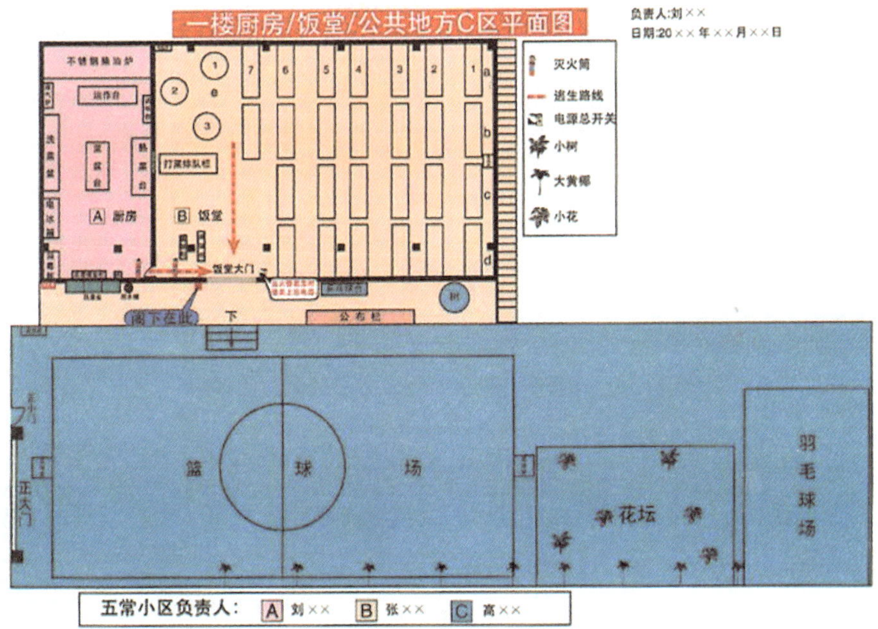

图 11-5　厂区平面图可用于明确 6S 责任区

（2）各部门所在位置，如图 11-6 至图 11-9 所示。

图 11-6　厂内区域的定置标牌

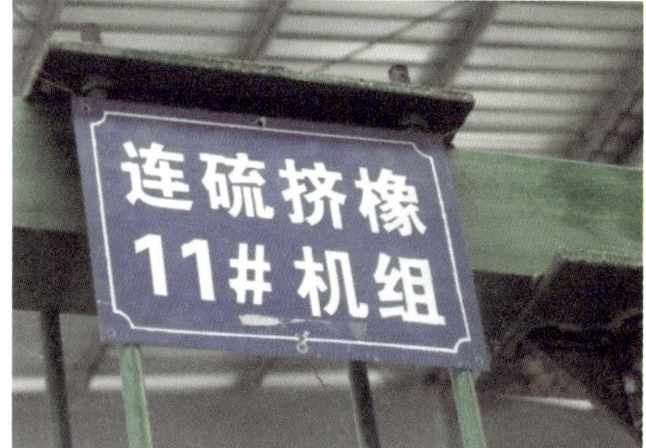

图 11-7　现场各区域做好定置并挂上标牌

图 11-8　在各部门办公室门上方悬挂醒目的标牌

图 11-9　各种门牌

（3）各种通信线路、电线、水管、气管、油管等要有相应的编号，重要的阀门应上锁并做好标识，具体如图 11-10 和图 11-11 所示。

图 11-10　各种管道都有相应的编号

图 11-11　将重要的阀门上锁并做好标识

（4）电、气、水等开关都有相应的标识，具体如图 11-12 和图 11-13 所示。

图 11-12　电、气、水开关标识

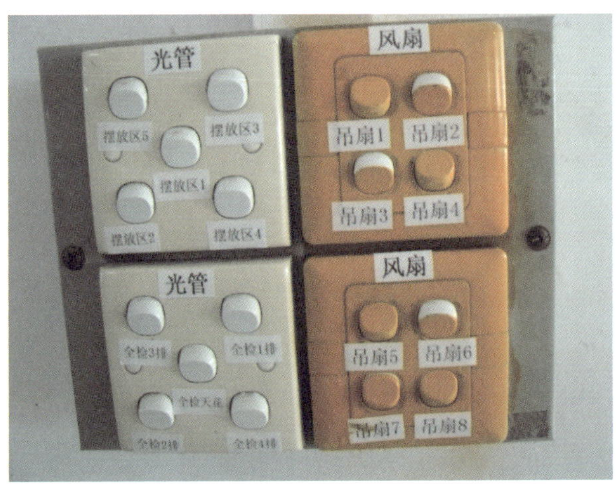

图 11-13　风扇与光管开关分别漆色并做好标识

（5）各种文件资料都有相应的编号。

11.3 设备识别

11.3.1 设备管理卡

明确设备的名称、编号、维护和保养要点、责任人、联系电话，以便发生故障时及时处理，减少损失。

（1）制作设备管理卡（见图 11–14）。

（2）设备管理卡一般长 120 毫米、宽 90 毫米，使用不干胶纸制作，单面印刷。

（3）将设备管理卡附在重要设备的正面显眼位置。

（4）“责任人”栏填写设备使用人员。

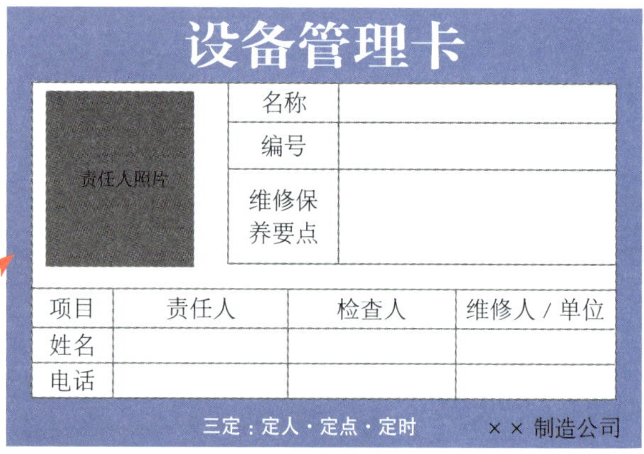

设备管理卡

责任人照片	名称	
	编号	
	维修保养要点	

项目	责任人	检查人	维修人 / 单位
姓名			
电话			

三定：定人·定点·定时　××制造公司

图 11–14　设备管理卡

11.3.2 设备备用标识

明确设备处于备用状态，预防安全事故，提高设备切换质量。

（1）制作“备用”标牌，标牌附于备用设备的醒目位置（见图 11-15）。

（2）在“确认人”栏填写确认人的姓名。

（3）在“确认日期”栏填写确认日期。

图 11-15 设备备用标识

11.3.3 封存设备标识

明确设备不运转的原因，让现场人员知道设备不运转，并且对不运转的设备进行有计划的管理，避免资产长期闲置在现场。

（1）制作封存设备现状板，将其附于设备的正面显眼位置（见图 11-16）。

（2）在封存设备现状板上详细记录设备不运转的原因及其状态。

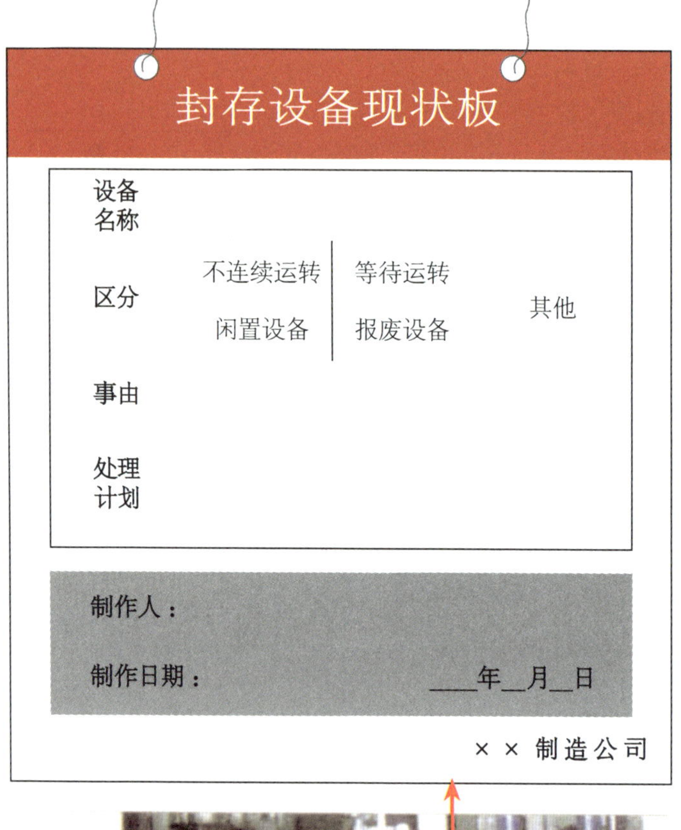

封存设备现状板

设备名称

区分　不连续运转　等待运转　其他
　　　闲置设备　　报废设备

事由

处理计划

制作人：

制作日期：　　　____年__月__日

××制造公司

图 11-16　封存设备现状板

11.3.4　设备状态标识

明确设备状态（运行或维修），预防安全事故。

（1）制作“清扫中”或“维修中”标牌，设备停止运转并进行维修及检查时必须附上标牌（见图 11-17）。

（2）检查或维修时在标牌上记录时间、检查人或维修人的姓名。

（3）标牌附于最显眼的控制面板上。

（4）检查人或维修人之外的人不可移除该标识。

图 11-17 设备状态标识

11.3.5 点检部位标识

标明需要点检的部位，确保检查准确、无遗漏。点检部位标识适用于轴承、滚轴、链条、齿轮器、传动部及其他需要定期点检的部位（劣化发生部位）。

（1）制作点检部位标签（日、周、月三种）。标签上记录的内容如下。

· a 栏：标记点检顺序的代号。

· b 栏：标记每日的点检时间、每周的点检时间、每月的点检时间。

· c 栏：标记点检部位。

（2）底色区分：每日点检的使用红色，每周点检的使用黄色，每月点检的使用绿色（见图 11-18）。

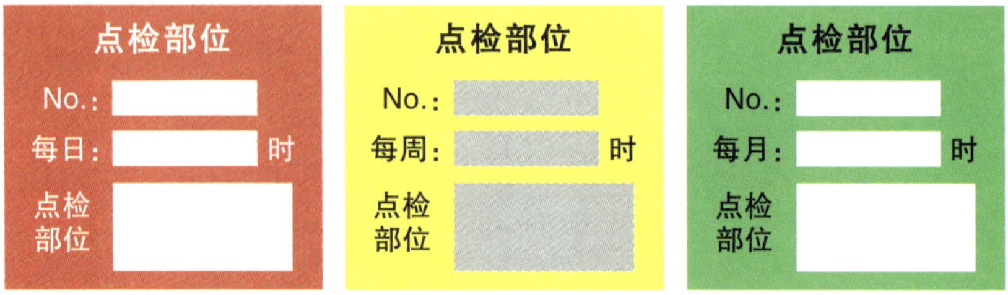

图 11-18　点检部位标识

11.3.6　注油点标识

给设备运动部位定期加注适当的油可以减少磨损，防止设备劣化，延长设备寿命。注油点标识适用于轴间、滚轴、链条、润滑装置等运动部位的注油口。

（1）制作注油点标识（日、周、月三种）。

· 每日注油的标记注油时间（如“9：30”）。

· 每周注油的标记注油日（如“每周二”）。

· 每月注油的标记注油日（如“每月 5 日”）。

（2）底色区分：每日注油的使用红色，每周注油的使用黄色，每月注油的使用绿色（见图 11-19）。

注油点标识的放置位置如图 11-20 所示。

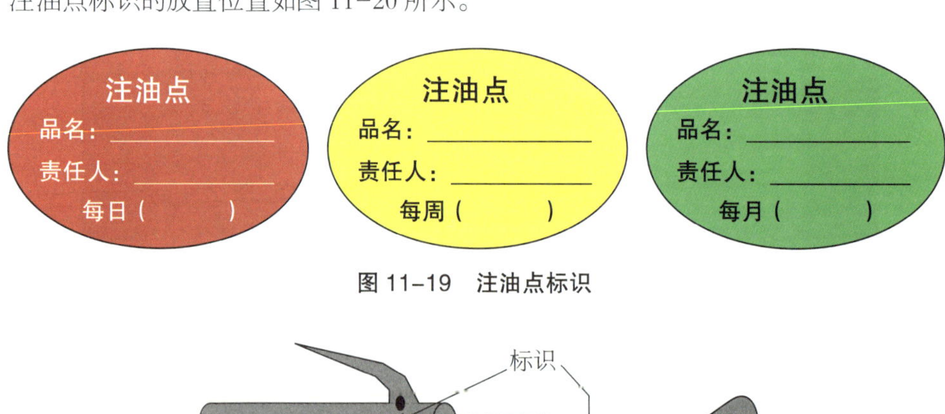

图 11-19　注油点标识

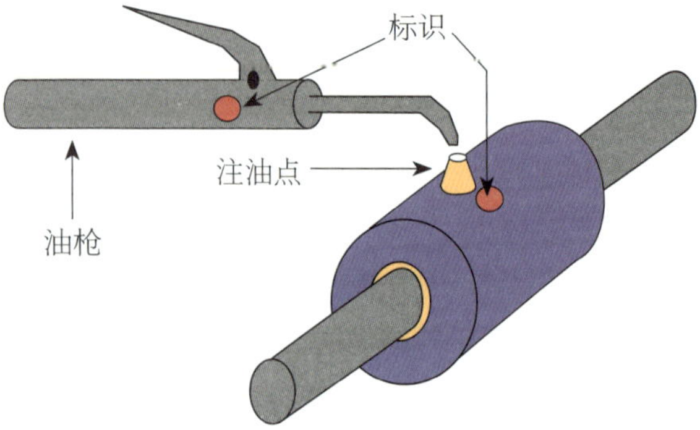

图 11-20　注油点标识的放置位置

11.4 物料识别

物料识别主要包括品名、编号、数量、来历、状态的识别，良品与不良品的识别，保管条件的识别等。

（1）在外包装或物品本身上用贴纸或卡片（见图 11-21）加以识别。例如，不良品可贴上贴纸并写上“不可使用”等字样，必要时用带箭头的贴纸标明不良之处。

（2）用装载工具识别（见图 11-22）。例如，红色、蓝色的箱子、托盒、托架、台车等只能装载不良品，只有绿色、黑色的才能装载良品。

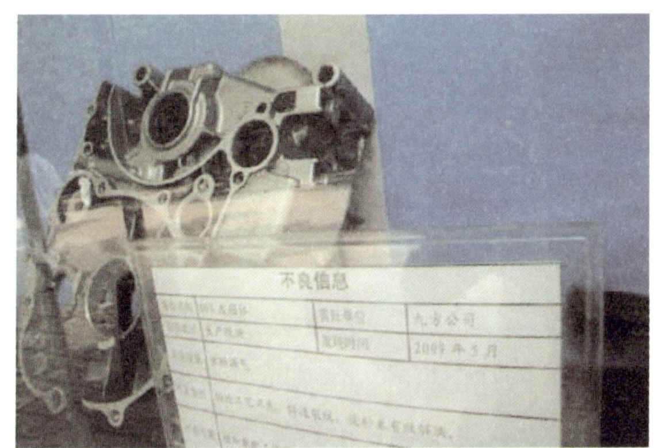

图 11-21 不良信息卡随物料一同放置

图 11-22 废料专用存放区域和容器

（3）在材料的合格证上做标记。将变更、追加信息添注在合格证上。

（4）把物料卡添加到物料上用于识别。为了防止混淆，可在物料的外包装上添加物料卡，具体如图 11-23 和图 11-24 所示。

图 11-23 物料卡随物料一起使用

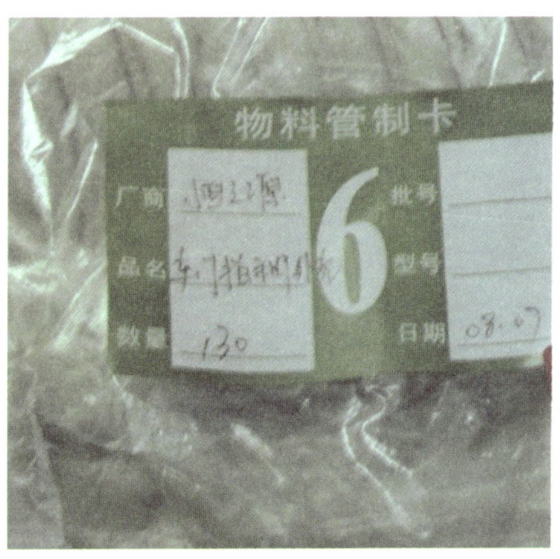

图 11-24 物料管制卡随物料一起使用

（5）分区摆放。不同原材料摆放在同一货架上时要分区摆放，通常是大的、重的放在下层，小的、轻的放在上层，每一层均要做标识，具体如图 11-25 所示。

图 11-25　各种原材料有序摆放并做好标识

11.5　不合格品识别

为了确保不合格品在生产过程中不被误用，所有的外购货品、在制品、半成品、成品及待处理的不合格品均应有品质识别标识（见图 11-26）。

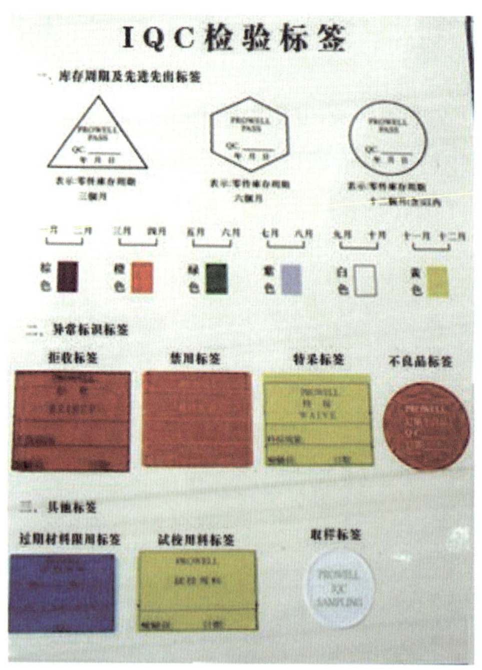

图 11-26　某工厂的 IQC 检验标签

11.5.1　标牌

标牌一般是用木板或金属片做成的小方牌。要按物品属性或处理类型将相应的标牌悬挂在物品的外包装上。根据标识需求，标牌可分为“待检”牌（见图 11-27）、“暂收”牌、“合格”牌、“不合格”牌、“待处理”牌、“冻结”牌、“退货”牌、“重检”牌、“返工”牌、“返修”牌、“报废”牌等。标牌主要适用于大型货物或成批产品的标识。

11.5.2 箱头纸

箱头纸一般为一张标签或卡片（见图 11-28）。使用箱头纸时可将物品类型标注在上面，并注明物品的品名、规格、颜色、材质、来源、工单编号、日期、数量等。

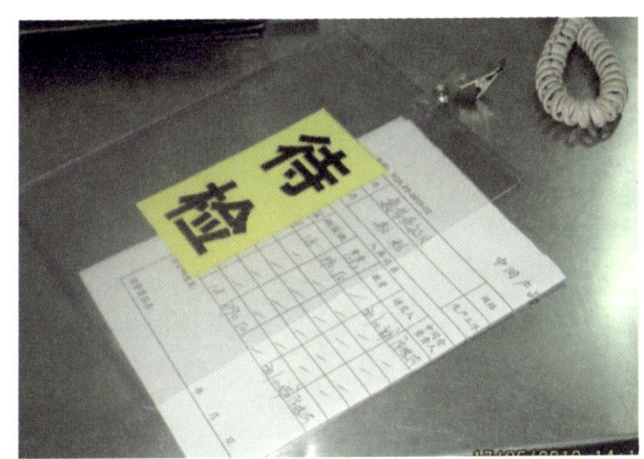

图 11-27 “待检”牌

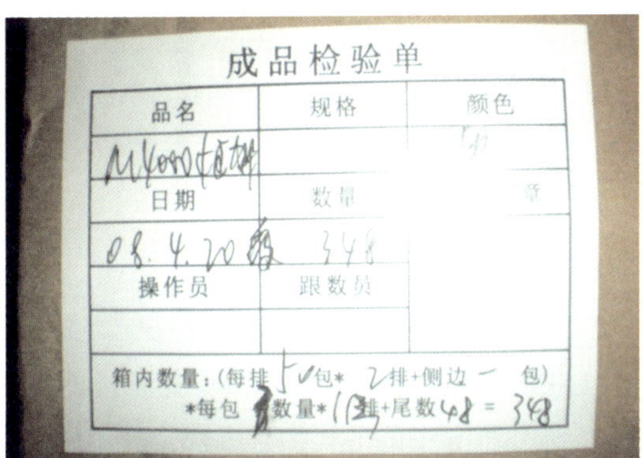

图 11-28 箱头纸（成品检验单）

11.5.3 色标

色标一般为正方形（2 厘米 ×2 厘米）的有色贴纸。它既可以直接贴在物品表面的规定位置，也可以贴在产品的外包装或标签上。色标的颜色一般有绿色（代表受检产品合格）、黄色（代表受检产品品质暂时无法确定）、红色（代表受检产品不合格）三种。

色标的示例如图 11-29 至图 11-32 所示。

图 11-29 红色的退货色标

图 11-30 代表不合格品的红色“IQC-REJ”色标

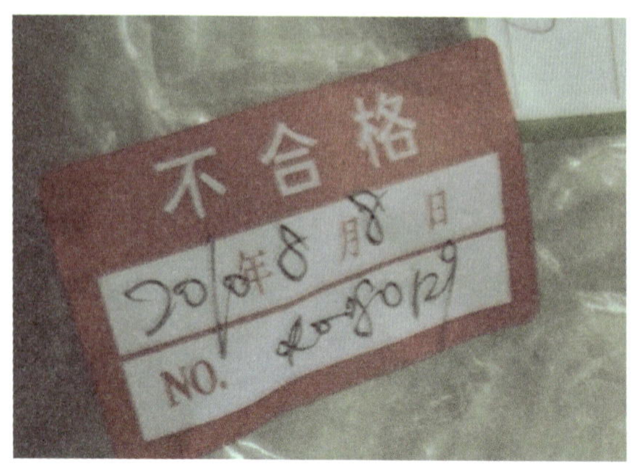

图 11-31　标注了日期和编号的红色不合格色标

图 11-32　张贴在箱子外包装上的绿色合格色标

11.6　作业指导书

作业指导书的内容包括作业过程、作业结果、生产布局、工艺流程、质量控制要点、个体作业指示、特别注意事项、作业有效日期、实施人等。

作业指导书的形式多种多样，其示例如图 11-33 至图 11-41 所示。

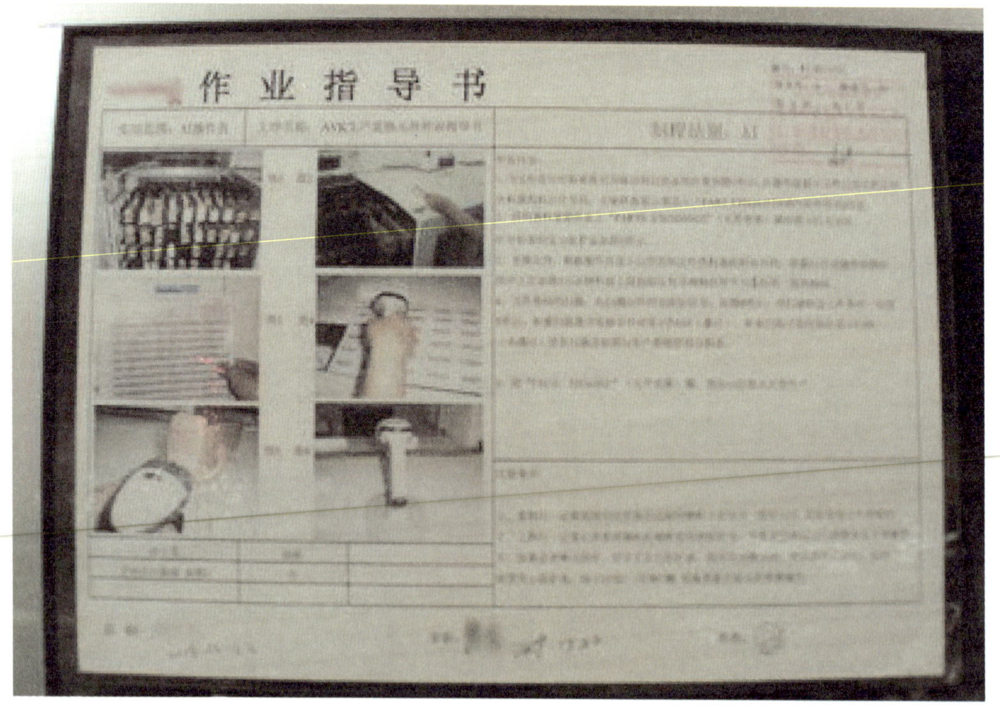

图 11-33　图文结合的作业指导书

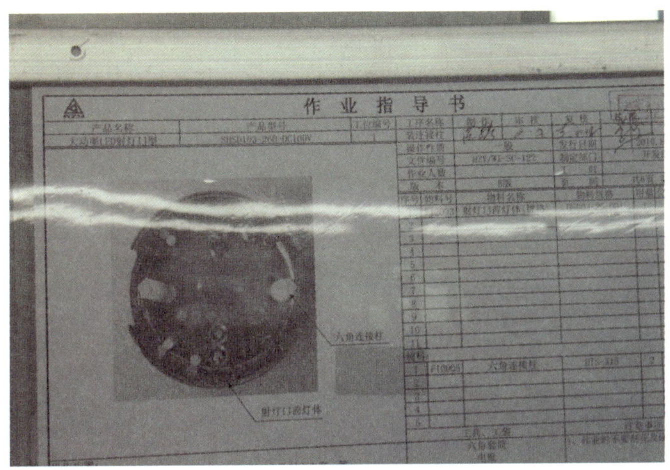

图 11-34　通过作业指导书实现作业标准化

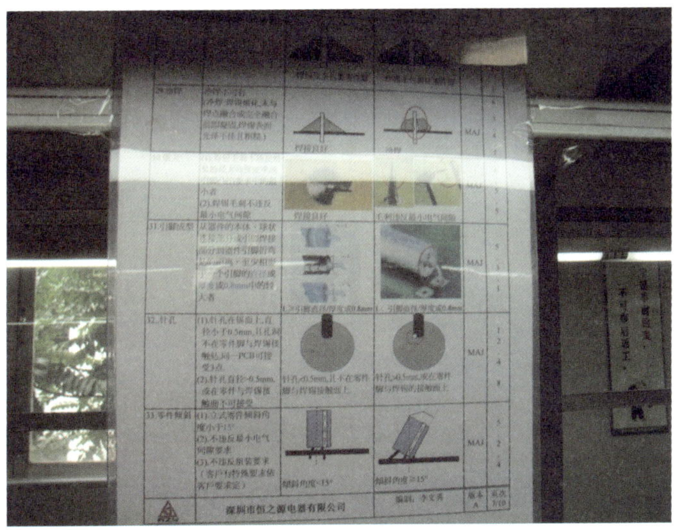

图 11-35　机器上张贴的作业指导书

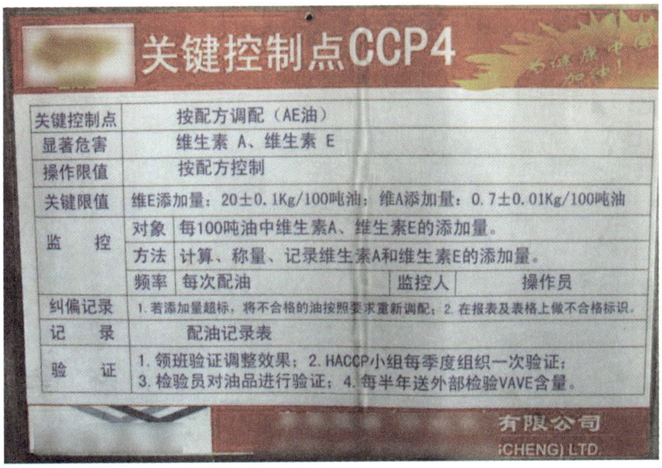

关键控制点CCP4

关键控制点	按配方调配（AE油）			
显著危害	维生素 A、维生素 E			
操作限值	按配方控制			
关键限值	维E添加量：20±0.1Kg/100吨油；维A添加量：0.7±0.01Kg/100吨油			
监　控	对象	每100吨油中维生素A、维生素E的添加量。		
	方法	计算、称量、记录维生素A和维生素E的添加量。		
	频率	每次配油	监控人	操作员
纠偏记录	1. 若添加量超标，将不合格的油按照要求重新调配；2. 在报表及表格上做不合格标识。			
记　录	配油记录表			
验　证	1. 领班验证调整效果；2. HACCP小组每季度组织一次验证；3. 检验员对油品进行验证；4. 每半年送外部检验VAVE含量。			

有限公司

CHENG) LTD.

图 11-36　关键控制点看板

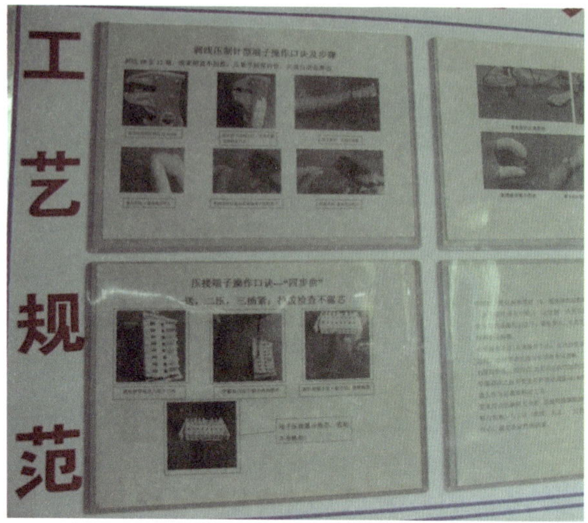

图 11-37　重要工序的工艺规范

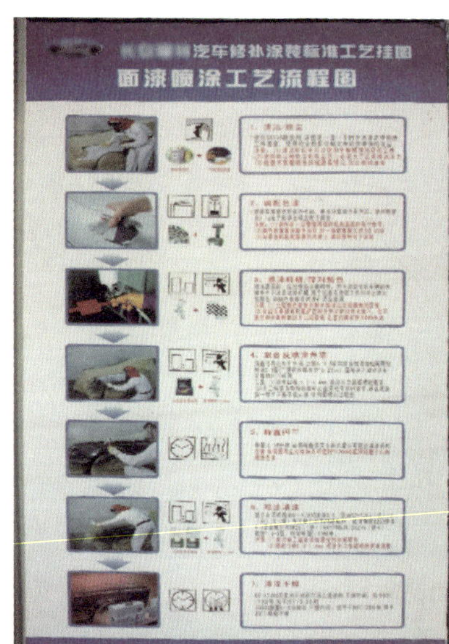

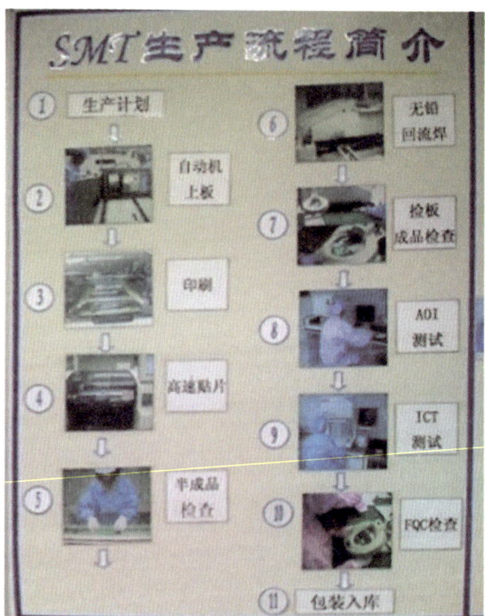

图 11-38　生产流程图

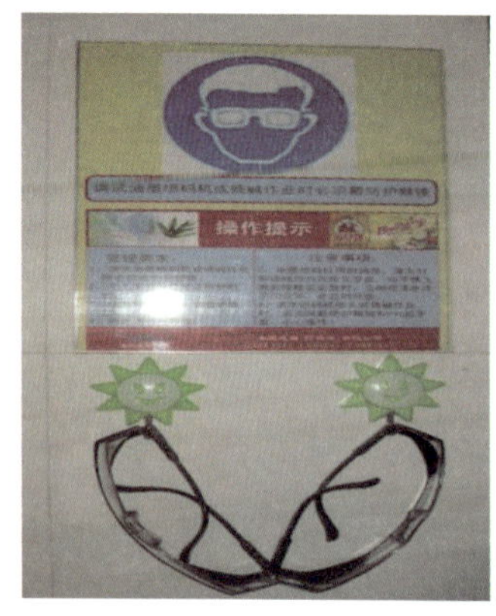

图 11-39　操作提示

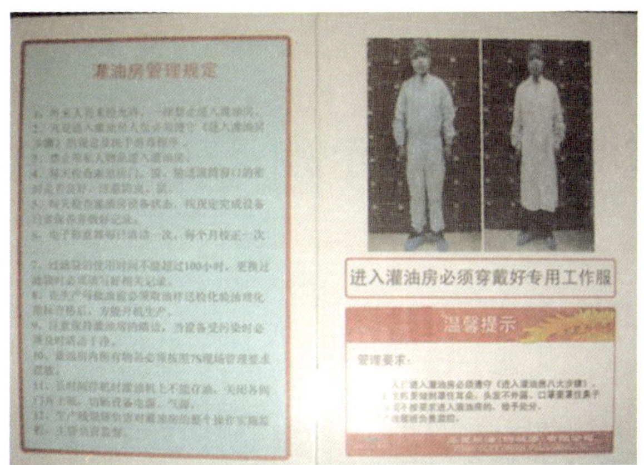

图 11-40　灌油房管理规定及专用工作服穿戴要求

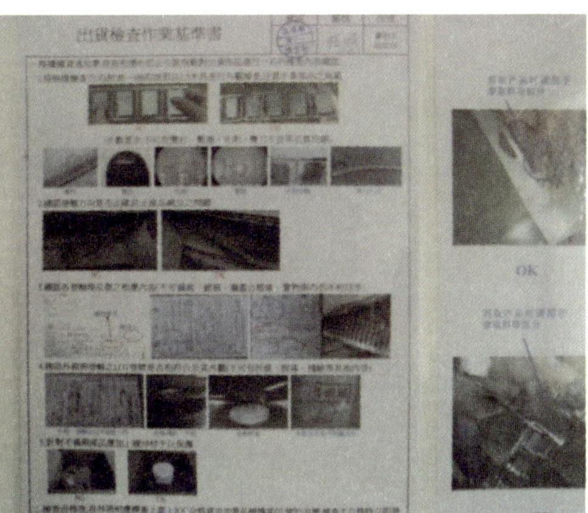

图 11-41　出货作业检查基准

第 12 章　生产现场 6S 应用示例

12.1　生产现场定位

（1）定位线用于地面物品的定位，一般使用黄色线条，工厂视实际情况可采用虚线、实线或四角定位线等，线宽 6 厘米，具体如图 12-1 至图 12-4 所示。

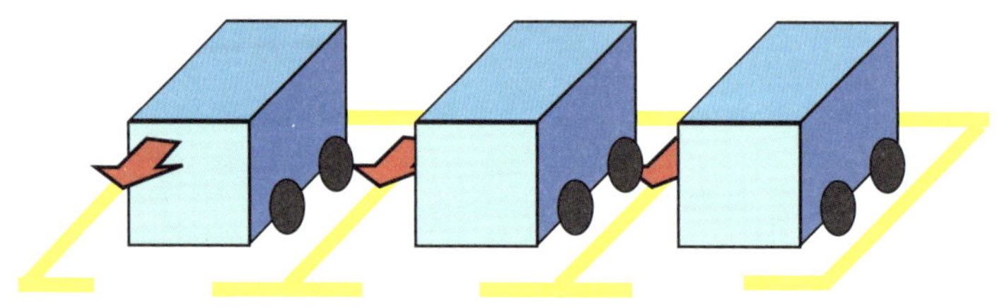

图 12-1　移动式物品（如推车、叉车）定位

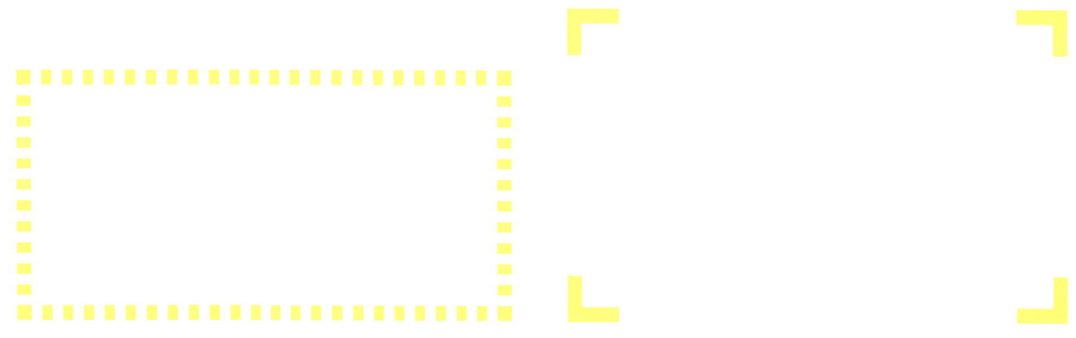

图 12-2　经常移动的物品定位采用虚线

图 12-3　形状规则的物品定位采用四角定位线

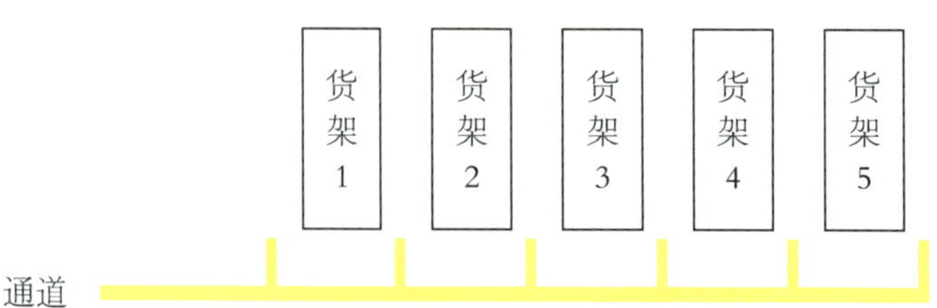

图 12-4　货架常用四角定位线（有时演化为从通道线或区域线上延伸的定位线）

（2）为了区分某些物品，如清洁工具、垃圾箱、推车等，可使用黄色定位线，具体如图 12-5、图 12-6 所示。

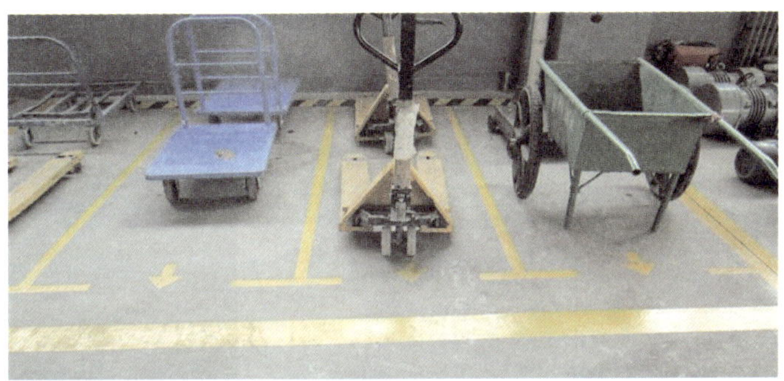

图 12-5 叉车、小推车定位使用黄色定位线

图 12-6 车间内设备放置区域、作业区定位线

（3）其他定位线如图 12-7 至图 12-12 所示。

图 12-7 厂区内的道路要画线并标明方向

图 12-8　作业台漆上蓝色并在地面上画黄线

图 12-9　走火通道必须漆色并标明方向

图 12-10　区域定位线

图 12-11　作业区与通道分别漆上不同的颜色

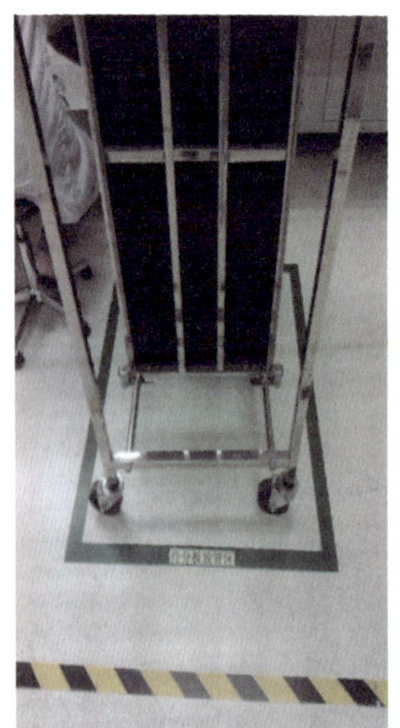

图 12-12　料区、工具区、空料盘旋转区定位线

（4）对消防器材或危险物品定位时，为达到警示效果，应使用红色线；前方禁止摆放其他物品的区域（如消防栓前、配电柜前）应使用红色线，具体如图 12-13 所示。

图 12-13 灭火器、垃圾桶、稳压器定位放置

12.2 标牌

（1）标牌的字体要统一（黑体或宋体），同类标牌应使用统一模板，字号应统一（字号与空白协调，文字居中）；不良品区使用红色字或红色纸，合格品区使用绿色字或绿色纸。

（2）同一区域内标牌贴附高度统一；同一区域内贴附多张标牌时上沿要对齐；标牌贴附位置应在对应物品之上，目视清楚；标牌最好过塑或装入胶套后贴附。

（3）标牌的粘贴、悬挂位置要牢固。若是露天看板，不仅要确保全天候都能看清，还要防止风吹、雨淋、日晒造成破损。

（4）同一标牌尽量避免中英文混用。

（5）标牌必须贴牢，特别是一些提示危险、警告的标牌，要经常检查标牌是否脱落。

标牌示例如图 12-14 至图 12-21 所示。

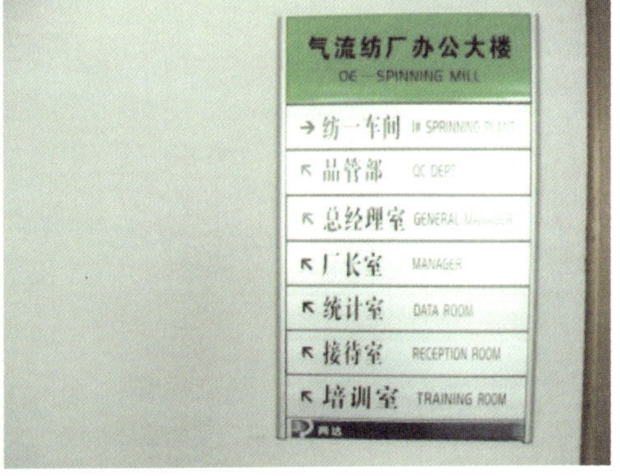

图 12-14 车间、办公室标牌

图 12-15　茶水间、洗手间标牌

图 12-16　部门、区域标牌

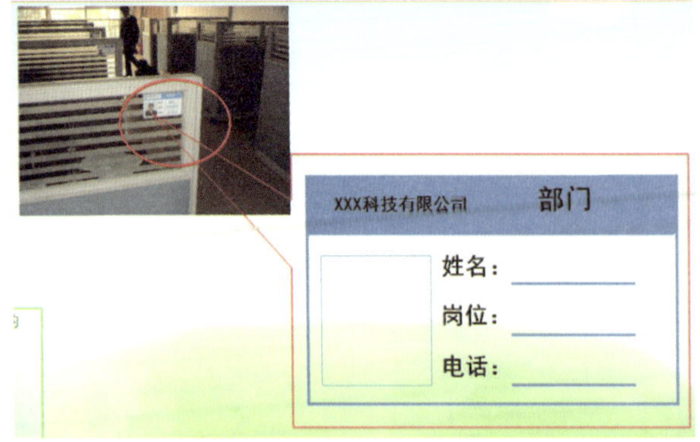

图 12-17　岗位标牌

图 12-18　抽屉柜标牌

图 12-19 文件盒标识格式统一

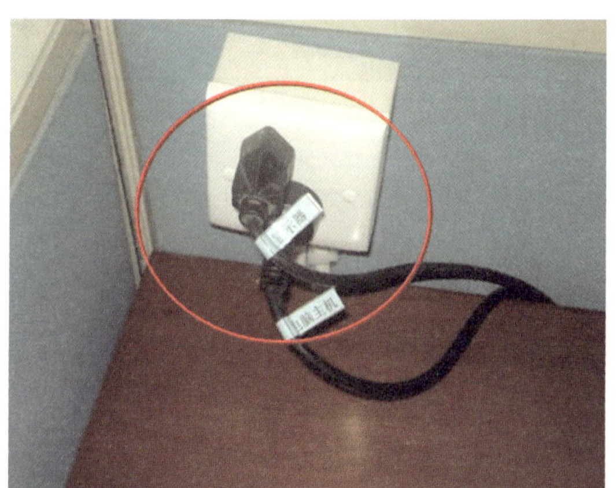

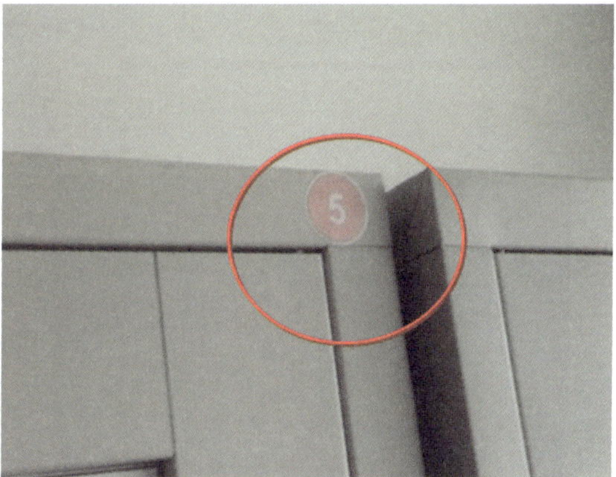

图 12-20 电源线、文件柜序号标牌

图 12-21 网线盒、开关标牌

12.3 工具管理

（1）工具要严格按要求摆放，不准乱放或混放（见图 12-22）。

（2）工具一般立体放置并进行形迹管理（见图 12-23），以节省空间。

图 12-22 柜内工具摆放

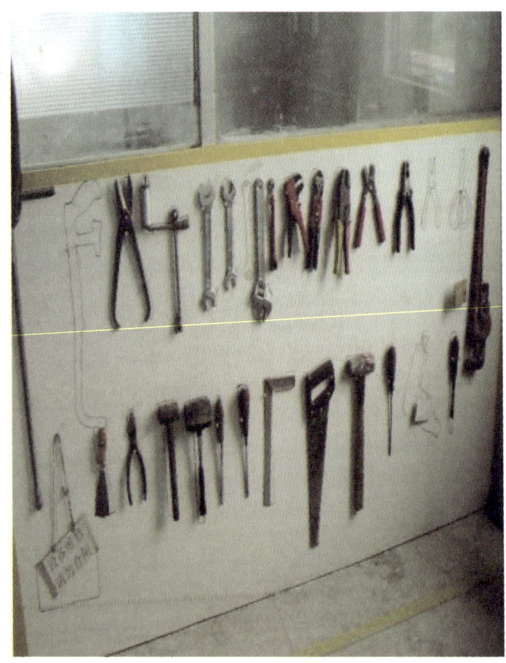

图 12-23 工具立体放置与形迹管理

12.4 管道管理

工厂可以给各种管道编号，设置流向箭头，将箭头漆上不同的颜色加以区分，也可以给管道漆上不同的颜色加以区分。

管道管理示例如图 12-24 至图 12-27 所示。

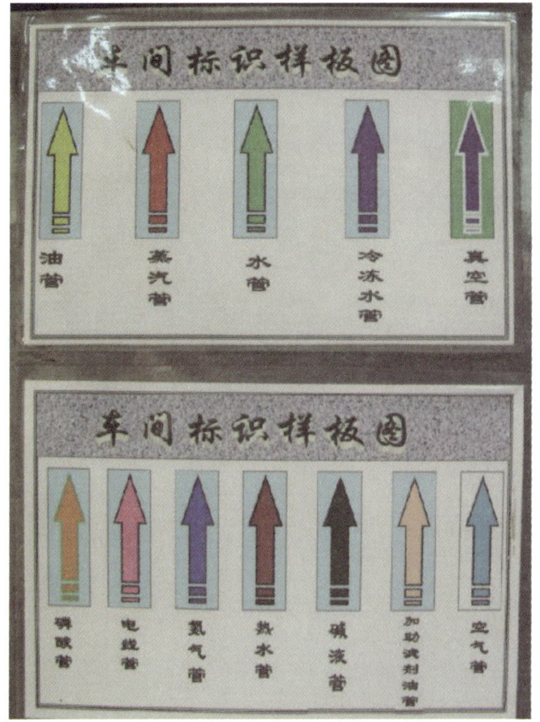

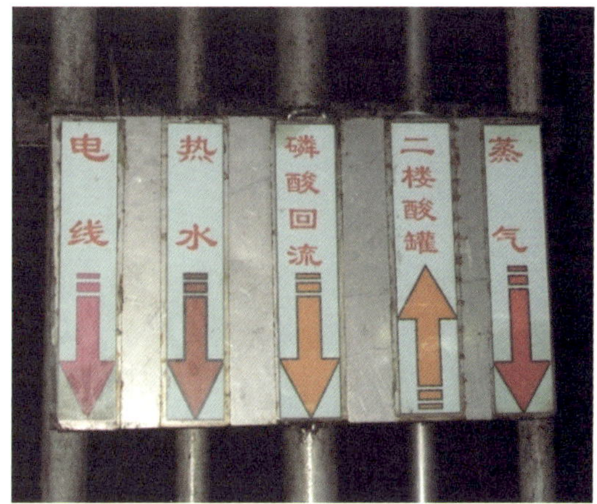

图 12-24 各种管道均有颜色及箭头标识

图 12-25 油管上都有醒目的标识

图 12-26　所有管道漆上流向标识（标明介质和压力）

图 12-27　管道上的阀门使用红色标识，开关方向使用白色标识

12.5 危险品、化学品管理

（1）危险品放置在指定区域，并且有明显的安全标识，具体如图 12-28 所示。

（2）易燃易爆品应分类放置在较远的阴暗区域。

（3）污染品应使用特殊的保存装置放在特定区域。

（4）有毒品必须采用双锁管理（见图 12-29）。

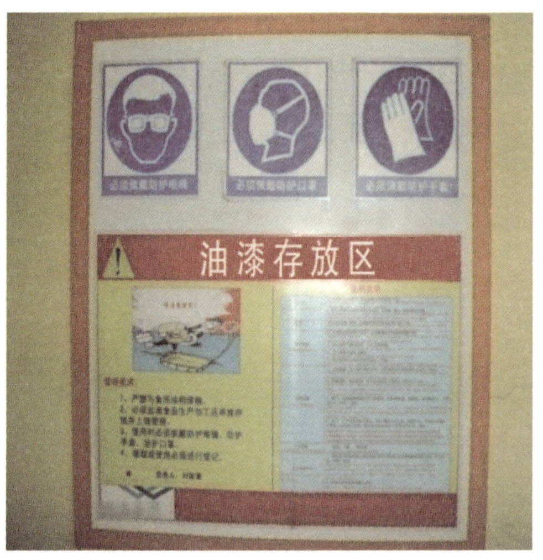

图 12-28 油漆存放区标识清晰

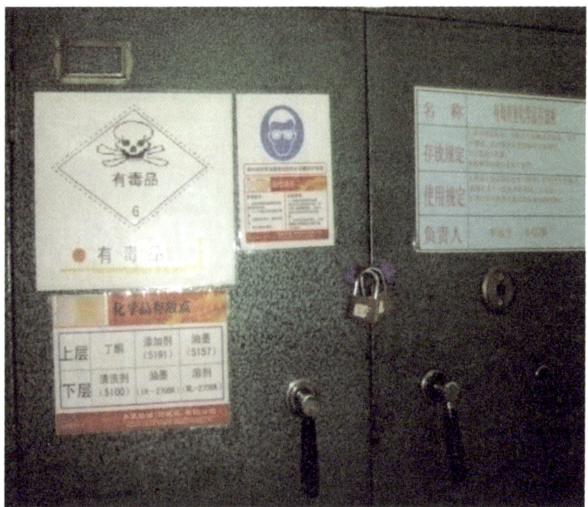

图 12-29 有毒品存放柜标识清晰并上锁

12.6 现场警示标识

（1）机器设备的转动轴承、皮带等危险部位应设置防护罩并在吊装点漆上红色，具体如图 12-30 所示。

图 12-30 设备的危险部位应设置防护罩

（2）各种电器、电源、线路周围应绘制安全标识，具体如图 12-31 至图 12-33 所示。

图 12-31　设备周围加栏杆并在栏杆上刷斑马线

图 12-32　配电柜周围绘制安全标识

图 12-33　为螺杆阀门制作保护罩并贴上荧光斑马线胶带

（3）机器设备的危险部位要有相应的警示标识，具体如图 12-34 所示。

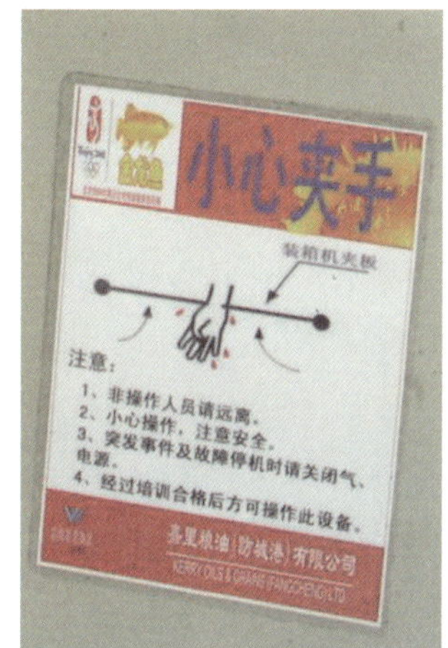

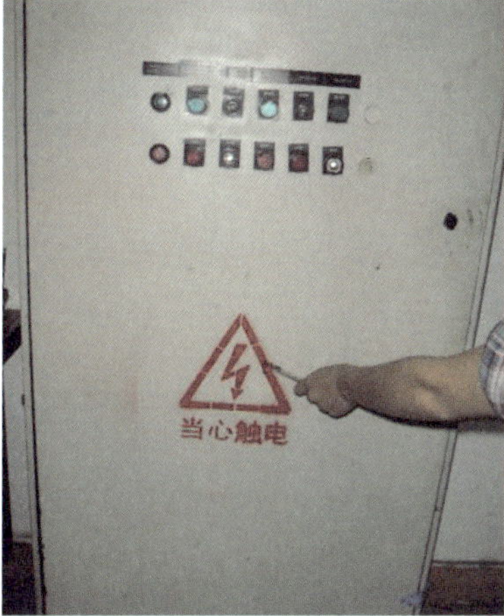

图 12-34 机器设备上的各类警示标识

12.7 电源线管理

（1）计算机线、电话线要束起来。

（2）电源线不得杂乱放置，要穿管并在管上刷斑马线，具体如图 12-35 所示。

（3）不得出现裸露的线头。

图 12-35 生产现场的电源线要穿管并在管上刷斑马线

12.8 电器开关管理

（1）开关要有与其控制的电器对应的标识，具体如图 12-36 所示。

（2）电器开关采用编号式管理。

（3）同一组开关控制多种电器时可使用不同的颜色加以区别。

（4）对于空调等不易察觉其开关状态的电器，可在出风口处挂有颜色的布条或采取其他手段，以便判断其开关状态。

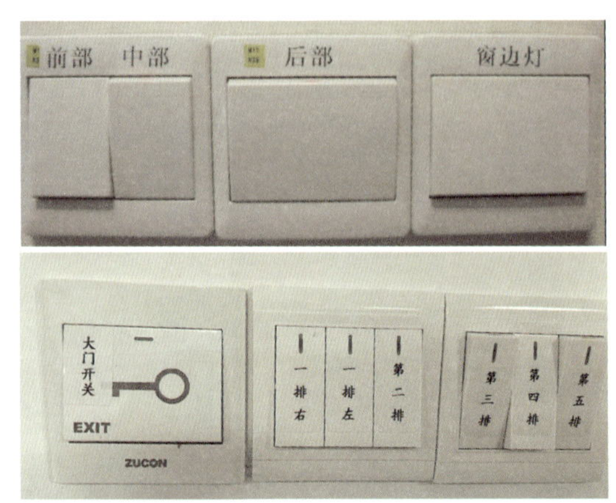

图 12-36 开关标识清楚并与电器对应

12.9 仪器仪表管理

仪表主要用来指示机器设备的相关数据，包括温度仪表、压力仪表、电气仪表等。

（1）强化数字或刻度的可视化管理。用红、黄、绿三色标明仪表工作范围，仪表工作范围根据工艺指标确定，具体如图 12-37 所示。

（2）实施颜色管理。在仪表板上漆上不同的颜色，红色区域代表异常值范围，黄色区域代表警示范围，绿色区域代表正常值范围，具体如图 12-38 所示。

图 12-37 仪表上数字或刻度的可视化管理

图 12-38 仪表正常值和异常值范围的颜色标识

12.10　不合格品区域定位标识

在各生产现场（包括制造、装配或包装）的每台机器的每个工位旁边均应配有专用的不合格品箱或袋，用来收集不合格品。同时，要专门划出一个专用区域用来摆放不合格品箱或袋，该区域即为不合格品暂放区。该区域摆放不合格品的时间一般不超过 8 小时，即当班工时。

各生产现场和楼层要规划出一定面积的不合格品区域，用来摆放从生产线上收集来的不合格品。不合格品区域均要用有色油漆画线并注明文字，区域面积大小视不合格品的数量而定。

不合格品区域定位标识示例如图 12-39 至图 12-41 所示。

图 12-39　不良品看板

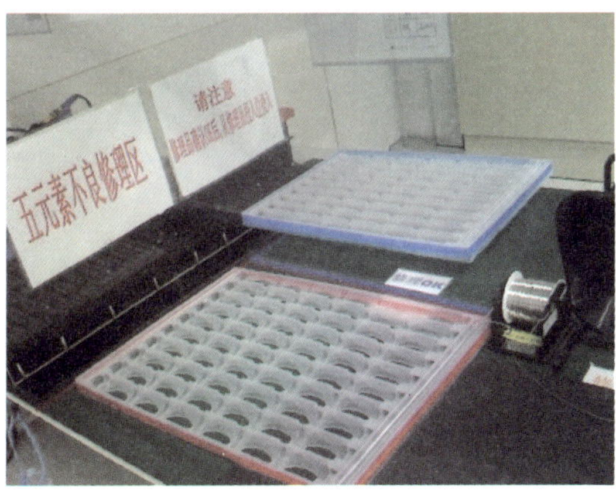

图 12-40　不良品修理区

图 12-41　不良品应退回规定区域

12.11 现场防撞条管理

（1）现场基座防撞条要贴斑马线，或者使用黄色和黑色油漆刷斑马线。

（2）支柱防撞条要用黄色和黑色油漆刷斑马线，黄色与黑色间隔为 10 厘米，倾角为 45°，高度为 1.2 米。

现场防撞条管理示例如图 12-42 和图 12-43 所示。

图 12-42　现场基座刷斑马线

图 12-43　现场基座防撞条和支柱防撞条

12.12 易碰、易绊部位管理

（1）使用黄黑相间斑马线标识易碰、易绊部位，可悬挂或贴附标牌。

（2）黄色线与黑色线宽度比例为 1∶1。

（3）线的宽度为 100 毫米或 50 毫米。

（4）线倾角为 45°。

易碰、易绊部位管理示例如图 12-44 所示。

图 12-44 与人身高相近的横管或横梁、地面仪表线及其他横管等要贴斑马线

12.13 重要部位巡检点标识

（1）在重要部位前方醒目位置刷蓝色圆圈，中心喷出脚丫形状。两个脚丫之间刷红色圆圈，红色圆圈内用白色油漆标注序号，具体如图 12-45 所示。

（2）蓝色圆圈直径为 600 毫米，红色圆圈直径为 120 毫米，脚丫尺寸为 320 毫米。

图 12-45 重要部位巡检点标识

12.14　现场巡检路线标识

现场巡检路线要有明确标识，以防员工漏检、漏查。现场巡检路线标识一般使用蓝色油漆涂刷，具体如图12-46所示。

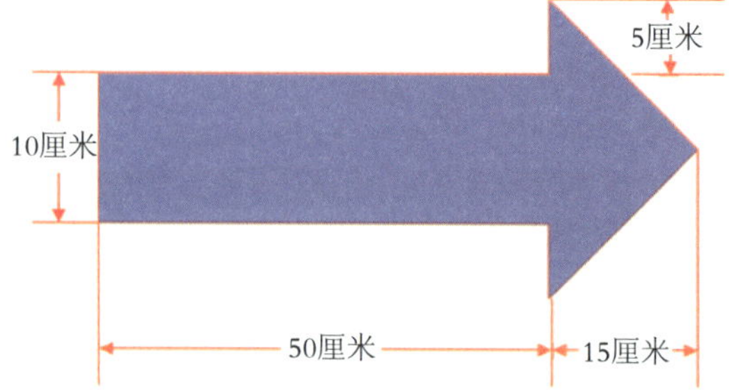

图12-46　现场巡检路线标识

12.15　消防安全管理

12.15.1　灭火器、灭火器箱管理

（1）灭火器或灭火器箱周边50毫米处画红色警戒线，具体如图12-47所示。

（2）灭火器或灭火器箱前面画红色斑马线，形成长300毫米（室外为400毫米）的隔离区域，线宽50毫米，斜线间距为50毫米，左低右高，倾角为45°。

（3）室内应悬挂统一的消防设施标识。

（4）灭火器或灭火器箱前面禁止摆放其他物品。

（5）灭火器或灭火器箱须设检查表，须定期检查。

图12-47　灭火器箱

12.15.2　箱式消火栓管理

（1）室内箱式消火栓投影正下方画红色定位线，具体如图 12-48 所示。

（2）消火栓前面画红色斑马线，形成长 300 毫米（室外为 400 毫米）的隔离区域，线宽 50 毫米，斜线间距为 50 毫米，左低右高，倾角为 45°。

（3）消火栓前面禁止摆放其他物品。

（4）消火栓要定期检查。

图 12-48　室内箱式消火栓

12.15.3　推车式灭火器管理

（1）灭火器周围要画红色定位线，具体如图 12-49 所示。

（2）灭火器前面画红色斑马线，形成长 450 毫米的隔离区域，线宽 50 毫米，左低右高，倾角为 45°。

图 12-49　推车式灭火器

12.15.4 地上式消火栓管理

（1）消火栓周围刷黄黑色相间矩形斑马线，具体如图 12-50 所示。

（2）斑马线宽 100 毫米，黄、黑线宽 100 毫米，倾角为 45°。

图 12-50 地上式消火栓

12.16 员工水杯管理

员工水杯要集中、定位放置，具体如图 12-51 所示。

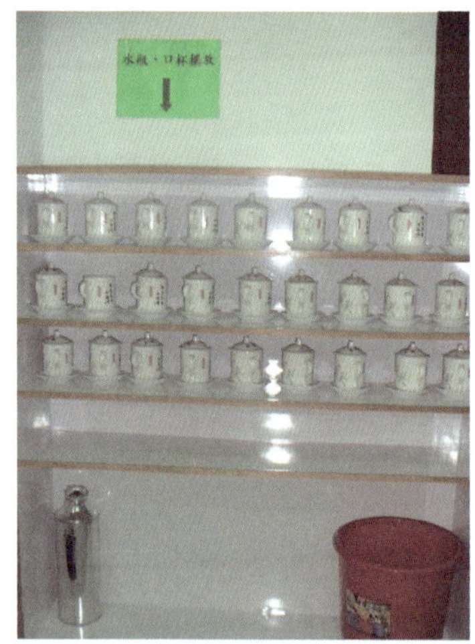

图 12-51 员工水杯集中、定位放置

12.17 安全帽管理

安全帽要集中、定位放置，用完要及时归位，具体如图 12-52 所示。

（1）安全帽要集中、定位放置并摆放整齐。

（2）每个安全帽都要贴标签，同一部门的标签格式要统一。

图 12-52 安全帽集中、定位放置

12.18 雨伞管理

雨伞也要定位放置，具体如图 12-53 所示。

图 12-53 为雨伞划出放置区域

12.19　更衣柜内物品管理

（1）更衣柜内物品应定位放置并摆放整齐，及时清理无用物品。

（2）各班组根据实际情况统一规定更衣柜内可存放的物品及其存放方式。

（3）在更衣柜上标明责任人。

更衣柜摆放物品及责任人标识如图 12-54 所示。

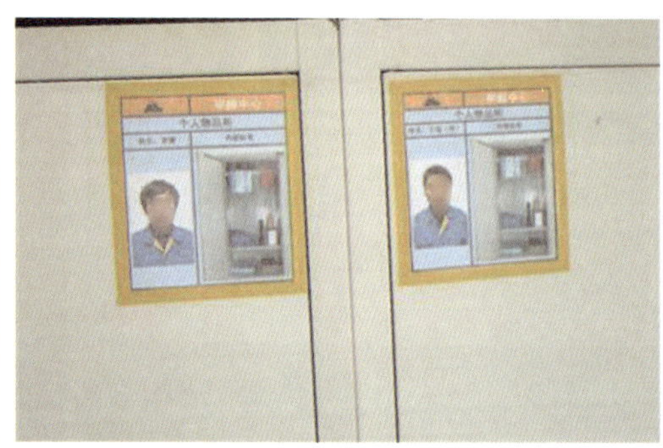

图 12-54　更衣柜摆放物品及责任人标识

12.20　公用钥匙管理

（1）钥匙要有编号，并且与放置的位置相对应。

（2）钥匙标签尺寸、外形要统一，按顺序排列。

（3）钥匙挂钩要统一。

公用钥匙架如图 12-55 所示。

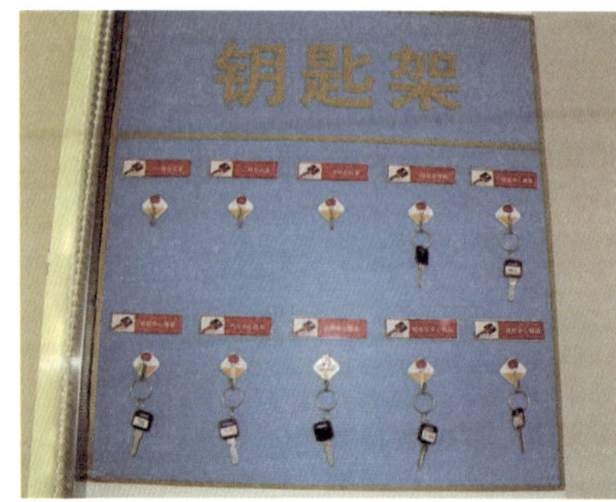

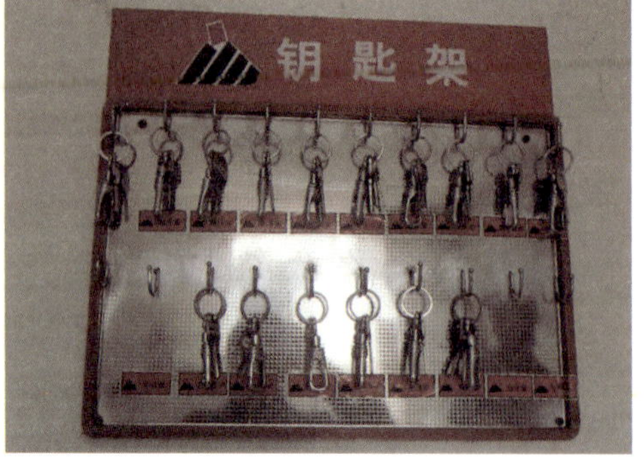

图 12-55　公用钥匙架

12.21 清扫工具管理

（1）清扫工具要集中、定位放置，以便取用。

（2）清扫工具一般离地吊挂。

（3）固定清扫工具架采用红色标识。

图 12-56 所示为清扫工具集中管理、离地吊挂。

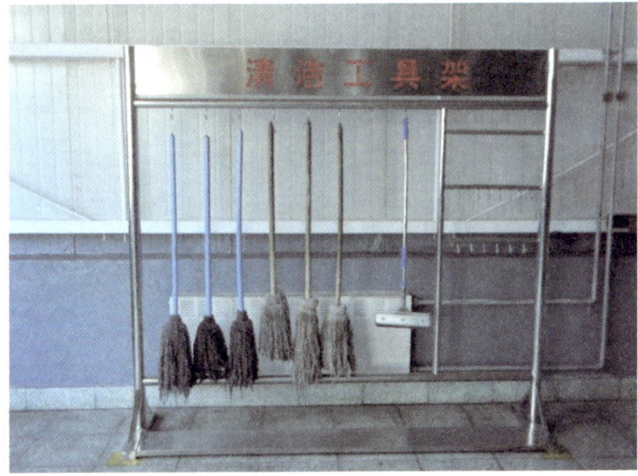

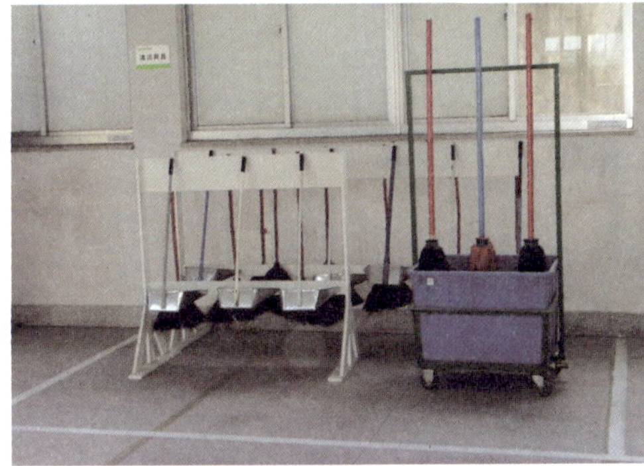

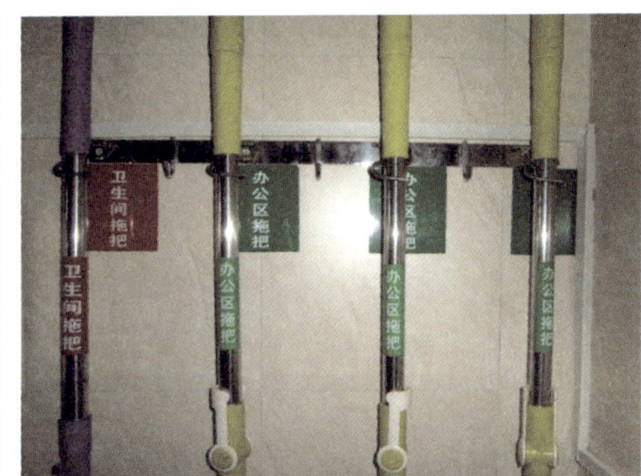

图 12-56 清扫工具集中管理、离地吊挂

第 13 章　仓库 6S 应用示例

13.1　仓区规划

（1）仓区要靠近生产现场，保持通道畅通。

（2）每个仓库要有进仓门和出仓门，并且有明确的标识。

（3）货仓办公室尽可能地设置在仓区附近，并且有仓名标识。

（4）确定安全库存量、最低库存量或定额库存量，并且有相应的标识。

（5）按容器规格、楼面载重能力和叠放限制高度将仓区划分若干仓位，并且用油漆或胶带在地面标明仓位名、通道及其走向。

（6）仓区内要有必要的废次品存放区、物料暂存区、待验区、发货区等。

（7）设计仓区时须将安全因素考虑在内，要明确规定消防器材、消防通道和消防门位置及相关救生措施。

（8）各仓的进仓门处须张贴货仓平面图，反映该仓所在的位置、周边环境、仓区仓位、各类通道、门、窗、电梯等信息。

仓区规划示例如图 13-1 至图 13-5 所示。

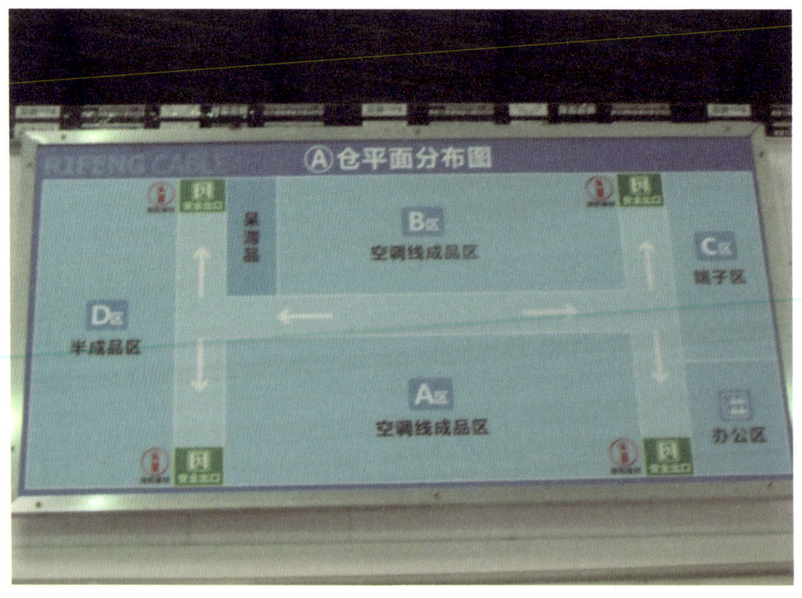

图 13-1　仓区平面分布图示例

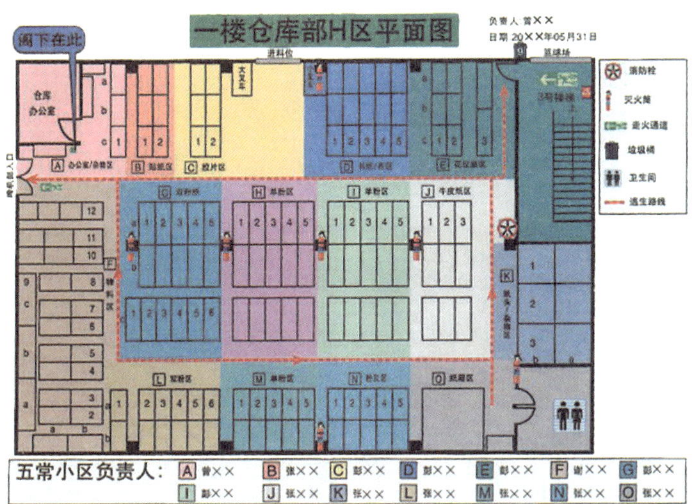

图 13-2　成品仓库平面图

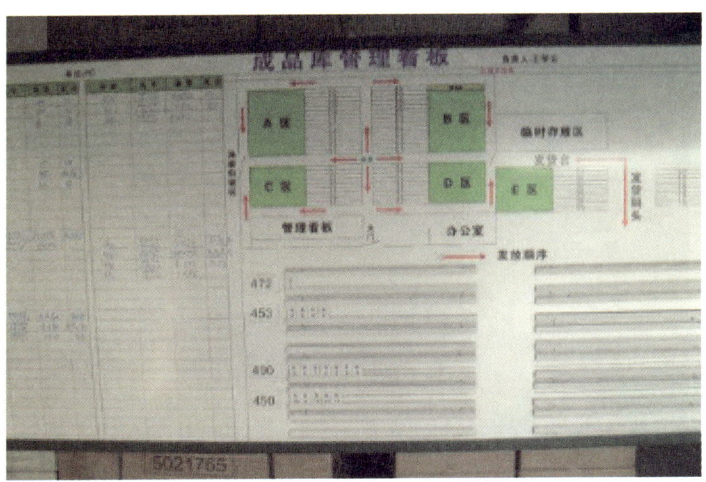

图 13-3　成品库管理看板

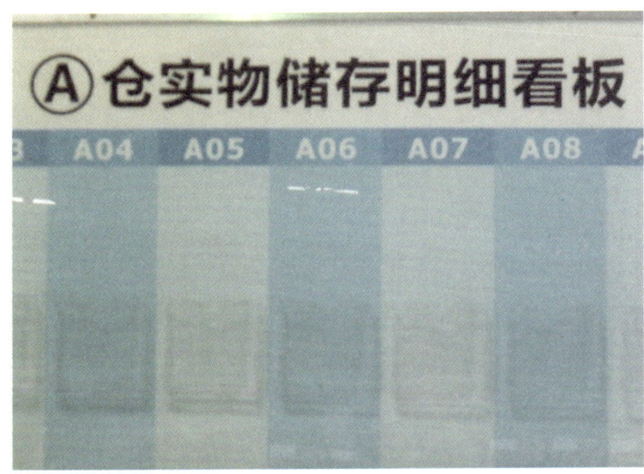

图 13-4　A 仓实物储存明细看板

图 13-5　仓库标识

13.2 仓位管理

仓位管理的“三分原则”是分区、分架、分层。以建筑物为基准分区，每区内分架，每架内分层，设定横纵坐标;宜采用高架仓，以更好地利用空间，具体如图13-6和图13-7所示。

仓位管理的“三同原则”是同订单、同一种物料、同一仓位，具体如图13-8所示。

图13-6　不同的仓位要有明确的标识

图13-7　进货区、仓储区要悬挂标牌

图13-8　同一种物料放置在同一仓位

13.3 货位规格化

货位即货物储存的位置。货位规格化是指运用科学的方法，通过周密的规划设计，对物品进行合理的分类、排列（库房号、货架号、层次号和货位号），使库内物品的货位排列系统化、规范化。

货位规格化示例如图 13-9 至图 13-11 所示。

图 13-9 货位采用字母编号

图 13-10 货位使用数字、字母混合编号

图 13-11　各种物品分箱包装并按顺序摆放

13.4　物品的定位标识

仓库的各种物品都必须做好标识，以便管理。

（1）运用位置代号准确定位，即给每一个放置物品的位置编一个代号，具体如图 13-12 所示。

图 13-12　放置物品的位置的编号是唯一的

（2）在零部件容器外粘贴标签，具体如图 13-13 所示。

图 13-13 各种零部件分类摆放并在容器外贴标签

（3）呆滞料管理看板可标明呆滞料的品名、规格、数量、有效日期等信息，具体如图 13-14 所示。

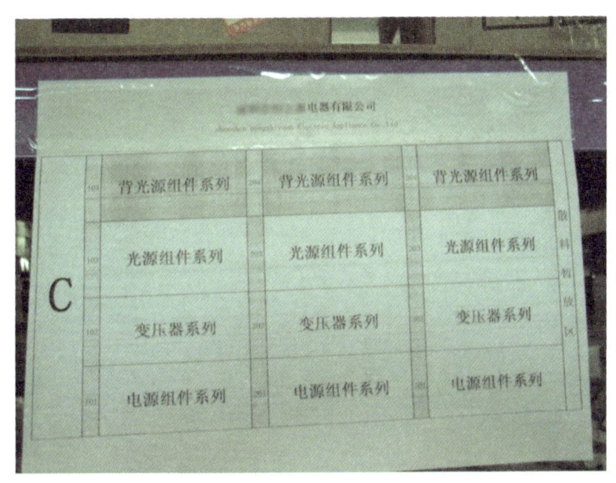

图 13-14 货架上物料的简易看板

（4）身份看板上常有“待检验材料”“待领用材料”“待制材料”“样品”等字样，具体如图 13-15 所示。

图 13-15 身份看板和搬运标识

13.5 物料的先进先出

要想保证物料的先进先出，可以考虑采用颜色辨识法。

（1）使用不同颜色的标签辨识物料。例如，绿色标签代表 2 月制造，白色标签代表 3 月制造，黄色标签代表 4 月制造，蓝色标签代表 5 月制造，等等，具体如图 13-16 所示。

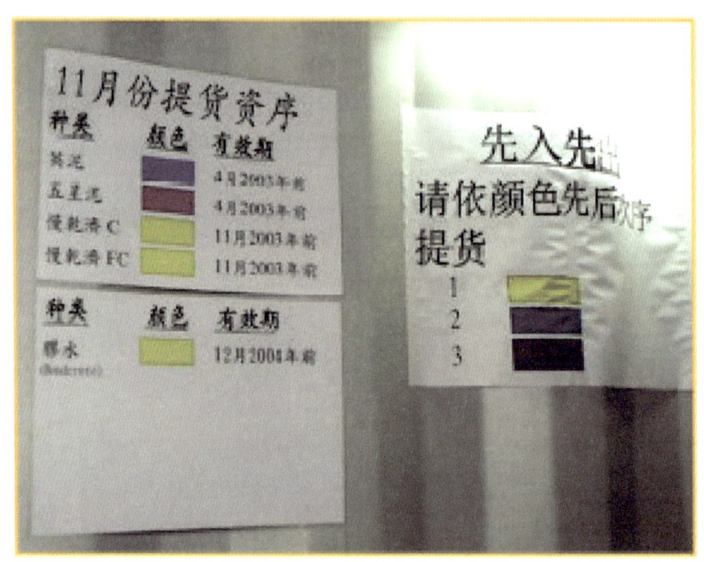

图 13-16 使用不同颜色的标签辨识物料

（2）使用有颜色的打包带辨识物料并执行先进先出，具体如图 13-17 所示。

先进先出管制看板

月 份	所 用 标 签	月 份	所 用 标 签
1 月		7 月	
2 月		8 月	
3 月		9 月	
4 月		10 月	
5 月		11 月	
6 月		12 月	

图 13-17 先进先出管制看板

（3）使用不同颜色的 OPP 胶带辨识物料，具体如图 13-18 所示。

图 13-18 使用不同颜色的 OPP 胶带辨识物料

（4）货架采用防呆设计，规定出货和进货的位置和方向，具体如图 13-19 所示。

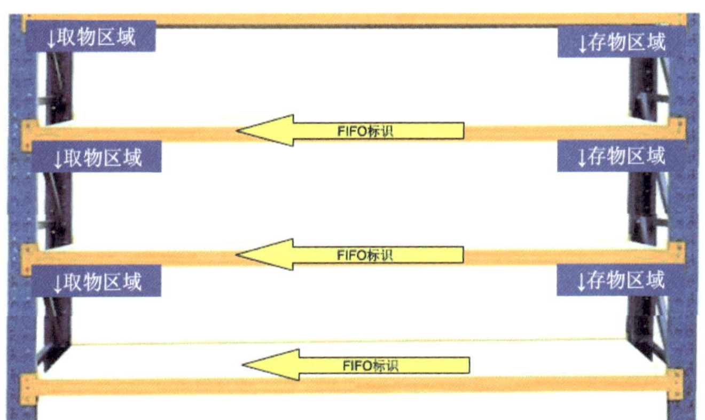

图 13-19 货架采用先进先出防呆设计

13.6 物料卡

物料卡上应注明下列信息：

（1）物料编号；

（2）物料名称；

（3）物料的存放位置或存放位置编号；

（4）物料的等级或分类（如主要生产材料或 A、B、C 分类）；

（5）物料的安全库存量与最高库存量；

（6）物料的订购点和订购量；

（7）物料的订购前置时间（购备时间）；

（8）物料的出入库及结存记录（即账目反映）。

物料卡示例如图 13-20 至图 13-22 所示。

图 13-20　储物架上的物料卡有物料名称、型号等信息

图 13-21　物料架头挂的物料卡

图 13-22　定位、标识规范化的仓库一角实景

第 14 章 办公区域 6S 应用示例

14.1 办公室桌面

（1）桌面上除了企业统一购置的文件架、显示器、键盘、鼠标、电话、水杯、台历、盆栽，最好不要放其他物品，具体如图 14-1 至图 14-3 所示。

（2）工作人员离开座位 30 分钟以上应将桌面整理至规定状态。

（3）工作人员离开座位时应将椅子归位。

（4）计算机应设置成 5 分钟未使用即进入屏保状态，以节能并延长显示器使用寿命。

图 14-1 办公桌上的各种物品均定位放置

图 14-2 个人办公桌 6S 效果

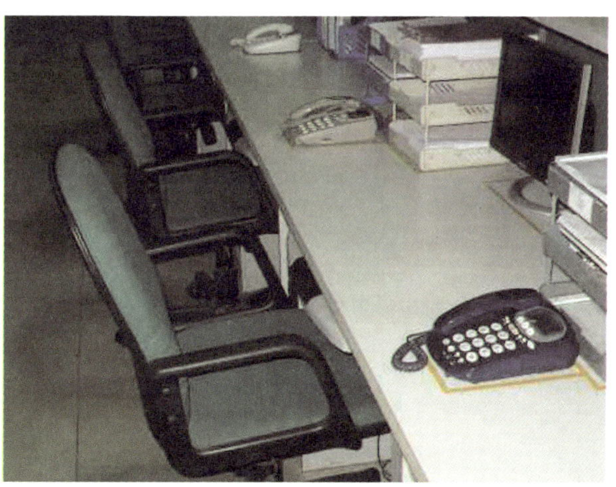

图 14-3 共用办公桌 6S 效果

14.2　桌面文件架（盒）、文件夹

（1）文件架（盒）、文件夹规格应统一。

（2）文件架（盒）标签应注明所属部门、文件类别、责任人。

（3）文件夹标签应注明编号、文件名称、所属部门。

（4）标签要按规定制作。

桌面文件架（盒）、文件夹应定位放置，如图 14-4 至图 14-6 所示。

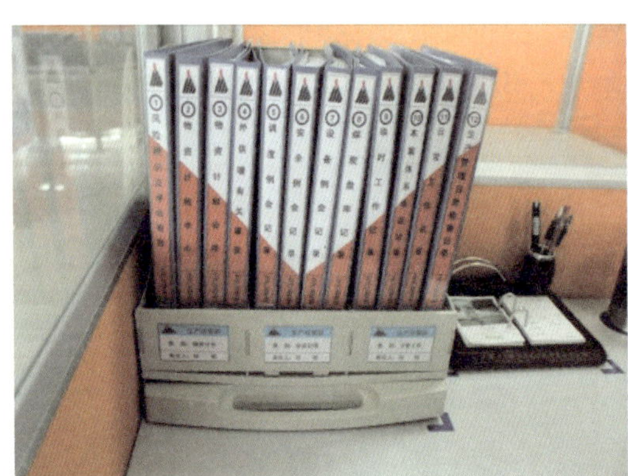

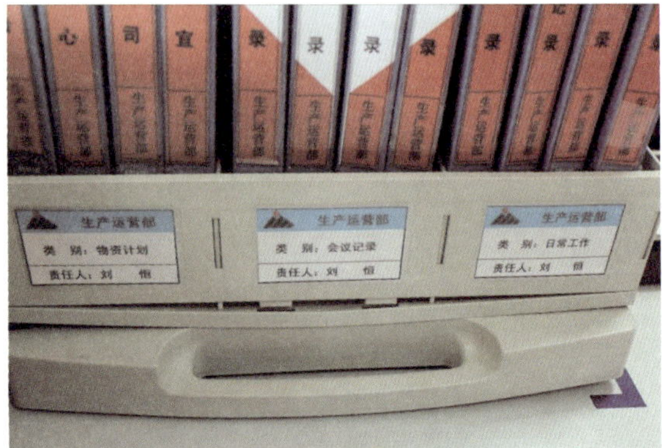

图 14-4　桌面文件架（盒）、文件夹使用不同颜色的标识

图 14-5　文件夹内有多份文件时应设置文件清单

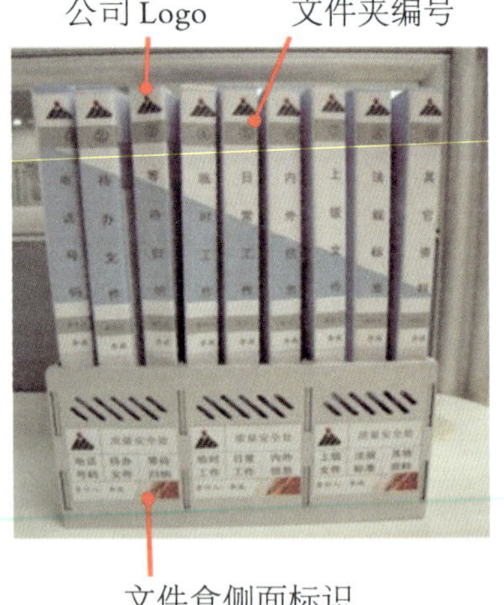

图 14-6　公司 Logo、文件夹编号和文件盒侧面标识

14.3　办公桌下方抽屉柜

（1）抽屉钥匙在右边或中间时，标签张贴在抽屉左上角；抽屉钥匙在左边时，标签张贴在抽屉右上角，分别距上边缘和左右边缘 5 毫米（见图 14–7）。

（2）办公桌抽屉每一层都要规定可存放的物品类别。例如，第一层存放办公用品，第二层存放文件资料，第三层存放个人物品，其他抽屉根据实际情况确定存放物品。

（3）抽屉内的物品要摆放整齐。

图 14–7　办公桌下方抽屉柜

14.4　抽屉

（1）抽屉内物品应定位放置，具体如图 14–8 所示。

（2）抽屉内物品应定期整理，及时清理不常用物品。

（3）抽屉标签长 50 毫米、宽 20 毫米，使用白色宋体字。

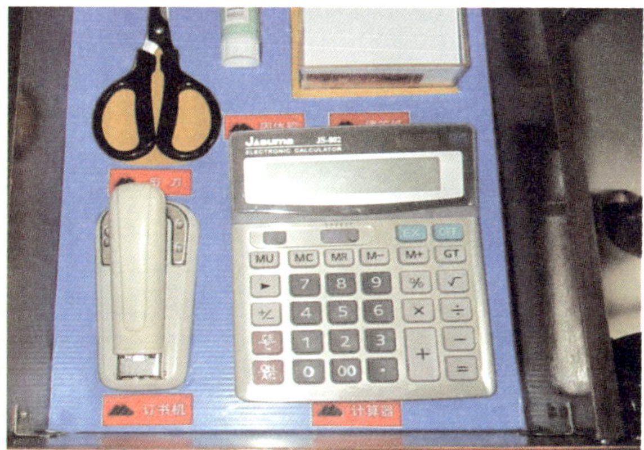

图 14–8　抽屉内物品定位放置

14.5 文件柜内文件

（1）文件柜均需编号，并且应在文件夹侧脊上做标识。

（2）同层文件按顺序编号，与文件柜号同列在上面；同一系列文件要有序列号，列在文件下面。

（3）各层文件夹使用不同的颜色加以区分。

文件柜内文件标识如图 14-9 至图 14-11 所示。

图 14-9 文件柜内文件使用不同颜色、斜线标识

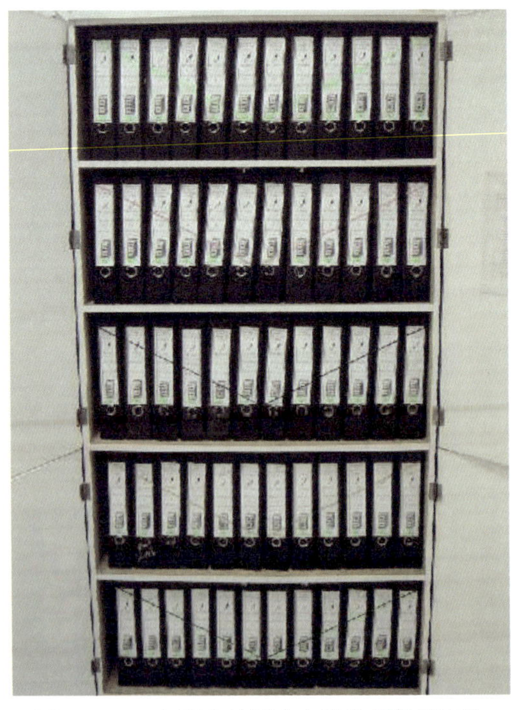

图 14-10 多层文件柜内文件使用斜线定位

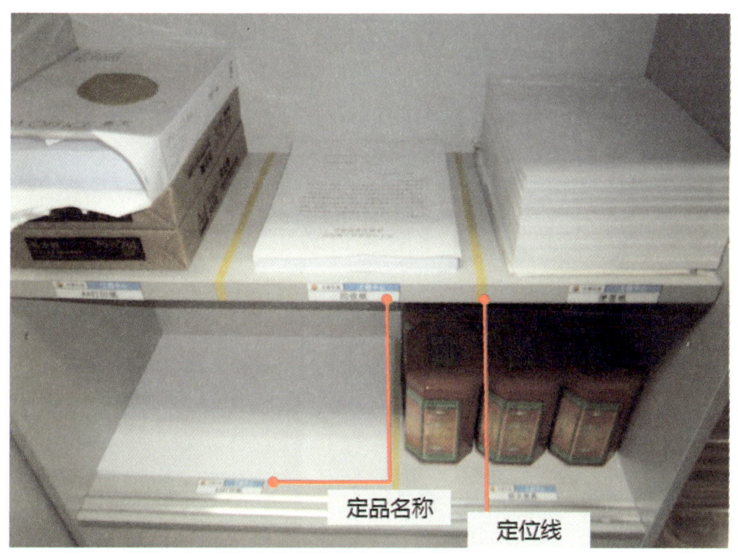

图 14-11 文件柜内其他物品定位放置

14.6 电话

电话应定位放置，要让员工养成将电话放回原位的习惯。

（1）电话四角贴 10 毫米宽 L 形定位线，电话离定位线 5 毫米。

（2）电话定位线位置要统一，要对称、美观。

（3）电话上要张贴本机号码标签。

电话定位线及标签如图 14-12 所示。

图 14-12 电话定位线及标签

14.7 办公文具（笔筒）

办公文具应定位放置，文具不可随意放置。

（1）办公文具定位标识形状根据笔筒底面形状而定。

（2）办公文具定位标识贴在放置笔筒下面的中心位置。

（3）同一部门所有笔筒在办公桌上的位置要统一，定位标识要对称、美观。

（4）深色桌面贴黄色定位标识，浅色桌面贴蓝色定位标识。

办公文具（笔筒）定位标识如图 14–13 所示。

图 14–13　办公文具（笔筒）定位标识

14.8　显示器和鼠标垫

显示器、鼠标垫应定位放置，显得整齐规范。

（1）显示器底座、鼠标垫四角贴 10 毫米宽 L 形定位线，显示器底座或鼠标垫离定位线 5 毫米。

（2）同一部门所有显示器和鼠标垫在办公桌上的位置要统一，定位标识要对称、美观。

（3）鼠标与显示器之间的距离要统一。

显示器、鼠标垫定位线如图 14–14 所示。

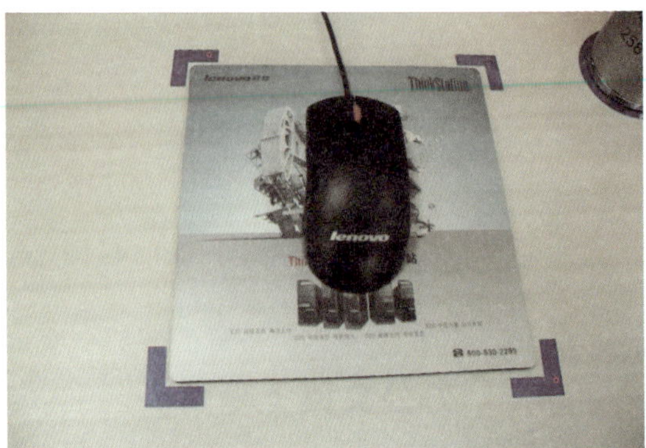

图 14–14　显示器、鼠标垫定位线

14.9 电源线

（1）将办公桌下方的电源线（两条及以上）分段捆扎在一起（见图 14-15 和图 14-16），尽量保持横平竖直。若只有一条电源线，则应将其固定。

（2）电源线头部与设备连接处留出一定的余量，防止移动设备时因捆扎过紧而损坏电源线。

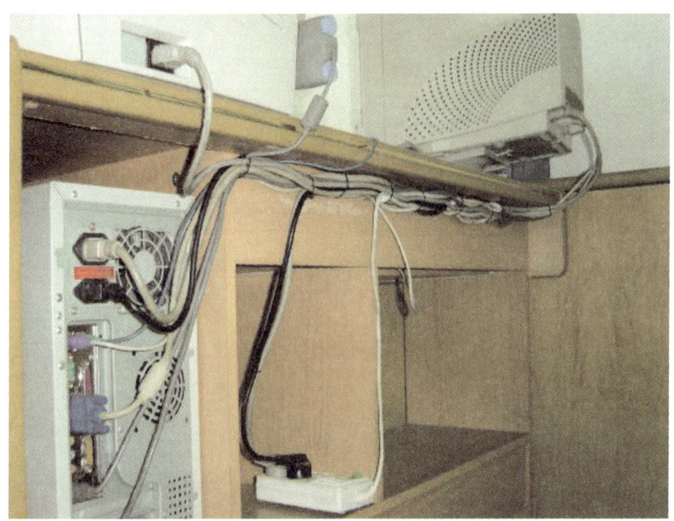

图 14-15 用尼龙扎带捆扎电源线

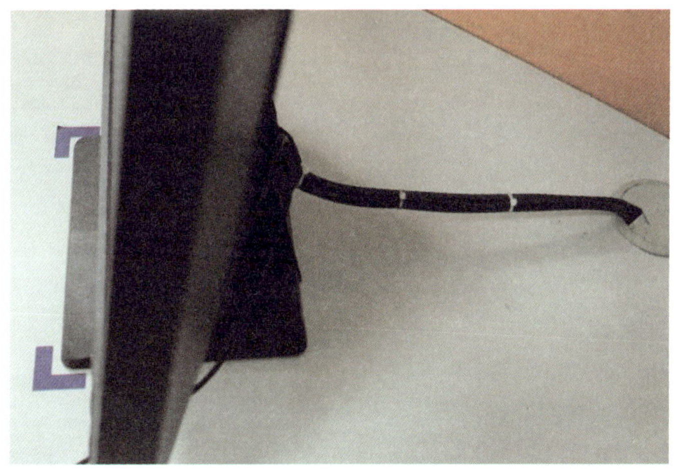

图 14-16 捆扎多条电源线

14.10 电源开关

（1）根据开关大小制作标识。

（2）附有温馨提示。

（3）每个开关都要标注其控制的设备。

电源开关标识如图 14-17 和图 14-18 所示。

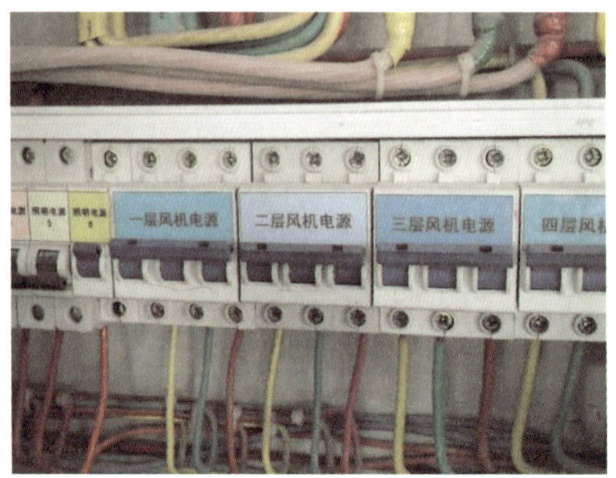

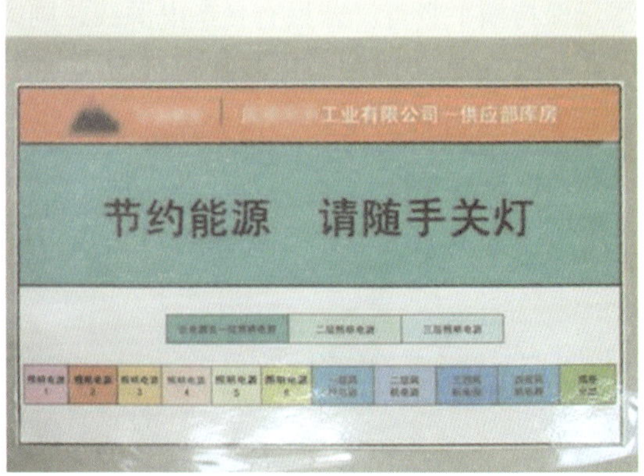

图 14-17　每个开关都要标注其控制的设备

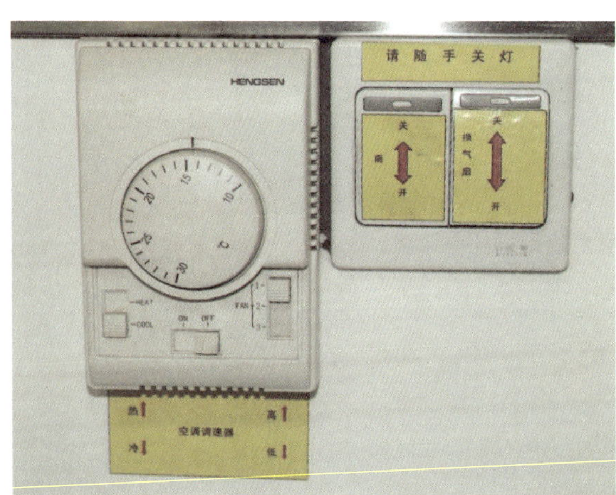

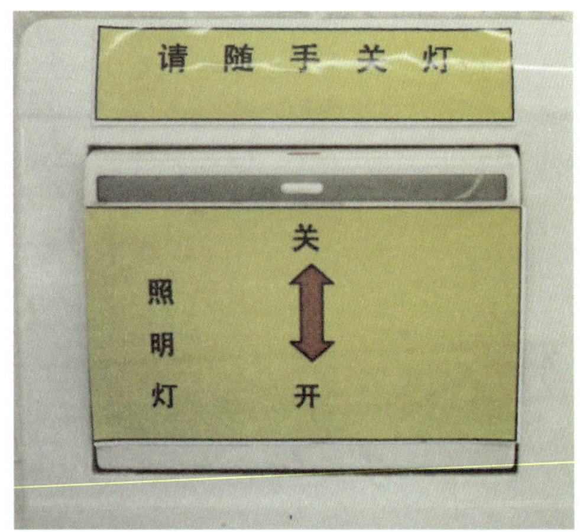

图 14-18　根据开关大小制作标识

14.11　电源插座

（1）每个插头都要有标识，标明对应电器，电线要梳理整齐并分类捆扎，具体如图 14-19 所示。

（2）电线、网线、电话线等须入槽。

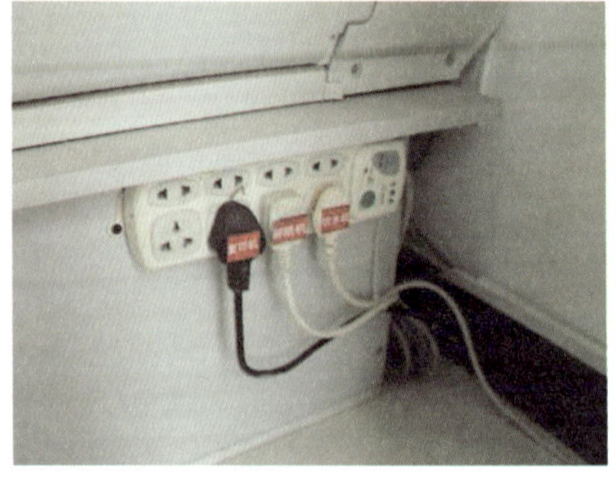

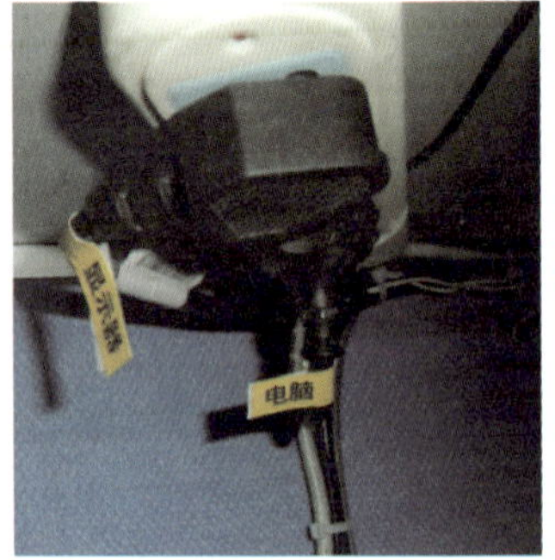

图 14-19　每个插头都有相应的标识

14.12 打印机、扫描仪

（1）打印机、扫描仪四角贴 10 毫米宽 L 形定位线，打印机、扫描仪四角离定位线 5 毫米。

（2）打印机、扫描仪附近显眼位置可张贴使用指南。

打印机、扫描仪的定位线及使用指南如图 14-20 所示。

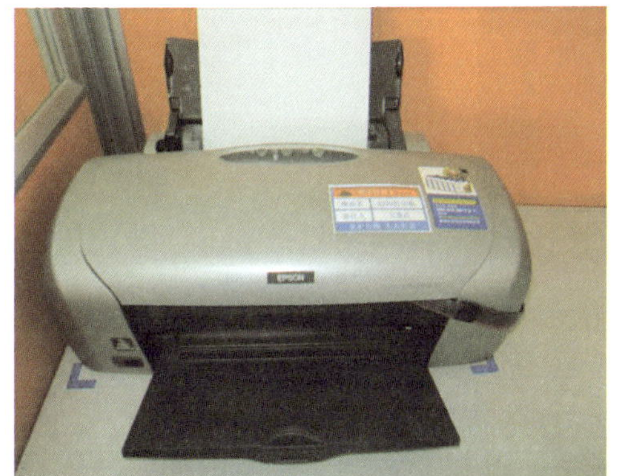

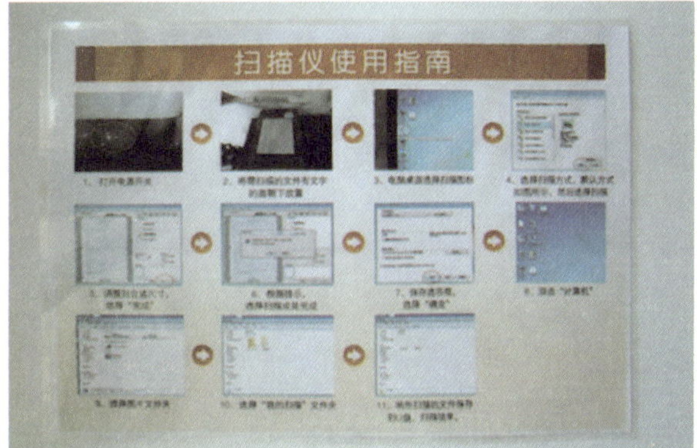

图 14-20 打印机、扫描仪的定位线及使用指南

14.13 打印纸

（1）使用颜色管理库存，颜色根据打印纸月（周期）使用量确定。

（2）到达绿色位置代表库存充足或过剩，到达黄色位置代表库存刚合适，到达红色位置代表库存不足，具体如图 14-21 所示。

图 14-21 定位放置打印纸并使用不同的颜色进行库存管理

14.14 文件柜

文件柜应定位放置，以便查找物品。

（1）管理卡张贴在文件柜左上角，具体如图 14-22 所示。

（2）管理卡按统一标准制作。

（3）据实填写柜内物品信息。

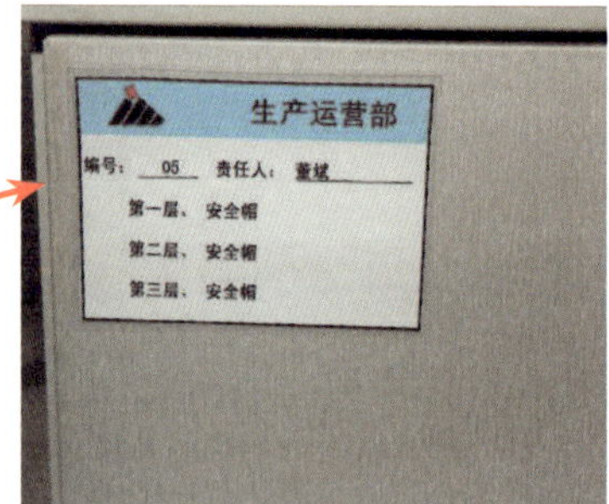

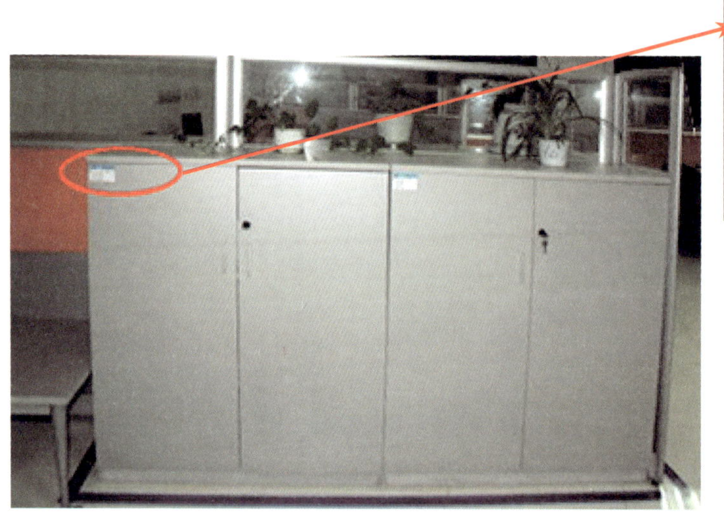

图 14-22 文件柜管理卡贴在文件柜左上角

14.15 沙发与茶几

明确沙发与茶几的摆放标准，保证整齐划一。

（1）茶几摆放在沙发中间。

（2）茶几的 4 个角和沙发的 2 个角贴 20 毫米宽 L 形定位线，茶几或沙发的角离定位线 5 毫米。

沙发与茶几的定位线如图 14-23 所示。

图 14-23 沙发与茶几的定位线

14.16 垃圾桶

（1）垃圾桶要有最高定量线、定位标识。
（2）垃圾桶位置要合理，兼顾其涉及的范围。
（3）垃圾桶要有明确的负责人。
垃圾桶定位标识如图 14-24 所示。

图 14-24 垃圾桶的最高定量线和定位标识

14.17 花盆花卉

（1）花盆中要插入管理卡，具体如图 14-25 所示。
（2）管理卡的样式、颜色可采用个性化设计，但同一部门要统一。
（3）管理卡的内容包含花名、分类、习性、养护周期等，以便按时养护。
（4）花盆要定位放置，使用有颜色的胶带制作定位标识，具体如图 14-26 所示。

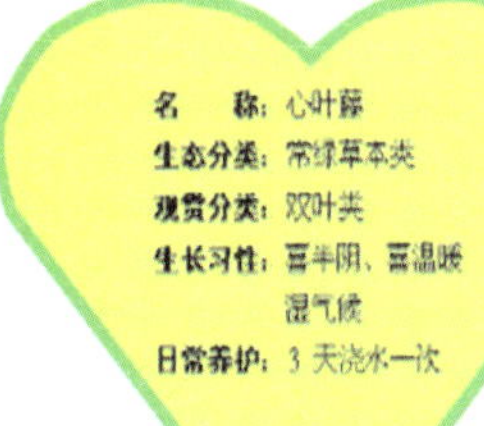

图 14-25 花盆中插入管理卡

图 14-26 花盆定位放置

14.18 饮水机

（1）饮水机四角贴 20 毫米宽 L 形定位线，具体如图 14-27 所示。

（2）管理卡贴于饮水机侧面并注明责任人，具体如图 14-28 所示。

（3）管理卡的制作符合统一标准。

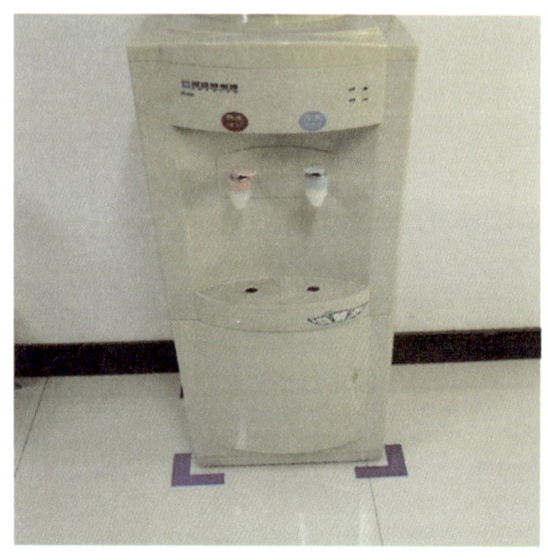

图 14-27 饮水机定位放置

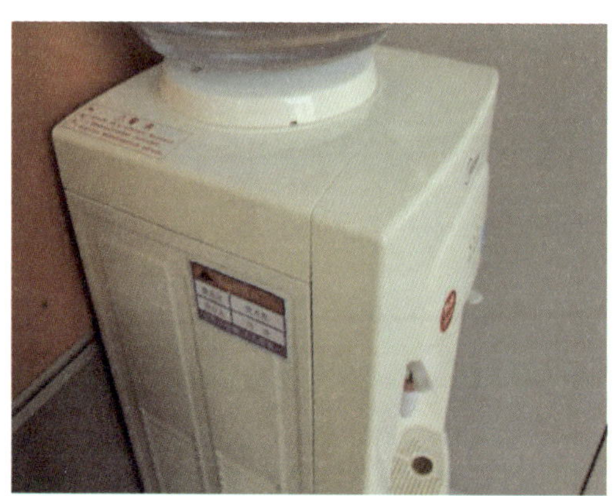

图 14-28 饮水机的侧面标识上要注明责任人

14.19 饮水机开关及水桶

（1）饮水机开关要有标识，防止按错开关、烫伤手。标识采用直径为 5 厘米的圆形，热水使用红色标识，冷水使用蓝色标识，上印白色文字，张贴在按键上方，具体如图 14-29 所示。

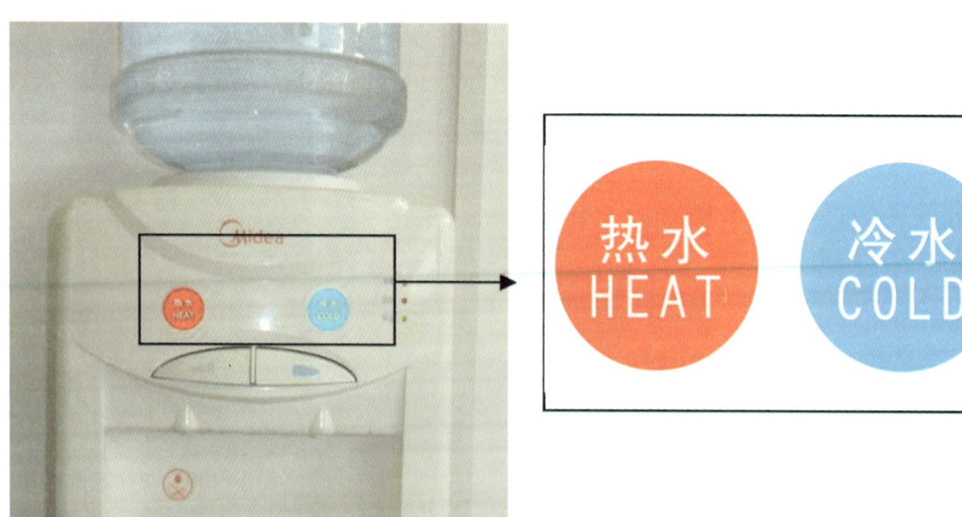

图 14-29 冷热水键上方分别张贴红色、蓝色标识

（2）水桶要进行可视化管理。水桶上挂直径与水桶相同的圆盘，一面为绿色（代表满桶），一面为红色（代表空桶），具体如图 14-30 所示。

图 14-30 水桶定位放置并挂带颜色的圆盘

14.20 开门形迹线

沿开门弧线画开门形迹线，防止人们因站立门后而受伤，具体如图 14-31 所示。

图 14-31 开门形迹线

14.21 推拉门

明确门的推拉方向，以便操作并起到防撞作用。

（1）推拉门标识贴在门锁正上方 5 毫米处。

（2）固定门标签下沿与“推”“拉”字的下沿对齐。

（3）在玻璃门防撞条上方 5 毫米处、推拉把手内侧贴标识，门外贴“推”字，门内贴“拉”字。

推拉门标识如图 14-32 所示。

图 14-32 推拉门标识

14.22 空调

空调要进行可视化管理，以便观察其工作状态。

（1）每个空调均应设置责任人。

（2）空调风口可悬挂飘带，使空调开关状态可视化，具体如图 14-33 所示。

图 14-33 空调风口悬挂飘带

14.23　茶水间

（1）茶水间的位置要固定。

（2）制定茶水间清扫标准，并且明确值日人，具体如图 14-34 所示。

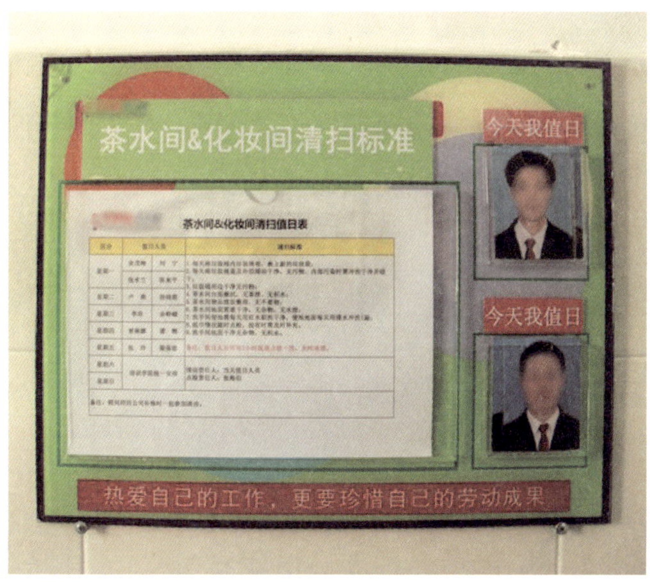

图 14-34　茶水间清扫标准及值日人

扫码听课

通过学习本书内容，您已经了解和掌握了不少有关6S的知识，为了帮助您加深对本书内容的理解，在今后工作中运用相关知识，实现学以致用，我们特意录制了配套视频，您可以扫描下方二维码进行观看。